多元信息环境下
公务员的传媒素养研究

西安交通大学“985三期”马克思主义与当代现实研究项目资助

陕西省社会科学基金项目资助

多元信息环境下

DUOYUAN XINXI HUANJING XIA

公务员的传媒素养研究

GONGWUYUAN DE CHUANMEI SUYANG YANJIU

党静萍\著

人民出版社

责任编辑:李椒元
装帧设计:文 冉
责任校对:高 敏

图书在版编目(CIP)数据

多元信息环境下公务员的传媒素养研究/党静萍 著.
-北京:人民出版社,2011.10
ISBN 978-7-01-009565-3

Ⅰ.①多… Ⅱ.①党… Ⅲ.①公务员-素质教育-研究-中国
Ⅳ.①D630.3

中国版本图书馆 CIP 数据核字(2010)第 257271 号

多元信息环境下公务员的传媒素养研究
DUOYUAN XINXI HUANJING XIA GONGWUYUAN DE
CHUANMEI SUYANG YANJIU

党静萍 著

人民出版社 出版发行
(100706 北京朝阳门内大街 166 号)

北京新魏印刷厂印刷 新华书店经销

2011 年 10 月第 1 版 2011 年 10 月北京第 1 次印刷
开本:880 毫米×1230 毫米 1/32 印张:12.75
字数:284 千字 印数:0,001-3,000 册

ISBN 978-7-01-009565-3 定价:26.00 元

邮购地址 100706 北京朝阳门内大街 166 号
人民东方图书销售中心 电话 (010)65250042 65289539

目　录

中篇 传媒素养视阈下的公务员执政能力与传媒应对

下篇 公务员传媒素养实证研究

序

随着互联网时代的到来，网民不断增多，网络世界喧嚣不止。一打开浏览器，各种链接带着耸人听闻的标题接踵而至，各种窗口附着诱人的图片不断弹出，我们流连于一个又一个网站中，游荡在一个又一个论坛里，看帖，回帖，又发帖，看众生百态，评头论足，乐在其中。这就是这个新的时代带给我们的生活方式的改变。这种改变使我们进入了一个新的传媒时代——网络传媒时代，它以其全新的面貌冲击着传统的传媒方式，它让我们在最短的时间内变得无所不知。对于公众，我们的眼界变得开阔，我们的评论变得自由，而对于政府或者是公务员来说，这样的时代绝对是一个重大的挑战。

本书就是从这样一个新时代对公务员传媒素养的新的要求的角度入手，做出了大量的研究分析，让我们了解在新的传媒背景下，公务员的传媒素养是其执政能力的重要表现，也借此引起人们对公务员传媒素养问题的普遍重视。

就我国目前的情况而言，由于国力的日渐强盛，高科技运用日益广泛，客观上加速了媒介信息传播途径多样化以及媒介产业发展的多元化。相对于日渐市场化的媒介，我国的政治制度尚处于调整和探索阶段，两者发展的非同步性，必然导致公务员在与媒介打交道过程中面临着极大地挑战。因此，洞悉大众传媒发展状况，能够科学高效地利用传播媒介开展工作，就成为公务员传媒素养考核的重要因素。同时，发布信息和营造良好舆论环境，尤其是迅速而有效地与媒体打交道,应对突发事件和公共危机,引导舆论,更是体现公务员传媒素养的重要依据,也是其执政能力的重要体现。

正如书中所分析,公务员与媒介的关系已由单一线性转变为双向互动,公务员在与媒介的相处方式上必须做出相应的整改才能适应这巨大并且复杂的变化,必须革新其观念与行为上对媒介的常规认识。在网络传媒背景下,公务人员的任何一种言行都有可能被各种媒介以各种形式曝光于众,如"华南虎照片事件",类似的问题给政府形象造成了极大的影响。为了避免诸如此类的尴尬问题再次发生,本书对以上问题进行了系统的梳理:对涉及公务员传媒素养最主要的问题、公务员传媒素养基本问题、公务员传媒素养与媒体、公务员传媒素养实证研究等方面作了比较系统的论述,不仅全面梳理了公务员传媒素养的基本问题和传媒应对的策略,而且以陕西省为例,对公务员传媒素养与执政能力、传媒素养与网络舆论引导做了一定实证分析,为提高公务员执政能力作了有益的探索,也为公务员进一步提高传媒素养打下了一个基础。

目前,对于公务员传媒素养的研究已经进入了硕果累累的阶段,大量的研究成果从不同的角度和视点给予了我们不同的启示。但从整体上梳理,并给予一定的实证研究的成果不多见,特别是以专著为研究成果的形式几乎没有。本书在这一方面进行了尝试,这种尝试是对公务员传媒素养问题的一次新的探索,是在对理论的总结和对实践的分析的基础上的科学研究,为以后的公务员传媒素养问题的研究开了个好头。除此之外,本书作者敏锐的时代触觉,严谨的研究态度都是值得肯定的。可以说,本书的相关研究将对公务员适应多元化信息时代的执政能力的提高有重要的意义和价值。

党静萍

引　言

信息时代,信息资源成为社会存在和发展的最重要的资源,报刊、广播、电视以及网络等大众传媒,作为信息传播的主要渠道之一,是沟通社会、交流思想、传播文明的最有效工具,并且传统的媒介和新媒介融合式的迅速发展,已经使一种全新的大众媒介日渐形成。人们越来越多地从传媒获得知识和信息。这种大众媒介对社会生活的覆盖和它自身所具有的权威性、影响力,已使得任何个人和组织机构都不得不高度重视和依赖它。面对复杂的媒介社会,只有拥有对媒介信息的解读能力、批判能力和利用能力,人们头脑中的主观世界才能避免被媒介营造的虚假世界所左右,才能使自己的主观世界最大限度地接近于客观世界,才能增加对媒介的了解,并在其基础上正确地享用大众传媒传播的资源,以健康的媒介批判意识接触媒介的信息;才能掌握与媒介交往的方式,懂得合理地利用媒介资源,运用媒介完善自我、服务自我和参与社会的发展。

正是在这个背景下,旨在使大众具有健康的媒介解读和批判能力,能够充分利用媒介资源完善自我、参与社会发展的传媒素养教育也就应运而生。在现代信息社会里,传媒素养已成为现代社会大众素质的一部分,加强传媒素养教育,提高大众传媒素养已成为当前社会的一种普遍需要。由于公务员是一个特殊的群体,他们在我国社会生活中有着重要的作用和特殊地位,他们参与政府各部门的职能管理工作,是政府执政能力的具体实施者。因此,公务员的传媒素养不仅涉及其自身对大众传媒的接触、理解、评判、使用和管理,而且还会在相当程度上影响他人对媒体的接触、理解、评判和使用,甚至有时还会直接左右媒体的运行。也就是说,相对于普通民众,公务员掌握着更多的信息资源,拥有着同新闻媒体更多的接触机会,已经不仅是传统观念中的"宣传工具"、"政府喉舌",更是一种信息传播的载体,一个互相交流的平台,甚至于是一种执政的资源。①

据南京大学政府新闻学研究所"南京市处级以上干部传媒素养调查课题组"的调查结果显示:91.27%的政府公务员表示当前迫切需要对公务员特别是公务员的传媒素养进行必要的培训,认为它对于提高其执政能力至关重要。由此可见,公务员的传媒素养的提高已成为公务员自身的一种共识,是公务员提高执政能力的一种普遍的需要。公务员的传媒素养,不仅在处理与大众传媒的关系时发挥着关键性的作用,而且也是新时期应对信息社会发展的基本需要。这意味着作为公务员,对于媒介的观念也应该有一个大的转变,要做到善待、善用和善管媒体。这既是其执政能力的重要体现,也是时代发展的必然要求。因此,探求公务员的传媒素养与其执政能力的关系,探寻公务员的传媒素养对其执政能力会产生什么样的影响,已成为当前公务员所面临的一项重要课题。

① 张丹:《信息时代国家公务员传媒素养初探》,西南政法大学 2010 年硕士论文。

上篇　公务员传媒素养基本架构

第一章　公务员传媒素养概述

在人类社会发展的漫长历史中，如何获得信息一直是人类面临的关乎生存和发展的一个主要问题。自文字诞生以来，人类社会开始迈进文明社会。但那时通常只有拥有一定经济地位、受过教育的少数人才能获取增进他们知识和权力的信息。而社会上的其他大多数人或没有受过教育、没有阅读能力，或经济条件有限、无缘有用书籍，就只能处于与知识相关的信息相“隔离”的状态中。进入21世纪以来，伴随着信息技术迅猛发展，人类媒介的演化主要经历了三个阶段：印刷媒介、电子媒介、数字化媒介。与此相关的传媒素养的含义也随之发生了很大的变化：由当初简单的读与写的素养，发展到电视、电影素养，以及现在的网络素养。技术的变化带来的是信息量成几何倍数的增加，客观上加速了媒介信息传播途径多样化以及媒介产业发展的多元化。尤其web2.0时代的到来，彻底宣告了以单一的印刷文化为中心的社会文化格局的改变，宣告了我们身处一个“读图时代”和“影像时代”，即身处一个全方位传播、多媒体介质、流动迅速、信息增殖迅猛的时代。如今的社会状况，已经与20世纪初的媒介环境不可同日而语，媒介环境对我们的生活产生了重大的影响。而相对于日渐市场化的媒介，我国的政治制度尚处于调整和探索阶段，两者发展的不一致性，致使受众的传媒素养教育无法得到提高和培养。这就必然会导致包括公务员在内的所有大众在与媒介打交道过程中的不和谐性。在这种情况下，如何理性地认识媒介，区分媒介现实与客观现实？如何准确地选择符合自身信息需求的媒介内容？如何科学地、批判性地分析大众传媒所提供的信息？如何利用媒介来完善自我、服务自我和参与社会的发展？这些对当代受众尤其是公务员的传媒素养提出了更大的挑战。因此，洞悉大众传媒发展状况，科学高效地利用传播媒介开展工作，提高执政能力，就成为公务员传媒素养考核的重要因素，同时，发布信息和营造良好舆论环境，尤其是迅速而有效地应对突发事件和公共危机，更是体现公务员传媒素养的重要依据。

这里涉及一个非常重要的概念——传媒素养。诞生于 20 世纪 30 年代的传媒素养概念，对今日身处复杂多元的媒介环境中的现代人，尤其是对我国政府各项政策的实施者——公务员的执政能力具有很大的现实意义。

关于传媒素养教育的研究，最早发轫于 20 世纪 30 年代，由英国学者和丹麦教育工作者提出。一般认为，E. R 利维斯和他的学生丹尼斯·桑普森 1933 年合写的《文化和环境：培养批评意识》是该词汇发端的肇始之作。在这部论著中，“文化素养”的概念被第一次提出，并针对学校传媒素养教育进行了深入的阐述和探讨，为学校传媒素养教育的系统化整理出了一套初始化的模式，提供了不少关于教学的建议。这是目前公认的关于传媒素养概念的最早提法。

20 世纪下半叶，传媒素养教育在欧洲、北美洲以及亚洲部分国家和地区逐渐兴起，成为一种全新的教学科目。在英国，传媒素养教育被称为“media education”，美国和加拿大则将之称为“medialiteracy education”。流传到香港时被翻译为“传媒教育”，在台湾被翻译为“媒体识读教育”或“媒体素养”。在大陆传播时，曾有学者将其翻译为"媒介认知能力"。[①] 当然,这些差异更多体现出来的是各个地域文化解读方向的差异,称谓上的差异并无涉主旨的曲解。关于传媒素养的称谓,经过国内各方学者的讨论,最后普遍接受传媒素养这个概念。

第一节　传媒素养的含义

传媒素养有多种不同的提法。在国内的教科书及学术文章中,又被称为"媒介素养"、"媒体素养"等等。尽管称谓不尽一致,但所指代的基本上就是同一事物。本书还是沿用《传媒交给我们什么?——青少年传媒素养研究》[②]中对于上述名词辨析的提法——传媒素养,以保持全文的论述一致。关于传媒素养,尽管其本质内涵大致相同,但见仁见智,尚没有标准的统一说法。我们要厘清什么是传媒素养的含义,有必要把国内外的政府机构、专家学者及实务人士对于传媒素养的理解作一个大致的扫描,以便更好地研究公务员传媒素养的内涵以及外延,从而全面地掌握传媒素养的含义。为此,我们首先有必要把国内外传媒素养的定义作一个扫描。

有人认为传媒素养是根据1933年英国的李维斯和汤普逊合作出版的《文化和环境:培养批评意识》一书提出的"文化素养"概念演变过来的。他们认为,在大众传媒发展的新时代,传统的文化概念已经不再适用,文化素养的含义在起变化。事实上,仅就这一

---

① 蔡骐:《论媒介认知能力的建构与发展》,《国际新闻界》2008年第5期。

② 党静萍:《传媒交给我们什么?——青少年传媒素养研究》,法律出版社2008年版。

点，断言传媒素养是由英国人最先提出的似乎比较牵强，因为文化素养虽然和传媒素养密切相关，但两者毕竟不是同一个概念，不能混为一谈，否则会造成理论上的混乱。不过，西方发达国家更早地注意到了传媒素养的重要意义，更早地开展这方面的理论研究和实践活动。1989 年，英国的教育科学部在将传媒素养纳入正式教学体系的同时，把传媒教育作了这样的定义："传媒教育的目的是培养更积极、更有批判性的媒介使用者，他们将要求媒介产品的更大范围和多样化并为此作出贡献。"①同年，联合国教科文组织(UNESCO)发表了一项声明称："媒介教育是这个世界上每个国家所有居民的权利，自由表达的权利，它有助于建立和维持民主。"②美国传媒素养研究的专门机构对传媒素养作了这样的定义："传媒素养是一种能力，用这种能力来接触、分析和评价大众媒介中所传递的诸多复杂信息。传媒素养着重于帮助人们尤其是青年人成为对媒介信息更谨慎更理性的消费者，从而在有关健康、购物和价值判断上能做出更明智的选择；同时也帮助人们成为媒介有创新性的生产者，从而更有效地传递他们的所思、所想和优势。"③由此可见，学者们对于传媒素养的定义更为精当。

1992 年美国传媒素养研究中心将传媒素养的定义界定为：人们面对媒介各种信息时的选择能力(ability to choose)、理解能力(ability to understand)、质疑能力(ability to question)、评估能力

---

① [英]大卫·帕金翰：《英国的传媒素养教育超越保护主义》，《新闻与传播研究》2000 年第 2 期。

② 刘笑盈：《政府发言人与传媒素养》，蔡国芬、张开、刘笑盈主编：《传媒素养》，中国传媒大学出版社 2005 年版。

③ 转引自杨光辉：《走进传媒——如何开展媒介教育》，载蔡国芬、张开、刘笑盈主编：《传媒素养》，中国传媒大学出版社 2005 年版。

(ability to evaluate)、创造和生产能力(ability to create and produce)以及思辨的反应能力(ability to respone thoughtfully)。

加拿大安大略教育部对传媒素养的定义是:传媒素养旨在培养学生对媒介本质、媒介常用的技巧和手段以及这样技巧和手段所产生的效应的认知力和判断力。更为确切地说,传媒素养是一种教育,宗旨是为增强学生理解和欣赏媒介作品的能力,使学生了解媒介如何传输信息、媒介自身如何运作、媒介如何构架现实,以及要求学生具有创作媒介作品的能力。①

美国于1993年召开了一次传媒素养全国领导会议,会议中的专家学者达成共识,将传媒素养视为每位大众皆应具备的能力,包括对媒介信息的使用(Access)、分析(Analyze)及制作(Produce)能力,强调大众的媒介能力不仅涵盖了传统的印刷媒介,同时也包括了各类新兴的电子媒介,如电视、网络等。媒介教育的多元性目标:重于培育明事理的大众,或训练欣赏与表达的美学,或增进对社会的投入,或加强对自我及文化的自尊,抑或培养聪明的消费能力。这次会议可以说对美国境内混沌不清的传媒素养教育勾勒出较清楚的架构。

美国著名传媒素养研究者詹姆斯·波特(James Potte)1995年出版《传媒素养》,书中指出:"传媒素养是一种观察方法,即当我们置身于媒介中时,为了解读我们所遇到的信息时主动采用的一种方法。我们通过知识结构来构建我们的方法。而要构建知识结构则需要工具和原始资料,工具是我们的技巧,原始资料则是来自媒介和现实世界的信息。主动采用指我们不但知晓信息,而且还

---

① 转引自杨光辉:《走进传媒——如何开展媒介教育》,蔡国芬、张开、刘笑盈主编:《传媒素养》,中国传媒大学出版社2005年版。

会和信息主动交流。”①

英国传媒教育专家大卫·布金汉姆(David Buckingham)在其2003年出版的著作《媒介教育》一书中对传媒素养这样定义:“传媒素养是指使用和解读媒介信息所需要的知识、技巧和能力。”

学者鲁宾则将传媒素养分为三个层面,即能力模式、知识模式和理解模式。就能力模式而言,指大众所具有的获取、分析、评价和传输各种形式信息的能力,侧重的是对于信息的认知过程。知识模式观点认为,传媒素养就是关于媒介如何对社会产生功能的知识体系,其侧重点是信息如何传输。而理解模式的观点声称,所谓传媒素养就是理解媒介信息在制造、生产和传递过程中受到来自文化、经济、政治和技术诸力量的强制作用,侧重的是对于信息的判断和理解能力。概括地说,所谓传媒素养就是指正确地、建设性地享用大众传播资源的能力,能够充分利用媒介资源完善自我,参与社会进步。主要包括受众利用媒介资源动机、使用媒介资源的方式方法与态度、利用媒介资源的有效程度以及对传媒的批判能力等。

美国密苏里州韦伯斯特大学的教授阿特·西尔弗勃拉特甚至还列出了传媒素养的5种基本要素,英国布荣安特学院的教授斯坦利·巴兰补充了两种,使它变成7种要素:1. 对媒介影响力的认识;2. 理解大众传播的过程;3. 分析和讨论媒介信息的谋略;4. 对媒介关于社会文化和生活预见性内容的理解;5. 娱乐、理解和欣赏媒介的能力;6. 对媒介从业人员伦理道德规范的认识;7. 发展正确而有效的媒介产品生产技能。

---

① 杨光辉:《走进传媒——如何开展媒介教育》,蔡国芬、张开、刘笑盈主编:《传媒素养》,中国传媒大学出版社2005年版。

此外,国际上把传媒素养的定义分成狭义和广义两种,狭义的定义是从个体角度指使人们成为具有批判意识的媒介思考者和有创造力的生产者,成为媒介大众;广义的定义是指人们面对传播泛滥的一种回应,用来优化媒介环境,是一种文化现象。

至于我国,1997 年中国社会科学院新闻研究所研究员卜卫发表的《论媒介教育的意义、内容和方法》应该是中国大陆最先引入传媒素养教育概念,介绍国外传媒素养教育的起源与发展、传媒素养教育的意义、内容与途径的论文。论文最有价值的是它简略地提出了传媒素养教育在中国实施的流程框架。在随后的 1998—1999 年内,分别有香港浸会大学新闻学系助理教授李月莲(《加拿大传媒教育运动的启示》)、四川省社会科学院宋昭勋(《一门新兴学科:媒介教育》)以及蒋振远(《应尽快启动媒介教育》)、郑富新(《媒介教育与德育相结合是现代德育的新原则》)四位学者在国内期刊先后发表了以媒介教育或传媒教育为题的论文,均对传媒素养教育的概念和思想有所介绍,也仅限于此而已。

进入 21 世纪后,尽管中国大陆的研究者还没来得及系统全面地开展传媒素养教育实践的探索,但在传媒素养教育的意义、方法、内涵、模式、框架等众多理论问题研究上,在局部对象的传媒素养教育的相关调查上,以及小范围实验性的传媒素养教育开展上都进行了探索性的尝试。在对国际传媒素养教育理论和实践经验上进行了系统的借鉴、吸收以及本土化改造,并且以特定的视角,积极地将传媒素养教育理念、功能与方式结合起来,在特定的领域、群体进行了一定的深入思考和探讨。这些研究既有助于中国传媒素养教育的理论研究往纵深方向推进和扩展,也为下一阶段中国传媒素养教育运动的实践提供了有益的理论思考和现实目标。

近几年来,国内学术界对传媒素养的讨论也极为激烈,传媒学者对于传媒素养的定义提出了一些看法。当然,这些观点仍然不尽相同。譬如复旦大学的博士张志安、沈国麟写道:“传媒素养是指人们对各种媒介信息的解读和批判能力以及使用媒介信息为个人生活、社会发展所用的能力。所谓传媒素养教育,就是指导学生正确理解、建设性地享用大众传播资源的教育,通过这种教育,培养学生具有健康的媒介批评能力,使其能够充分利用媒介资源完善自我,参与社会发展。”①

中国传媒大学的张开副教授指出:“媒体素养是传统素养(听、说、读、写)能力的延伸,它包括对各种形式的媒介信息的解读能力,除了现在的听、说、读、写能力以外,还有批判地观看、收听并解读影视、广播、网络、报纸、杂志、广告等媒介所传输的各种信息的能力,当然还包括使用宽泛的信息技术来制作各种媒体信息的能力。媒体素养无疑是一个全新的素质概念,它的宗旨是使大众成为能积极地善用媒体、制造媒体产品、对无所不在的信息有主体意志和独立思考的优质大众。它与提高社会文化品质与健全大众社会的发展息息相关。”②山东师范大学传播学院张冠文、于健说:“传媒素养就是指人们正确地判断和估价媒介信息的意义和作用,有效地创造和传播信息的素养。”③中国人民大学教授郑保卫认为:“媒介教育是指有关媒介知识即运用技能和方法的教育。

---

① 陈先元:《传媒素养:一个重要的社会问题》,《解放日报》2004 年 4 月 6 日。

② 杨光辉:《走进传媒——如何开展媒介教育》,蔡国芬、张开、刘笑盈主编:《传媒素养》,中国传媒大学出版社 2005 年版,第 67 页。

③ 杨光辉:《走进传媒——如何开展媒介教育》,蔡国芬、张开、刘笑盈主编:《传媒素养》,中国传媒大学出版社 2005 年版,第 67 页。

通常这种教育是包括在新闻与传播教育之中,由新闻学院与传播院校向新闻学与传播学专业的学生实施的。”上海交通大学媒体与设计学院的陈先元认为:“传媒素养,是指受众对于传媒及传媒信息的认知、解读、评判及接受的基本素质及实际能力。受众能否借助传媒信息而得益,能否拒绝不良传媒信息的侵袭,从而把不良传媒信息对于社会的负面影响降至最低程度,在很大程度上取决于传媒素养的程度如何。”

由此可见,国内外对于传媒素养的定义,来自于不同的视角,采用了不同的语言,偏重于不同的方面,截至目前尚无统一的定义,人们对其内涵和本质的理解也不尽一致。但从本质来看,传媒素养内涵和本质包含了两层意义:一是对各种媒介信息的解读、批判、创造及传播能力;二是使用媒介信息为个人生活、社会发展服务的能力。

从一般意义上讲,媒介是指“使双方发生关系的人或事物”,而在这里所探讨的媒介,是指具有特定意义的“人与人之间作为信息传媒渠道的居间工具”,即传播媒介(以下简称传媒),它既包括传统的印刷媒介,也包括了各类新兴的电子媒介。素养,是指人通过长期的学习和实践(修习培养)在某一方面所达到的高度,主要由知识、态度和能力组成,包括功用性和非功用性,它是社会文明在个人身上的集中体现。

借鉴国内外关于传媒素养的定义,在本书中,笔者以为,传媒素养就是指人们通过学习和实践,认识媒介和选择、理解、评估和传播各种媒介信息以及用之服务于个人工作和生活的能力。它是社会的传播文明在个人身上的集中体现,实质是人们传统文化素养的一种延伸,包括对各种形式媒介信息的解读能力,批判地观看、收听并解读报纸、杂志、广播、电视、互联网络、手机短信等媒介所传输的各种信息的能力，也包括对各种媒介种类、性质、特征及功能的认知能力。这种能力，是一种素养，一种涵养，一种浸透到人细胞的综合反映及运用能力。① 中国社科院媒介传播与青少年发展研究中心主任卜卫认为传媒素养教育的意义在于“建立对信息批判的反应模式、发展关于大众传媒的思想、提高对负面信息的觉醒能力、培养建设性的使用大众传媒的能力”。②

第二节 传媒素养教育

一、传媒素养教育内涵及发展

随着现代传媒技术的迅速发展，传媒行业不断开辟新的竞争领域，对社会生活的渗透也达到无孔不入的境地。简单地对传媒发展进行“管制”的思维已经落伍，自从互联网诞生，对当今的媒体已经很难用强制性管理来达到效果。因此，除了要加强法制以外，提高大众的传媒素养，培养其对媒介的正确判断和理解，利用传媒为己和社会服务，已成为当前学术界、理论界和教育界关注的重点。

传媒素养教育是20世纪下半叶在欧洲、北美洲和大洋洲以及拉丁美洲、亚洲部分地区渐兴渐进的一种新的教学科目，它是在大众传媒时代，针对多种媒介对人的影响而提出的一种教育思想和方法。它以培养人的传媒素养为核心，形成对媒介所传递的信息

---

① 邱沛重：《论媒介素质教育》，《媒介素质教育论文集》，四川大学出版社2004年版，第1页。

② 卜卫：《大众媒介对儿童的影响》，新华出版社2002年版，第449—450页。

能够理解其意义以及独立判断其价值的认知结构，使人们具备正确使用媒介和有效利用媒介的能力。传媒素养教育还力图使未来信息社会的人具备有效地创造和传播信息的能力。

从国外有关资料来看，传媒素养教育发展与媒介发展并不同步，直到电子媒介尤其是电影出现以后，传媒素养教育才开始起步。其中最著名的是20世纪二三十年代由美国佩恩基金会（民间慈善机构）资助的电影与青少年研究（1929—1932年），该研究开始了关于媒介对儿童影响的研究。随着电影和广播在欧美各国日渐流行，其传播的价值观和审美情趣与传统的文化理念有着强烈的冲突、抵触。前文提到的1933年，英国学者E.R.利维斯和他的学生丹尼斯·桑普斯发表了文化评论论著《文化和环境：培养批判意识》。该书首次就学校引入传媒素养教育的问题作了专门的阐述并提出了系统的教学建议。他们认为，新兴的大众传媒在商业动机的刺激下所普及的流行文化，往往推销一种"低水平的满足"，这种"低水平的满足"将误导社会成员的精神追求，尤其会对青少年的成长产生各种负面的影响，因此，教育界应以系统化的课程或训练培养青少年的媒介批判意识，使其能够辨别和抵御大众传媒的不良影响。由此产生了世界上最早的传媒素养的批判范式。

这一时期，世界各国尤其是西方发达国家越来越重视传媒素养教育。丹麦的一些教师开始尝试并倡导在中小学开设传媒素养课程或讲座。英国倡导传媒素养教育，开辟了文化教育的一个新领域。英国、加拿大、澳大利亚、美国等都将传媒素养教育列入了学校教育的课程。然而，显而易见的是各国开展传媒素养教育目的十分明确：似乎都是为了保护人们尤其是儿童免受媒介的消极影响。对此，1998年，美国知名的传媒素养教育家瑞妮·霍布斯在美国《传播杂志》上发表了题为《传媒素养教育运动中的七大分歧》的论文，归纳分析了当代传媒素养教育理论研究与教学实践中存在的主要分歧：1. 传媒素养教育的主要目的是否在于保护儿童免受大众传播的消极影响？2. 传媒素养教育是否应该将媒介产品的生产、制作等实践活动作为教学的重要内容？3. 传媒素养教育应否以大众文化的文本作为主要的分析对象？4. 在传媒素养教育中，应否设置更多的具有明显政治和意识形态色彩的议题？5. 传媒素养教育应否以中小学生为主要的教育对象？6. 是将传媒素养教育增设为一门独立的教学科目，还是将其放在其他学科中讲授？7. 实施传媒素养教育的学校或组织可否接收媒介产业的财政资助？霍布斯清楚地看到，人们对上述问题的争议与选择，将在很大程度上决定传媒素养教育运动的未来走向与格局。与此同时，英国著名媒介教育专家——伦敦大学教育学院的大卫·帕金翰博士也于1998年发表了一篇综论英国传媒素养教育思潮更迭的论文。在这篇题为《英国的传媒素养教育：超越保护主义》的论文中，帕氏提出从两种不同的倾向上理解英国传媒素养教育的思想脉络。一种倾向将传媒素养教育的发展作为一场更广泛的民主化运动的一部分。在这一运动中，学生的"校外文化"逐步得到社会的认可并在学校的课堂教育中获得合法的地位。另一种倾向则是一种保护主义的倾向，这种倾向代表了教师试图保护学生，帮助学生抵制媒体不良、消极影响的努力。

进入21世纪以来，传媒素养教育的发展发生了很大的变化，出现了以下几个方面的趋势。首先是传媒素养的范围扩大了；其次，传媒素养教育已经从单纯地识别媒介信息中所含的内容转变为不仅要识别媒介信息中所包含的内容还要积极参与如何传播媒介信息，从而推动媒介的发展；再次，越来越多的国家开始加入传媒素养教育的行列。

在中国,传媒素养教育起步于1997年中国社会科学院副研究员卜卫的第一篇系统论述传媒素养教育论文的发表。但在最初的几年中,中国传媒素养教育还停留在教育观念的介绍和引入方面,关于受众的传媒素养教育却始终未能引起重视。传媒素养教育的现状还处在“研究时间短,成果少,尚未引起充分、广泛的重视”,对其研究尚处于“定性分析多、定量调查少,传媒素养状况值得认真研究”阶段;至于应用,至今“仅限于理论研究和介绍,传媒素养教育缺乏有效实践”。其教育体系尚未建立,教育计划还未大规模地启动,目前仅有的教育还是一种小范围的试验,其主要的阵地在国内少数高校。因此,我国受众的传媒素养水平亟待提高。如今,随着web2.0时代的到来,信息的爆炸使得传媒素养教育的外延不断扩大,开展全民传媒素养教育已迫在眉睫,2003年以后,研究这一领域的国内学者逐渐增多。中国传媒大学也正是在此时开始了国内第一批传媒素养教育研究生的招生。2004年中国国内掀起了一个不小的传媒素养教育的热潮:1月,中国传媒大学申请设置的传媒教育硕士点得到批准。6月,中国传媒大学广播电视研究中心主办的《媒介研究》传媒素养教育专辑出版。7月,《光明日报》公布了国家教育部的重点招标课题“媒介素质教育理论与实践”,复旦大学中标。10月,全国首届传媒素养教育国际研讨会在中国传媒大学召开。同时,全国首个传媒素养教育研究网站在复旦大学开通。12月,由国家七部委联合召开的“2004媒体与青少年论坛”在上海召开。我国第一本针对大学生传媒素养教育的著作《新闻·传媒·传媒素养》由上海社会科学院出版社出版。上述种种迹象表明,中国传媒素养教育已经开始从最初的酝酿时期进入启动和发展时期。

中国的传媒素养教育应该注意以下问题:第一,要引入国外有关传媒素养教育方面前沿理论和实例,而不能在起步时期就走在时代后面;第二,从国外现有的传媒素养发展趋势来看,要实现传媒素养教育的本土化;第三,中国的传媒素养教育还应该融入中国的传统文化;第四,加强传媒素养教育师资的培养。其关键内容是:1. 认知教育——正确认识媒介的性质和功能。2. 批判性教育——建立对媒介信息的系统批判意识。3. 评价教育——提高对不良媒介信息的免疫力和对不同价值信息的选择性,学会利用媒介为个人成长和社会发展服务。

二、传媒素养教育的原则

传媒素养教育涵盖的层面很广,涉及心理学、传播学、美学、社会学等学科领域,如何以一种有效的方式,全面而系统地进行学习,是信息时代的一项重要的课题。随着现代传媒技术的迅速发展,传媒行业不断开辟新的竞争领域,媒介对社会生活的渗透无孔不入。只是简单地对传媒发展进行"管制"的思维已经落伍,特别是互联网诞生,对当今的媒体已经很难用强制性管理手段来达到"管制"的效果。因此,除了要加强法制以外,从认识论的角度和教育学的认知教育的角度,提高大众的传媒素养水平,培养其对媒介属性的认识、正确判断和理解信息,有限的利用信息,是传媒素养教育的重要内容。加拿大著名传媒素养教育专家约翰·庞金持从以下 8 个方面阐述了传媒素养教育的理念:第一,所有的媒介都是建构的产品。媒介并不提供外部客观世界的简单映像,而是向我们提供经过人工精心建构的产品,传媒素养教育致力于分解和辨析媒介的建构。第二,媒介构建现实。我们对于外部世界的多数观察和体验都是通过媒介获得的。第三,受众选取媒介中所传递的信息的意义。第四,媒介总是暗含商业动机。第五,媒介包含意识形态和价值观信息。第六,媒介暗含社会和政治诉求。第七,媒介中的内容和形式总是紧密相连的。第八,每一种媒介都有其独特的美学形式。

美国传媒素养教育中心(center for media literacy)提出了关于传媒素养教育的5个核心理念和5个重要问题。这五个核心理念是:所有的媒介信息都是被构建的;媒介信息是使用一种具有自己规则的创新性语言构建的;不同的人对同一信息的体验是不同的;媒介融入了价值和观点;建构的媒介信息是为了获得利益或权力。5个重要问题是:是谁创造了这信息?该信息运用了什么技巧来吸引我的注意力?别人与我对于这条信息的理解会有多大的不同?这条信息陈述了或是省掉了怎样的生活方式、价值观和观点?为什么要传递这条信息?

英国著名传媒素养教育学者莱恩·斯特曼(Len Masterman)提出了关于传媒素养教育的17项原则。这些原则是:1. 传媒素养教育是一种值得认真对待、并有重要意义的努力尝试。2. 传媒素养教育的一个核心概念是"再现"(representation)。3. 传媒素养教育是一种终身教育。4. 传媒素养教育应当着眼于增强学生(对于媒体信息)的独立自主的批评、判断能力,而不仅仅是单纯要求学生记住某些批评、判断的手法和技巧。5. 传媒素养教育重在调查研究,它不应将某种特定的文化价值强加给人。6. 传媒素养教育应当与时俱进,善于应对周遭情势的变化。7. 传媒素养教育的核心理念首先是分析的工具(analytical tools),而不仅仅是教材、课本上的某些段落和章节。8. 对于传媒素养教育而言,内容是达到目的的一种手段。9. 传媒素养教育的效果可以用以下两种标准来评估:学生以自己的批评思维应对新的(媒介)环境和情势的能力;学生在各种活动中所展示出来的责任感的高低和主动精神的强弱。10. 传媒素养教育理想中的“评价”(evaluation)首先意味着学生的“自我评价”(self-evaluation)。这种自我评价既为学生的个性所影响,也反过来影响学生的个性之发展。11. 传媒素养教育尝试重塑教者与受教者的双边关系,它既向受教者同时也向施教者来展开自己的调查研究。12. 传媒素养教育本质上是能动的、与人分享的,它鼓励发展一种更加开放的、民主的教学方法。13. 传媒素养教育涉及合作的学问,强调团体精神。14. 对于传媒素养教者来说,实践的批评和批评的实践两者缺一不可。15. 传媒素养教育是一种牵涉整体的教学过程。16. 传媒素养教育信守变无止境的原则,它必须不断发展以应对随时变化的现实。17. 传媒素养教育植根于一种独具特色的认识论。

由于中国还没有真正意义上的传媒素养教育,因而传媒素养教育的原则更多的是借鉴国外相关的理论。杨光辉在《走进传媒——如何开展媒介教育》这篇文章中认为应该结合中国实际,实现传媒素养教育的本土化。从这个角度出发,作者认为我国现阶段的传媒素养教育应该遵守如下原则:第一,传媒素养教育应该涉及几大主题——政治、经济、文化、环境保护,因为这四大主题关系着人类社会的未来发展;第二,传媒素养教育应该针对不同年龄段人的特点制定出不同的教育目标,而在中国由于城乡差距的缘故,还应该制定出针对农村广大人群的传媒素养教育目标;第三,传媒素养教育要充分利用媒介资源;第四,重视传媒素养教育中的合作、探询、重述、质疑、互动和创新的作用,加强学生在传媒素养教育中的主导作用;第五,重视媒介传播所包含的各个部分——媒介信息的传播者和媒介信息的受众、媒介产业以及与媒介有关的各种制度;第六,加强传媒素养教育师资的培训,引进国外成功的传媒素养教育观念和模式;第七,实现中国优秀的传统文化与传媒素养教育的融合,促进中华民族文化的发展与创新。

综上所述,我们认为,传媒素养教育应围绕以下几个问题深入展开探讨:

其一,媒介信息是建构出来的"真实"。即我们所说的"拟态或虚拟环境"。这种"真实"所承载的内容并不全是客观世界的真实反映,而是经过刻意选择,甚至是许多因素相互融汇、碰撞的结果。人们根据各种媒介所提供的信息建构了关于这个世界的"图像"。我们对世界的观察与经验往往是以媒介为"媒介",因此,从某种意义上说,媒介塑造了我们对世界的认识与看法。传媒素养教育就是试图解构隐藏在这些媒介信息背后的机制,让人们了解为何会呈现这样的媒介面貌,从而更加真实地了解世界的原貌。其二,媒介对人类社会的进程有巨大的影响。媒介作为一种技术手段,对于人类感知世界的方式有非常强烈的影响。媒介的技术特性决定了人类的感知方式和方向,决定了信息的形态、性质。印刷术的发明和改进以及此后电子在传播领域的应用,带来的不仅仅是社会结构层面的变化,而且是人类景观、世界格局的更为深刻的改变。伴随着电子技术的巨大发展和广泛应用,媒介正在以全新的方式构建人类公共生活和私人生活。其三,媒介信息本身具有强烈的价值观及意识形态。媒介的产生是人类改造客观世界的产物,媒介是意识的载体,意识不可避免地带有国家、阶级和阶层的烙印,它代表着各个阶级、阶层和集团的利益。所有的媒介产物都不可避免地被打上了它所属的那个阶级、阶层和集团的文化观和价值观,致使媒介在政治及社会层面上扮演着相当重要的角色。其四,媒介信息含有强烈的商业动机。在市场经济为主导的当今,商品大潮几乎冲击着各个行业,绝大多数的传媒都成为商业产品,它们成为获得利润的载体，致使我们借以了解社会形貌的信息往往掺杂了许多政治与商业的力量。以电视为例，不论是新闻、运动还是娱乐节目，都要看能吸引多少观众以及能否得到广告支持而定。谁主宰了媒体节目的菜单？电视、广播或报纸上的节目与信息是谁的看法？要了解这些问题，必须了解媒介信息事实上是重重人为包装、修饰以及裁剪过后的产品。传媒素养教育就是要让学习者知道节目时段、内容安排、收视率、广告对象、市场利益是如何运作的。传媒素养教育也包含所有权、控制以及相关议题的探讨。其五，媒介信息的形式与内容密不可分，每种媒介都有独特的美学形式与符号特质。每种媒介都有其特定的呈现方式和特质，掌握这些信息特性就能让我们更深入地了解媒介信息的意义。传媒素养教育应了解不同媒介所使用的符号特质与形式特质，才能方便运用与解读媒介信息。其六，受众诠释和接受媒介信息意义的能力与程度不一。早在 1940 年，西方学者通过大量研究发现，大众传播一般只加强人们已有的观点，而不会改变其信念。受众对大众传播的各种内容总是会加以选择、判断，他们一般只接受那些与自己信念相符的信息。这是由于人们在接受任何事物时总是以自己已经先有、先见、先把握的东西为基础，这种先有、先见、先把握的东西，心理学将其定义为意识的“先结构”。意识的这种“先结构”由文化艺术修养、社会历史文化传统、审美能力、生活经验、思想感情等内在因素构成。由于这些内在因素每个人是不同的，因而文化意识的这种“先结构”事实上各有不同，每个人都有属于自己文化意识的“先结构”。而这一事实导致的一个直接文化信息的接受现象，就是对文化信息的接受效果有明显的差异。面对媒介信息时人们会有不同的诠释与交互作用。因此同样的一个文本，不同的受众很可能有非常歧异的感受，传媒素养教育应该尊重每个受众的观点。①

三、传媒素养教育的模式

西方社会对传媒素养的重视，源于大众传媒的副作用。西方的大众传媒建立在自由主义传媒理论和体制的基础之上。这种理论强调自由创办传媒、发表言论、报道消息和其他内容的权利。由少数利益集团左右了大众的视听，误导了社会和公众，从而导致媒介中出现了大量的低级庸俗的内容，消解了精英文化，危害了受众，尤其是青少年。因而要抑制传媒的副作用，很大程度上要靠大众传播过程的另一端——接受者的辨别、防范、抵制能力，也即靠受众的传媒素养，要提高他们的传媒素养水平。这就必须开展传媒素养教育。

我们国家这几年对传媒素养教育虽说有所重视，但与发达国家相比则明显滞后，受众整体传媒素养不高。其后果直接表现为传媒信息、节目的泛滥与良莠不齐，以及由此引发的受众对海量信息的无所适从，对传媒生态纷繁复杂的未知未觉、无知无畏。这样对受众个体发展来说就会出现对传媒信息节目来者不拒、不识良莠、缺乏主动性的选择，对信息的输出源头媒体不知所谓、缺乏认知的麻木、茫然困境蕴含着不可忽视的潜在危险。在思想、行为上可能受到媒体潜移默化的左右和牵引而浑然未觉。②

受众如何在与大众传媒的互动中发挥主动性，规避负面信息及其负面影响；受众如何降低盲目性，达成行之有效地选择和获取

---

① 张冠文：《浅论媒介素养教育》，《中国远程教育》2003 年第 13 期。

② 林爱兵：《新媒介时代受众的传媒素养教育》，中国科学技术大学 2004 年硕士学位论文。

信息;受众如何尽可能准确地解读和评估形形色色的传媒输出品;受众如何提升对媒体复杂性、多元性的认知,做个明明白白的受众;受众如何有效地利用传媒这一有力工具来实现自身的发展和终身学习……这一系列的问题已经进入了许多学者聚焦考量和研究的视线,如何有效地解决受众面对传媒时可能面临的这一系列问题,如何让更多的受众告别未知未觉、无知无畏的状态,进驻先知先觉的行列,成为各国学者致力和赖以展开传媒素养教育研究的逻辑基点。①

许多学者经过研究,达成了相当一致的共识,提出有效解决上述问题的最佳途径之一是开展传媒素养教育,提升受众的传媒素养水平。需要强调的是,传媒素养及教育是从受众的角度提出要提升受众的传媒素养,这是一种全新的视角和理念,是对传统意义上的提升传者的传媒素养的巨大的飞跃和延伸。概括而言,传媒素养及教育指:增进受众对各种大众传播媒介的认识,学会用欣赏和批判的态度去接收及分析大众传媒的信息,了解传媒所呈现的现实与客观现实之间的差异,能解读信息背后的意识形态,了解传媒在日常生活中扮演的角色,利用信息为己、为社会服务,做个新媒介时代主动的、思辨的受众。因此,可以说,传媒素养教育是一种面向受众的教育,是一种致力于建立受众对传媒欣赏与批判并举的反应模式的新型教育形态。②

第一,传媒素养教育的批判范式

① 林爱兵:《新媒介时代受众的传媒素养教育》,中国科学技术大学 2004 年硕士学位论文。

② 林爱兵:《新媒介时代受众的传媒素养教育》,中国科学技术大学 2004 年硕士学位论文。

英国传媒素养教育的历史起点就是1933年出版的《文化与环境:批判意识的培养》。英国学术界进行传媒素养教育的初衷,是对媒介的一种错误的认识,即他们认为大众媒介提供的普遍是一种伪文化,它损害了真正的高雅文化。而传媒素养教育的目的和核心就是如何保护孩子们免受媒介内容的污染。其核心内容是反对大众媒介及其所传播的文化,他们认为,只要大众文化的粗制滥造与虚伪煽情被揭露出来,学生就会自觉地去抵制它们。因而,当时的传媒素养教育采取的是一种批判的态度。这种传媒素养教育事实上是一种反对接触媒介的教育。通过教授学生一些大众文化来培养他们"区分与抵制"的能力,使学生能够自觉接受那些有益的文化遗产。由于这种传媒素养教育在本质上把媒介几乎视为一种瘟疫,因此认为学生接受传媒素养教育就像打预防针进行免疫一样必要。这种思想的核心观念是文化保护,即保持本国文化传统、语言、价值观和民族精神的纯正和健康。这种传媒素养教育批判范式后续在法兰克福学派的批判理论的强大支持与促进下得到了长足发展,其关于文化工业的深刻而全面的论述为批判大众媒介提供了猛烈的火力,揭露大众媒介对民众操纵与愚弄已经成了后来大众媒介批判的主要内容。时至今日,虽然传媒素养教育的批判范式总的来说已不是主流,但其局部影响却处处可见。比如,在广告课上许多教师不是教授如何制作广告或分析广告在大众媒介中的作用,而是倾向于批判广告的意识形态导向及其商业本质。

第二,传媒素养教育的分析范式

20世纪50年代末至60年代初,传媒素养教育迎来了它的第二个阶段。这时候也正是英国文化研究的起步时期。这一时期的主要学者如雷蒙德·威廉姆斯和理查德·豪格特的观点受到普遍关注。在他们的眼中,"文化"不再被视为一系列享有特权的、恒定不变的人为物事一如文学经典，而被视为全部的生活方式。文化的表达是多元性的，既有阳春白雪式的高雅、贵族形式，也有下里巴人式的大众化形式。他们认为，文化意味着几乎一切事物，从电影、电视、报纸、杂志及网络这多种多样的媒介，到衣服、食物这样的日常生活用品，还有各式各样的制度、民俗、习惯，它们都是文化。正是它们构成了我们人类社会生活的方方面面。所有的文化实践无不打上了权力的烙印，而进行研究的目的就是为了揭示文化的政治及社会语境。在这种观念的推动下，学校传媒素养教育也同样产生了新的范式。它不再严格强调文化的高雅与通俗之分，而着眼于通过学生对媒介的日常文化体验活动来进行教育。学生的主要任务不再是一味拒绝媒介，而是区分媒介上的内容，分辨什么是优秀的通俗文化作品、什么是伪劣作品，并且承认通俗文化中同样可以产生一些具有自身完整性的优秀作品。新一代教师的出现对该范式的推广起到了至关重要的作用。这批教师在自己的成长过程中大多受过大众文化尤其是电影的种种影响，因而他们很难接受过去那种完全拒绝大众媒介的批判范式，在实践中他们更乐于采纳较为客观的分析范式。

第三，传媒素养教育的解密范式

到了20世纪70年代，随着符号学的兴起，另一种传媒素养教育的观点被提了出来，这就是传媒素养教育的解密范式。符号学系统而全面地回答了诸如符号是什么、为什么会有符号、符号有多少种类及其分类标准以及它们之间如何相互指代等问题。简单地说，符号就是可以指代其他东西的事物。它是由制作者按一定的规则生产出来的，然后受众在读解媒介内容时，又按照一定的规则去理解和恢复其中的含义，这与人类学家霍尔所提出的制码与解码概念完全一致。在媒介中出现的任何内容都是符号的某种建构,而不是事件本身。比如,我们在电视或报纸上看到关于朝鲜和韩国互相开炮的事件的报道,无论是文字报道还是图片报道,我们所能看到的都只是一堆符号,而不是其事件本身,它仅仅是已经被媒介化了的事件。媒介化这一概念揭示出,我们通常所接触到的各种媒介内容都只是一种表征,它们是经过加工的、用符号构建出来的某种东西,我们正是通过这些媒介表征来认知我们所处的世界的。媒介不可避免地会对它所处理的事物进行一些改变。

可见,符号学的兴起直接导致了新的传媒素养教育范式的出现。这种新范式从符号和结构入手,把传媒素养教育的内容设立为以下几方面:首先,把大众媒介中常用的制码与解码的规则传授给学生,让他们能够更好地理解相关的媒介信息,并进一步告诉学生在生产意义与读解意义中所采用的诸多规则都会受到文化的制约,这样一来,媒介产品的意义就不能脱离具体的社会历史语境来孤立地解读;其次,让学生了解所有媒介产品是通过符号建构出来的,是一种媒介象征,并非原始的事实本身。由于我们都是通过媒介来认识与了解周围的世界,因而这种媒介在传播大众文化的过程中,经常通过利用一定的制码与解码的规则来制造议程,以及在必要时操纵受众以达到其牟利目的或引导受众接受某种特定的意识形态导向。这种传媒素养教育的宗旨是教导学生对媒介表征的分析能力与批判能力,因而,这种传媒素养教育的范式被称作“解密范式”,这也是当今欧美传媒素养教育中的主流范式。

在此基础上,学者鲁宾(Alan Rubin)提出了传媒素养的三个层面,即“知识模式”、“理解模式”和“能力模式”。马萨瑞斯(Paul Messaris)认为传媒素养就是“关于媒介如何对社会产生功能的知识体系”。这个定义侧重信息是如何传播的,这也就是“知识模式”的观点。大众传播研究者刘易斯(Justin Lewis)和哈林(Sut

Jhaly)"理解模式"的观点认为,传媒素养就是"理解媒介信息在制造、生产和传递的过程中受到了来自文化的、经济的、政治的和技术的诸力量的强制作用"。这个模式侧重对信息的判断力和理解力的强调。经过激烈的辩论,最后学者们终于达成共识:所谓传媒素养是指"大众获取(access)、分析(analyze)、评价(evaluate)和传播(communicate)各种形式的信息的能力"。这个定义侧重对信息的认知过程,这就是传媒素养的"能力模式"。①

第三节　传媒素养的社会定位

21 世纪是信息经济的时代,是知识经济的时代,信息与知识构成社会的核心资源。而信息与知识的生产、传播与获取,将愈加依赖于大众传媒,大众传媒构成了信息、知识运营、推广与提升的有力杠杆。尤其是科学技术的发展不断推进着大众传播媒介日新月异的进步,进一步强化了大众传媒的作用。今天,人类的生活与大众传媒之间关系的紧密程度是过去任何时候都无法比拟的,我们的所见所闻、所思所想,都弥漫着大众传媒的气息和笼罩着大众传媒的影子。因此,要探讨公务员的传媒素养,首先需要充分认识大众传媒素养的社会定位,

了解传媒素养在整个社会中的地位和作用。从意识形态层面上来看,大众的传媒素养作为一种素养的群集,不仅仅是指具体个人的传媒素养,而且是指社会大众的整体传媒素养,是一种社会现象和社会机制。因此大众传媒素养是公众文化素养的组成部分,

① 矫非:《新媒体视域中青少年媒介素养研究》,华中科技大学 2008 年硕士学位论文。

是社会发达程度的评判标志,是国家政治文明的基本条件,也是民主体制建设的有效动因。①

大众传媒素养作为大众文化素养不可或缺的有机组成部分,是形成文化素养的前提和基础,如果没有大众的传媒素养,大众的文化素养就是空中楼阁,难以支撑。当然,反过来讲,大众如果只有传媒素养,而缺乏整体的文化素养,那么要想有效解读和利用信息也是不可想象的,二者就是一个有机的整体,相辅相成,缺一不可。当然任何的传播信息以及传播信息的媒介本身都是人类文化的组成部分。从广义的视角来看,文化是指人类创造的所有物质财富和精神财富的总和,一切带有人类创造色彩的事物均可称为文化。面对信息全球化,尤其是互联网的出现,原有的信息传播的传统模式已经从单向传播向多向传播转化,因此对于传媒信息的解读和利用,就不仅仅是具备一般意义上的文化素养就能够准确认知和解读的,没有足够的传媒素养的积累,对社会信息的解读往往会陷入致命的自身文化旋涡。因此,公众传媒素养或者大众传媒素养,更多指涉的是人类精神文化传承内容与形式的问题。它既包括作为个体的个人所应具备的媒介认知、解析及应用素养,也包含整个社会群体对于传媒素养的认知情况以及各类通过公众途径公开影响社会生活所体现出的社会现象和社会机制。因此,要培养和提高大众的文化素养,必须提高大众的传媒素养。

大众传媒素养高低是国家政治文明的重要标志。大众传媒素养的高与低也是反映全社会精神进展程度的重要风向标。纵观人类文化的发展史和人类历史的文明进程史,我们会清晰地看到,任何时代,任何国度,任何种族,任何观念的进步进程都是与社会文

---

① 郭小平:《我国党政干部媒介素养研究》,四川大学2006年硕士生论文。

明进程的步伐是一致的。社会愈发达、愈文明,各种类型的大众媒介传播必然愈进步;反之,大众媒介传播方式和传播内容的滞后,映射的则是此阶段社会发展进程的徘徊不前甚至于落后倒退。当代美国、加拿大、日本、欧洲的英法德等国家,毋庸置疑是世界上传媒业最发达的国家,与之相符的便是其强大的社会经济实力以及高度的社会发展水平。同样,随着中国的日益强大和社会经济实力的不断提升,各种类型的大众媒介通道也越来越成为大众了解周遭文化精神活动的重要平台。横向对比发达国家和发展中国家的大众传媒素养,会发现,大众的传媒素养与经济环境和媒介环境是呈正相关的关系。当然,此类的正相关关联关系,并不是简单地将传媒业的发达和大众传媒素养的提高混为一体,无论其内部存在多么复杂的机理关系,都不能不使我们必须正视这样一个现实,经济愈发达,其文化产业也愈发达,对大众传媒素养的要求也就越高,进一步通过传媒素养教育来实现自身正确解读媒介信息的需求就越强烈,进而通过经济途径与教育培训途径相结合的模式来实现传媒素养提高的可能性就愈高,间接刺激社会经济的发展,这样一个良性的循环模式会推动整个社会和传媒业以及大众文化素养的高速良性发展。

大众传媒素养也是民主体制建设的有效动因。民主体制是政治文明的基本内涵,在现代国家里,没有民主体制,就谈不上什么政治文明。民主是一种概念,也是一种体制,更是一种实践。民主的精髓在于公民有权决定公共事务,政府应该秉持公正、公平、公开的原则,接受公众的监督。而让公众具有公共事务的知情权,有效地监督政府,大众传媒则是一个重要的工具。离开了大众传媒,公众如何提出意见,发表看法,批评弊端,监督政府呢?提高大众的传媒素养,让大众获取更多的公共事务知情权,无疑将会进一步推动民主体制的建设。

大众传媒素养是国家政治文明建设特别是民主体制建设的内在驱动力。现代国家体制建设中,新闻传播制度已经成为极其关键的环节。甚至在一些学者的著述中,已经提到了“新闻治政”的高度。可见,政治和传播在其本质上是有着千丝万缕的联系的。步入21世纪的前10年,民众已经能够清晰地看到,政治和传播这对“孪生兄弟”已经越来越影响到现代社会的进程,二者均是在公共领域发挥影响力的重要武器。尤其是网络的出现,更是让更多的草根阶层、更多的群众可以通过这个平台体现自己参政议政、发表民间言论自由的权利。同时,政府的政治决策也可以更快地通过网络来即时实现与基层的对接,少了传统媒介各个层级删选把关的“媒体滤过”作用,更真实准确地体现了中央领导决策层的旨意。因此,在现代信息社会中更应该重视的是公务员的传媒素养,因为公务员只有具备良好的传媒素养,才可以应对媒体,帮助政府规避各种不必要的舆论危机,树立良好的政府形象。可见,强化公务员群体的传媒素养,显然是公务员群体素质的重要组成部分,并且是势在必行的一个环节。

第四节　传媒素养教育的对象

传媒素养教育应该成为全民教育,加强国民的传媒素养教育,提高他们面对外来信息的免疫力和回应外来信息的能力,这是应对传媒全球化的必要手段。传媒并不是一扇观察世界的透明窗户,媒介信息是建构出来的“真实”,而在虚拟现实和计算机模拟的时代,眼见都未必为实。全球化背景下的传媒素养教育旨在培养大众面对外来信息的批判能力,使大众成为积极地使用媒介资源、制造媒体产品、具有主体意志和独立思考能力的大众。媒介信息通常含有特定的意识形态、价值观以及商业动机,而媒介表象会对人们对社会现实的理解起作用,因此传媒素养教育的目的就是要让受众穿越信息表象,思考信息深层的含义,学习善用和创造信息的方法,深刻理解媒体语言、经营方法、所有权乃至媒体对人的影响等问题。在这样的层面上,传媒素养就不仅仅是简单地发展某种技能来解读媒介所提供的内容,它还包括对媒介机构的生产活动及受众的接受过程的了解,以及对整个媒介传播活动的社会历史语境的认识,对媒介所有权、媒介制度、媒介控制以及相关议题的了解。①

前文已分析过,传媒素养教育概念最早提出主要是为了解决大众文化中流行文化价值观念对广大青少年产生不良影响所造成的负面结果。目的是反对传媒中的流行文化价值观念,帮助青少年建立起科学的传媒素养观念,进而抵御大众媒介提供的不良信息。到20世纪60年代后,这种前期对于大众媒介的“妖魔化”认识开始慢慢转型,各方研究媒介的学者及专家开始重视培养青少年如何识别大众媒介文化所带来的精华与糟粕,能力教育也开始从抵御能力培养转向辨识能力培养。70年代至80年代后,在联合国教科文组织的介入下,各个国家的教育机构开始重视对青少年传媒素养的系统化培养,至此,学校传媒素养教育开始形成规模。至今,在全球大多数的高等院校,以及部分国家的中小学都设立了传媒素养教育的课程,甚至在个别国家,传媒素养教育已经开始向成人普及,传媒素养教育逐渐变成终身教育的重要组成部分。

在国内,对于传媒素养教育的关注要比西方晚很多,基本上是

---

① 郭小平:《我国党政干部媒介素养研究》,四川大学2006年硕士生论文。

20世纪末期才开始有学者涉足该领域。由于地域文化和国情的不同，在借鉴西方传媒素养教育研究成果的过程中，我国学者赋予这一命题更多的社会学意义，提倡将传媒素养教育培养群体进一步扩大，尽可能涵盖整个国民群体。毕竟，30年的改革开放，使中国在物质层面上获得了较快发展，各种类型的大众媒介像雨后春笋一样涌现在华夏大地上，而由于历史的原因，我国很多的大众，甚至高学历人群，对于传媒素养的认识都尚不到位，更谈不上如何正确地理解和看待大众媒介所带来的大众文化价值观念。于是，在中国的执政环境中就出现了一种奇怪的现象，即民间大众媒介的高度发展所带来的大众文化不断冲击着本已困惑和迷茫的民众，而作为官方执政者的公务员群体则在不屑大众文化的基础上调控着大众文化所带来的价值观。官方和民间群体之间赖以沟通的媒介平台，就在这样畸形的状态下进行着，尤其当互联网作为一种新的信息传播方式日趋发达之际，民间舆论与官方论调之间的摩擦与矛盾便显得越发突出而不可调和。

因此，在借鉴了英国、加拿大、美国、澳大利亚、丹麦、瑞士等传媒素养教育开展较好国家的实际后，我国的传媒素养研究学者纷纷表示，要积极开展民众传媒素养教育。对此，学者郑保卫曾强调实施媒介教育大众化具有特殊的意义，“它能使普通民众掌握媒介传播的相关知识与技能，从而知道怎样运用媒介更好地为自己的劳动、学习、生活以及参与国家和社会事务服务，使自己真正成为媒介的主人，成为媒介的主动驾驭者，而不至于只是充当媒介传播的被动接受者”。①

当前，鉴于我们国家系统的传媒素养教育还未真正开展起来，

① 郑保卫：《媒介教育大众化势在必行》，《中华新闻报》2002年1月16日。

仅仅局限于个别高等院校的个别新闻传媒专业，甚至在大学传媒素养教育尚未成为一门公共必修课程。另一方面，虽然在具体的实施层面上尚未建立，但是，理论层面的研究与讨论却一刻也没有停息。传媒素养作为传媒领域重要的话题，一直被诸多的学者专家所关注，在诸多的研究论文中也给出了相应的对策。对于这一发展倾向，我们认为，传媒素养教育应当进一步细分受众市场，首先要从代表人民治理国家的公务员群体来进行传媒素养教育培训。这既是执政的需要，也是借鉴媒介素质教育的普遍原理和规律，按规律办事的需要。但是我们应该清醒地认识到，在公务员群体中开展传媒素养教育还有很大的困难。一方面是我国特殊的执政环境，使得各级党政机构对此项工作重视程度不够，加之理论与实践层面上的诸多困难，直接导致公务员传媒素养教育的停滞不前。另一方面，现实的处境是，由于公务员传媒素养的缺乏，与媒体打交道策略的不足，对于媒体运作规律缺乏深度的了解等原因，已经给政府工作带来了很多负面的影响。甚至很多地方政府在面对媒体的时候一味地采取躲避或排斥的姿态，进一步恶化了政府与媒介之间的关系，不利于政府树立正面形象和引导群众工作。

当然，随着社会的不断发展和进步，越来越多的公务员已经意识到传媒素养的重要，特别是经历了如“华南虎事件”、“孙志刚事件”、“躲猫猫事件”等的冲击之后，各类大众媒介的影响力及重要性已经慢慢为各级政府所认识。在我国政府的一些管理理念和管理制度中，已经出现重视传媒素养的迹象。譬如国务院以及相关的部委办局和人民团体相继建立了新闻发言人制度；中国加入WTO后，地方政府又相继启动了新闻发言人制度；2003年抗击“SARS”之后，更多的省级、市级地方政府推行了新闻发言人制度。对新闻发言人的传媒素养，也引起了相关部门的重视。2003年9

月22日至27日,国务院新闻办首次在北京举办了全国新闻发言人培训班。同时,中国科协会同有关部门共同启动的《全民科学素质计划》中,也包含了大众传播媒介科学素质行动计划,目标是到中华人民共和国建国100周年之际(2049年),18岁以上的全体大众达到预期的科学素质。

在这一背景下,首先启动针对公务员的传媒素养教育,在全社会形成一种鲜明的导向,对于培养并提高社会公众的传媒素养,无疑具有重要的示范意义和推动作用。因此,深入研究我国公务员传媒素养问题,研究在新的历史条件下,公务员具备传媒素养的意义、作用以及培养提高方法等,从而为我国的大众的传媒素养教育培训工作提供理论建议,是有着十分重要的现实意义的。①

① 郭小平:《我国党政干部媒介素养研究》,四川大学2006年硕士生论文。

第二章　公务员传媒素养的建构背景

第一节　传媒生态的内涵与变革

当前,我国正处于转型期,当下社会是政治民主化进程不断推进,各种思想激烈交锋,各种观念不断发生碰撞的聚变时期。新一轮的科技革命不但推动着社会经济发展,更推动着媒介载体更新换代。WEB2.0时代的到来,使互联网等新媒介蓬勃兴起,最终使人们所处媒介环境发生了巨大的变化。信息时代的变革带来媒介生态环境的巨大变革。如今电视已基本普及,网络、手机等新兴媒介正在蓬勃兴起,纸质媒体面临数字媒体的巨大冲击;特别是逐步放宽的境外媒体的准入等都在一定程度上冲击着传统的媒介生态环境。一方面,在这种新媒介生态环境下,新兴媒体占据了舆论传播的主要阵地。“现代文化正在脱离以语言为中心的理性主义形态;另一方面在现代传播科技的作用下,日益转向以视觉为中心,特别是以影像为中心的感性主义形态”。① 在这种新的格局之中,谁都面临着一个如何“接触媒介”、“解读媒介”和“利用媒介”的问题,②要

---

① 孟建:《视觉文化传播:对一种文化形态和传播理念的诠释》,《现代传播》2002年第3期。

② 张丹:《信息时代国家公务员媒介素养初探》,西南政法大学2010年硕士论文。

了解这个问题，我们首先来了解一下我们所处的媒介生态环境。

系统论告知我们任何物体都不是孤立存在的。传媒也不是孤立存在的，它也是一种社会子系统，是社会的有机组成部分，它的存在与发展与其他子系统（诸如政治、经济、文化等）也存在着密切的关系。这种关系的总和即是传媒的生态环境。“以社会系统论来看，如果离开与其他社会系统的互动，就不可能对传媒有完整而透彻的理解。”①

从这里我们不难看出传媒生态学的概念借用了生态学中关联性结构性的原理，这是研究生态群落及其生存发展的系统之中各种因素的相互关联相互制约而达到相对的平衡的科学。传统传播学理论主要是对传播现象进行静态分析，这种分析的结果是孤立的；而借用生态学原理与方法来研究当代传播学问题，强调的则是和社会大环境的紧密联系，是一种动态的、整体的研究，这就为进一步研究传播学规律和解决社会实际问题，提供了新的研究方法，使传播学的研究视野更加开阔。因此，自20世纪60年代以来，传媒生态学研究逐渐成为传媒研究的新领域。其意义在于既能够将传媒作为社会大系统之中的子系统，研究传媒系统与外部大环境的诸种因素保持一种相互联系和相互依赖的适度互动关系，又能够探究传媒系统内部各因素之间的相互联系、相互依赖和相互作用的网状的非线性关系和良性循环。②

由此析之，媒介生态系统的基本构成要素是媒介系统本身外

---

① 杨琳：《论媒介生态与传媒业科学发展观的构建》，《兰州大学学报（社科版）》2007年第1期。

② 杨琳：《论媒介生态与传媒业科学发展观的构建》，《兰州大学学报（社科版）》2007年第1期。

围环境系统和由这两个系统的紧密联系者——人群三要素构成，这三者之间的相互关系和相互作用以及由此而形成的一种系统和谐结构就是媒介生态系统。它主要关注人、环境与传媒之间的相互影响和相互作用，媒介生态系统的变化会影响到媒介的工作方式和受众的接受方式，也会导致社会生态系统的一系列变化。因此，探讨在媒介生态系统中，如何才能维持传媒环境的健康、平衡、和谐，如何才能使人与传媒、传媒与传媒之间保持一种良性的互动关系，就成为促进整个社会文化协调发展的重要问题。如果这个前提条件脱离了人与传媒环境的相互联系、相互依赖、相互作用，我们就不可能对传媒这一社会子系统有完整而透彻的理解。所以，分析当前传媒素养对公务员执政能力的影响，就必须把问题放在大的社会系统之中去研究，即通过对传媒生态研究，揭示出人与传媒的密切关系。

一、传媒生态的概念界定

在生态学研究中，生态系统(ecosystem)是指在一定时间和空间范围内，由生物群落及其生存环境通过物质循环和能量流动共同形成的一个相互影响、相互作用并具有自调节功能的动态平衡整体。“生态系统”概念是由英国植物生态学家阿·乔·坦斯利(A. G. Tansley，1871—1955)于1935年7月在《生态学》杂志首先提出的，德国生物学家海克尔(Haeckel)1866年在《生物体普通形态学》中提出生态概念，20世纪50年代得到广泛关注，60年代以后逐渐成为生态学研究的核心概念。生态学最初的含义是指生物之间及生物与非生物环境之间的相互关系。所以说生态学关注的是生物与周围环境的整体关联。也就是说生态是一个整体性的概念，它包含了两层含义：其一，它意味着对环境的研究——它们的结构、内容及对周围各种生命的影响。当然,这并非说生态与环境是等同的。环境是自然的存在物,它包括作为影响一个生物体生长、发展和生存的外界物质条件的自然环境,以及作为影响个人和社会本质的社会文化条件的社会环境。而生态不仅指自然的存在方式,还包括人与自然存在和社会存在的亲和关系,更多的是体现一种相互依存的整体化的系统联系。[①] 其二,作为一种环境,必然会产生某种影响。而媒介生态系统(media ecosystem),是指在一定的时间和空间内,人←→媒介←→环境←→三者之间通过物质交换、能量流动和信息交流的相互作用、相互依存而构成的一个动态平衡的整体。其中传媒环境的影响不仅仅是指每种传媒对于自身信息接收者的影响,还必然包含传媒之间的竞争与影响。同时从广义上阐述,传媒环境的影响还必然涉及传媒技术和信息传播对自然和文化的影响。当传媒环境发生影响时,就不可避免会形成一种传媒生态。

传媒生态就是指在一定社会环境中传媒各个构成要素、传媒之间、传媒与其外部环境之间相互良性制约而达到的一种相对平衡的结构,是实现受众——传媒——政府——社会这一复合生态系统整体协调而达到一种稳定有序状态的动态过程。它包含一定时代的政治文化氛围、经济发展水平、社会生活形态和媒介本身的属性、话语立场、人文精神以及受众方面的教育水平、文化境界、身份背景等诸多因素。传媒生态一旦失控或失衡,会对整个社会的协调发展产生很大的负面影响,对已经形成的生态平衡关系造成严重破坏。因此,传媒迫切需要一个制衡有序的媒介生态环境。这就要求必须遵循和谐准则,对传媒生态系统给予人为的积极影

① 李晓云:《试论传媒生态系统的历史演进》,《新闻界》2010 年第 1 期。

响,主动调节生态系统的结构和功能,以期达到系统最优结构和最高功效。①

二、信息时代带来媒介生态环境变革

改革开放后的30年,可谓我国媒介生态的发展过程中天翻地覆的30年。技术革命与体制革新无疑是媒介生态进化的主推力量。而中国媒介生态的演变也成为20世纪末21世纪初,发生在中国的宏大社会转型话剧中的一幕情景。

媒介生态学关注的不仅仅是表型(基因型与环境结合后实际表现出的可见性状)群体,而且包括基因型(种的遗传本质,即生物性状表现所必须具备的内在因素)群体。即媒介关注的重心不仅是媒介与环境结合后各个子系统之间所表现出来的相互依存和相互作用的关系和变化,而且还要重视媒介自身内在的各要素之间的相互关系和变化。在媒介生态的变化中,不仅有我们能看到的变化,诸如各种非主流的媒介(如都市类报刊、娱乐频道、各类网站、手机短信、另类读物、各种新奇的游戏等)成为在市场上数量占绝对多数的媒介力量,网络媒体正在不断蚕食传统媒介的阵地,境外卫星电视的落地和大量文化节目的引入等媒介生态表型群体的变化等;还有我们所看不见的媒介生态基因型群体的进化与变异,诸如商业主义的繁荣、传受双方传媒素养的变化、民主意识的勃兴以及西方价值观的涌入等。

(一)媒介生态表型群体的变化

1. 传统媒介数量与结构的变化

20世纪50年代上半期,全国范围内针对不同所有制媒介的

---

① 蒋晓丽、扬琴:《媒介生态与和谐准则》,人民网—传媒频道。

社会主义改造全部完成,各类媒介全部国有化,私营、公私合营的媒体以及民主党派的媒体逐步消失。由各级党委统管相应级别的各类新闻媒介形成,此时的媒介生态成单一色,舆论的监督和引导基本可以通过对大众媒体的管理来实现。传统媒介以报纸为例,1953年的数据,全国共有专区以上报纸258种,其中国家机关报151家,工会报纸17家,农民报纸23家,青少年报纸17家,民主党派及各类团体报纸15家,专业报纸、各少数民族报纸各14家,还有部分军队报纸,①很明显,国家机关报一家独占总数的近60%,其他报纸虽然种类繁多,但是所占比重很小。

到了20世纪80年代中期,国家机关报在全国报纸总数的比例占到文革前期的2/3,和文革中的几乎100%相比,下降到不到16%。进入90年代,中国报业先后经历了数次大规模调整,2003年的报刊治理工作开始了中国报刊业最深刻的一次变革,全国纳入这次治理的党政部门报刊共有1452种,其中停办的有677种,划转的有302种,实行管办分离的310种,免费赠阅的94种。我国传统的四级办报模式向三级办报模式转变,加之政策上禁止摊派发行的力度越来越大,权力支撑的党报发行体系逐渐在传媒市场中萎缩。②

2006年全国共出版各类报纸1935种。变化不仅仅体现在传媒数量上,更体现在传媒结构上。在媒介产业化的大潮中,为了最大化占有注意力资源以吸引广告商的青睐,昔日党报独大的局面被彻底打破,都市类报纸大规模崛起。目前,综合新闻性的党报和

---

① 支庭荣:《大众传播生态学》,浙江大学出版社2004年版,第8页。

② 方汉奇、陈业助:《中国新闻事业通史》,中国人民大学出版社1999年版,第2—25页。

晚报都市类报纸是我国日报的主体部分，占全国日报总数的73.9%。其中，党报439种，占日报总数的44.6%；晚报都市类报纸288种，占日报总数的29.3%。政党报纸的下跌和大众报纸的上扬形成鲜明对比。①

2. 电视：传统媒体的一大突破

可以肯定的是，印刷传媒特别是印刷书籍对我们的社会施加了强烈的影响。一旦变成了有文化的人，大多数人都会获得一种理性和情感的力量。但是，电视传媒的出现迅速压制了印刷传媒所培养起来的认识论。

电视所带来的最主要的变化就是，它成了我们文化的指挥中心。电视的出现，冲击着人的视觉、听觉和触觉，促进了人类感觉器官的平衡，并对人采取包围之势，促使人深深参与其中。我们要在电视那里寻求关于政治、大众文学、宗教、新闻和经济的叙述，于是电视就几乎成为十四、五世纪的教堂。通讯卫星和其他高级传媒消灭了空间和时间的距离，使人类重新回到了部落时代。由此，建立在电磁传媒（如收音机、电视机、互联网）基础上的传播形成一种新的世界秩序的开端。因为电磁信号是以光的速度来传播的，能达到几乎无法想象的速度。这就意味着空间和时间被克服了，真实世界的社会就建立在电视所创造的拟态环境中。因此，人类的感觉被淹没了。在某种意义上，我们已经成了一个电视人。你必须要看电视才能成为一个社会人，因为你要和文化中所发生的一切有联系就必须要熟悉电视上的内容。于是，“看电视”几乎成了现代人的生活常态。生活被电视所律化，行为趋于一致，思想趋于扁平。

---

① 陆云红：《党报凸显权威性和影响力》，《深圳特区报》2007年7月6日。

我们看到电视节目频道更丰富，观众可选性更高。近5年来，电视接收方式发生了较大变化，有线网络和卫星天线接收进入更多家庭，机顶盒用户从无到有，已经占全部电视用户的7.31%。农村观众中，通过有线网和卫星接收天线收看电视的比率也有了大幅提高。随着深圳卫视、南方卫视、厦门卫视、金鹰卡通、京沪动画等电视频道的纷纷上星，第二轮上星运动达到了一个小高潮。截至2005年1月，我国境内的卫视频道增至55个。①

此外，栏目也日益丰富多彩，以往占据荧幕大部分时间的新闻时政类节目，逐渐湮没在各种各样的综艺、剧场、广告等娱乐类节目中，娱乐化节目倾向成为电视工厂的“生产法则”，收视率这一经济指标逐渐掩盖了广电媒介的“喉舌”色彩。15年前开播的《综艺大观》、《正大综艺》曾一度让人兴奋不已；湖南卫视分别于1997年和1999年创办的大众性综艺节目《快乐大本营》和《欢乐总动员》，集游戏、表演、竞技和搞笑于一体，令无数青年男女为之疯狂；随后中央电视台推出娱乐益智节目《开心辞典》、《幸运52》，吸引了众多眼球；之后真人秀节目日益风行，以《超级女声》为代表，掀起了电视节目娱乐化的狂潮，中央电视台推出《非常6+1》、《梦想中国》，上海东方卫视和新娱乐推出的《创智赢家》、《加油，好男儿！》、《舞林大会》等，而湖南卫视又推出了《快乐男声》，想再筑《超级女声》的辉煌。②

3. 传统媒介种群的新成员——新媒介

电子媒介为人类传播带来的变革不仅是空间距离和速度上的

---

① 李海龙：《探析2005年卫星电视频道覆盖发展变革》，人民网：http：www.people.com.cn/。

② 熊风：《中国电视节目娱乐化的文化思考》，《社会科学》2007年第3期。

突破,而且使人类知识经验的积累和文化传承的效率和质量产生了新的飞跃,使人类进入了一个全新的、前所未有的信息社会。所谓信息社会,是指“信息成为与物质和能源同等重要甚至比之更加重要的资源,整个社会的政治、经济和文化以信息为核心价值而得到发展的社会”。① 由于信息与媒介的唇齿关系,媒介在社会中的地位比过去更为突出。

(1)无处不在的网络触角

2010 年 7 月 15 日下午 13 : 30 消息,中国互联网络信息中心(CNNIC)当日发布的统计报告显示,截至 2010 年 6 月底,中国网民规模达到了 4.2 亿,突破了 4 亿大关,较 2009 年底增加 3600 万人,互联网普及率攀升至 31.8%,较之 2009 年底提高 2.9 个百分点。在 4.2 亿的网民数量中,宽带网民规模为 36381 万,使用电脑上网的群体中宽带普及率已经达到 98.1%。农村网民规模达到 11508 万,占整体网民的 27.4%,半年增长 7.7%。(数据来源于百度博客:《2008 年 6 月,中国博客发展权威报告》)

网络媒介的触角已经延伸到世界的每一个角落,网络媒介成为继传统三大媒介之后的第四媒介。根据图 2-1、图 2-2 显示,从 2005 年到 2008 年三年间,我国的网民从 1.03 亿增长到 2.53 亿,网络普及率从 7.9% 增长至 19.1%,充分显示了网络的发展、普及速度。尤其是 Web2.0 时代的到来,Blog,TAG,SNS,RSS,wiki 等互联网传播模式迅速崛起,用户成为信息制造的中心,拥有更多点对点传递信息的渠道。网络个人化、社会化等新的传播特点日益显现,一场以“交互”为核心的互联网创新浪潮已经扑面而来。

另据报告显示,截止到 2006 年 11 月 3 日,全球中文博客站点

① 郭庆光:《传播学教程》,中国人民大学出版社 2005 年版。

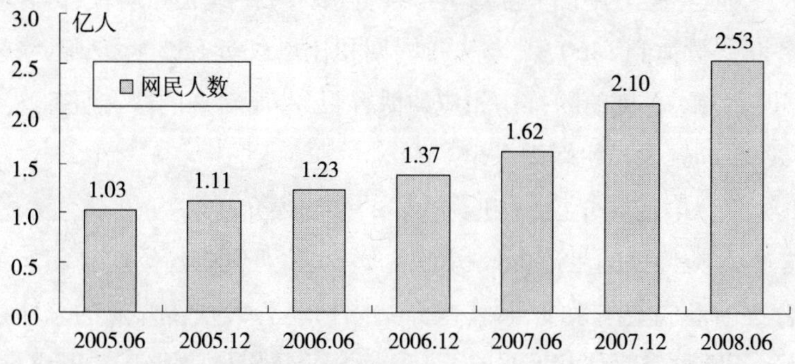

图 2-1　中国网民人数增长情况

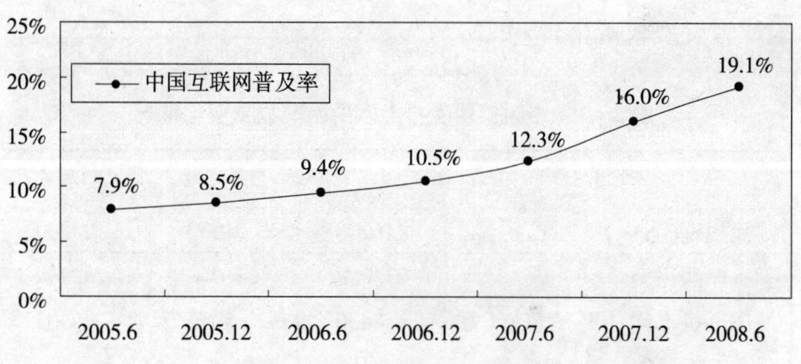

图 2-2　中国互联网普及率

数量达到 5230 万，博客用户数达到 1987 万，平均每个博客(Blogger)用户拥有大约 2.6 个博客，博客站点数和博客用户数均比去年有一定程度的增长，人均拥有博客数与去年相比也略有上升。在近 2000 万的中国博客用户中，每个用户平均每 7.6 天更新一次博客，活跃的博客用户数(一周内有更新的博客)达到 302 万，约 15.2% 的用户每周更新博客，同时，大约 4.6% 的用户每天更新博客。

而这一年,中国大陆博客服务商(BSP)持续大幅增长,博客服务商数量达到1460家,与去年同期相比增长近55%;大型网络公司如搜狐、百度纷纷推出相应的博客服务,而新兴的博客服务站点如51.com也开始崭露头角。

(2)第五媒介:以手机为代表的移动媒介

人类传播的足迹由最初的线形推进,到现在各类媒介相互结合逐渐形成空间系统,几代媒介共同构建着大众传媒业的总体格局,不同种类媒体相互融合,一种整合的超媒体时代正在形成,而新兴的第五代媒体——手机无疑成为这一化合反应的催化剂和先行者。(表2-1和图2-3数据来源于百度博客:《2008年6月中国博客发展权威报告》)

表2-1 中国使用手机上网的网民数量变化情况

时间	2007.6	2007.12	2008.6
网民规模(万人)	16200	21000	25300
手机上网比例	27.3%	24.0%	28.9%
使用手机上网的网民规模(万人)	4430	5040	7305

层出不穷的增值服务概念让手机从单一话音媒介向短信、彩信、图铃及多媒体视讯等多元媒体转变。在此过程中,手机通过对传统媒介传播形态的整合而日益具备了媒体的特性,成为继第四代传播媒体——互联网之后的新兴传播媒介,并引领人类传播历史进入移动传播时代。同时,手机业务的发展,尤其短信业务的发展,使得手机作为信息传播载体的特性更为明显。在中国,手机短信业务大幅增长始于2000年,此后便成几何倍数增长。据国家信

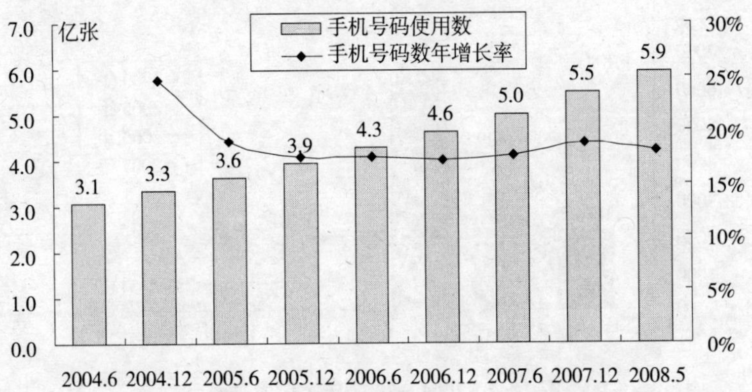

图 2－3　中国手机有效卡数增长情况

息产业部发布数据显示：到 2007 年，无线市话短信业务量 311.2 亿条，同比增长 4.4%；移动短信业务量 5921.0 亿条，同比增长 37.8%。①

作为移动通信的增值服务的彩信业务、WAP、手机电视等业务也得到了长足的发展。2005 年，仅中国移动的彩信用户数量已经达到 2000 万，全年发送量多达 30 亿条以上。截至 2007 年 3 月底，我国 WAP 用户数约为 3900 万，具有独立域名的 WAP 站点数量约为 6.5 万个，WAP 网页数量约为 2.6 亿，网页字节数约为 800GB。

美国著名媒体学者莱文森曾经对互联网与手机的关系有过精辟的论述："从长远来看，互联网可以被认为是手机的副手。"手机作为第五媒体，已经越来越深、越来越广泛地深入到人们日常生活

① 数据来源参见艾瑞咨询集团：《2007 年中国移动搜索研究报告》，http://www.docin.com/p-23105547.html。

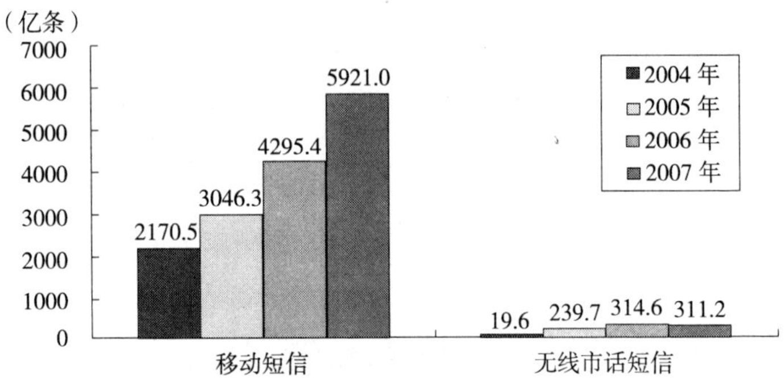

图 2－4　2004—2007 年短信发送量

数据来源：信息产业部《2007 年全国通信业发展统计公报》

的方方面面。① 据中国信息产业部消息，中国 2007 年手机用户已达到 4.6 亿，每百人拥有手机量达到 35 部，随着 3G 业务的持续开展，手机上网将成为刺激我国互联网用户增长的新增长点。我国手机网民一年增加 1.2 亿，总规模已达 2.53 亿人，占整体网民的 60.8%，说明手机作为网民上网终端的使用率正在迅速攀升。手机的媒介特性开始成为人们获取信息的载体。

4. 本土媒介生态的外来者——境外媒介

中国政府当前所处的媒介生态中，两股变异力量正在崛起，一是市场化的新闻媒体，另外一股来自以美国为主的西方国家的全球性新闻传播媒体。尤其是后一种力量，完全脱离了中国政府的控制和掌握。②

媒介环境复杂的另一个重要原因是境外媒介的进入。尽管

① 林振辉：《手机媒体化对媒体影响力格局的影响》，《中国记者》2007 年第 6 期。

② 见《经济观察报》2005 年 1 月 12 日。

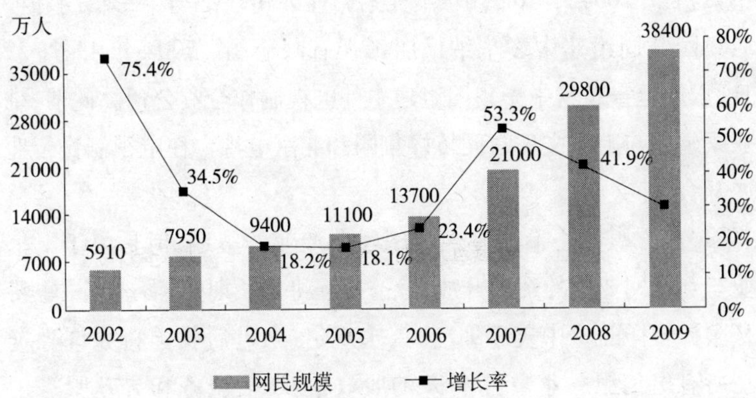

图 2-5 2002—2009 年手机增长率

以电视频道方式进入的境外电视传媒只能设在香港或者是大陆以外的地区,但经广电主管部门批准,截至 2003 年,在全国三星级以上酒店和特殊社区诸如常住外国人的公寓以及教育、科研、新闻、金融、经贸等单位落地的境外电视频道已达 33 个,以凤凰卫视、阳光卫视、华娱卫视、星空卫视最为抢眼;同时,境外电视节目已占据中国内地三分之一左右的电视播出时间。同时,开设广东省电视市场作为对外资电视进入的特区,允许部分外资电视媒体进入。此处定义的境外资本是指中国大陆以外的资本,包括台、港、澳资。

鉴于中国大陆制播分离的监管体制,尚未允许国外电视节目直接进入中国市场,但有眼光的海外电视大亨并不只是坐在遥远的大洋彼岸等待中国有关政策的松动,早就在"全球化思考,本土化经营"中,开始了内容输出战略。2002 年,香港泛华集团与人民日报社旗下大地发行中心成立大华媒体公司,从事国内报刊与图书的批发与零售。2004 年 7 月 5 日,TOM 集团获准正式与《电脑报》合资。2004 年 10 月，华纳兄弟影业公司获准与中影集团和横店集团共同组建中影华纳横店影视有限公司。2004 年 11 月 25 日，索尼也宣布与中影集团组建中外电视制作合资公司。此前，维亚康姆已与上海文广新闻传媒集团和北京电视台在电视制作行业展开合作。①

“西方媒体还不能侵入中国媒介产业的腹地，但是由于电信业与互联网业务的逐渐开放，渗透过程将是长期的，渗透方式也将是多种多样的。”中美 WTO 协议中规定，入世后我国将允许外资在所有电信服务业中占 49% 的股权，在增值服务和寻呼服务中占 51% 的股权。互联网并不作为媒介形式出现，因此境外资本可以全面进入互联网市场。2006 年 9 月，默多克宣布他的中国妻子邓文迪正在帮助将旗下广受欢迎的社交网站 MySpace 带入中国。2007 年 4 月 27 日，新闻集团下属的 MySpace 在中国正式上线，同步公布了带有“友你友我”中国印章的中文品牌标识，将依托互联网，吸引中国数亿名网民，尤其是年轻网民的注意力。进军中国网络的并非仅仅是新闻集团，2000 年，TOM. COM 已经为其“搭建跨媒体平台”的目标做了很多努力：收购内地网站鳌威体坛 100% 股权；拥有上海美亚在线网站 50% 股权。虽然对国外境外媒介的进入国家目前控制很严，特别是新闻宣传性质的媒介和信息是不允许随意进入的，但娱乐类媒介和娱乐类内容的进入却已经形成潮流。② 外国媒介力量的闯入和壮大，使中国政府与媒体的关系发生了改变，2005 年 8 月，新闻集团与青海

① 李希光、周庆安：《软力量与全球传播》，清华大学出版社 2005 年版，第 102 页。

② 明安香：《海外传媒在中国》，中国文联出版社 2005 年版，第 298 页。

卫视的合作被中国政府主管部门"叫停",构成当时海内外瞩目的新闻。这股力量逐渐壮大时,国外媒体扮演了政府的质疑者和挑战者的角色。

(二)媒介生态基因型群体变化

在媒介表型群体变异,诸如媒介种类、数量、结构变化的同时,媒介的基因型群体也在发生变化。如果说,表型变异的动力来源于技术逻辑的话,那么媒介生态的基因变异则源于中国社会转型这样一个时代背景,以及社会意识的演变、市场经济的发展、民主意识的勃起、政治文明的改善……

1. 市场经济的发展

(1)来自政治权力之外的力量——商业把关人出现

在"经济建设为中心"的年代中,由于计划经济正在向市场经济转型,媒介的产业化色彩必然日益凸显。当企业化管理的媒介以经营主体的身份从"政府温室"中走入市场洪流,变身为信息生产商时,"控制媒体的手正在从政府手中转向媒体所有者、投资者、广告商手中",当市场的商业主义逻辑作为媒介发展的主导,必然导致为提高发行量与收视率而接受娱乐化狂潮。在某种意义上,舆论"机关色彩"与"喉舌功能"虽没有抛弃,但在消费主义勃兴与商业逻辑盛行中,却是不折不扣地"褪色"了。

作为媒介的从属品——广告,其收入已经成为媒体经营的主要来源。媒介产业化之前,大多数媒介处于一种福利化的环境下,来自执政党的政策成为主导其生死的主要元素。而在中国现有的媒介生存环境中,媒介的存亡有两条生死线:一个是高悬于头顶的政策高压线,一条是横亘于脚下的经营生死线。来自执政党的权力已经不再是唯一能够影响媒介的主要力量,市场经济下的商业力量开始成为独立于政党声音之外的另一只无形之手,在媒介的价值观的输出中成为了一个隐形“商业把关人”。①

相对于政府对传媒的控制而言,广告对传媒的控制有更大的隐蔽性。因为广告资本的价值倾向成为影响采编行为的另一重要因素。媒体呈现出的新闻是从市场获取利润的一种手段,而不再仅仅是一种具有自身价值的文化和政治形式。如果说前者意味着传媒的结构和内容受政府的影响而改变,而政府的利益与民众的某些利益诉求相冲突,因而难以为广大民众所接受的话,那后者则意味着这种改变是源于民间的力量,并且改变的是那些看似与政治无关而与生活接近的内容和形态,因而具有更大的“合法性”。这种控制除了传媒的内容和结构形态以外,还有更为根本的传媒理念和报道原则。在广告介入以后的传媒的运行逻辑中,新闻报道和资讯节目被处理成一种商品。②

(2)传播方式变革中的媒体结构转型

长期以来,我国实行的是党管媒体。媒体经费一直是由行政拨款,并被纳入地方党委政府的属地管理。它强调传媒的核心是党和政府的喉舌功能及宣传工具。改革开放后,随着市场经济的发展和完善,除一小部分媒体还能得到政府的财政和政策支持外,大部分媒体被推向了市场,自主经营自负盈亏。而媒体除了要发挥党和政府喉舌功能,还有自身发展壮大实力的要求。为了获得更多的经济利益,媒体选择了娱乐因素强烈的软新闻。“软些,软些,再软些”已被大多数媒体视为赢得市场份额的不二法宝。媒体的行政隶属关系复杂化,原有的信息来源垄断地位被打破。媒

---

① 哈克特、赵月枝:《维系民主,新闻客观性与西方政治》,清华大学出版社2005年版,第15页。

② 长殿元:《广告对传媒的负面影响分析》,《新闻记者》2006年第1期。

体进入事业性质、企业化管理的双轨制模式,开始参与市场竞争,市场化的力量在媒体中日益凸显。

20 世纪 90 年代后期,网络媒体的强势介入,推动了中国媒体格局的巨大变化。原有的报刊、广播、电视三类传统媒体主宰市场的“超稳定”结构,由于网络媒体的介入,而催生了由网络技术主导的多媒体变局。其中,电视媒体因为视频与网络的高度融合而获得新的竞争优势,报刊和广播因为介质的限制而风光难再。这种媒体格局的巨大变化,使得地方政府封锁本地负面信息的难度无疑加大,一旦有新闻事件发生,想要捂住或封锁消息基本上是不可能的。因为当地媒体不报,外地媒体紧盯;省内媒体不报,省外媒体跟风;国内媒体不报,国外媒体透析。这种“跨地区监督”使地方政府权力鞭长莫及。

(3)泛娱乐化环境下的受众

媒介的泛娱乐化是以媒介的娱乐化为基础的。受众在传播活动中的地位的改变,致使他们从完全被动的信息接受者变成有目的的信息寻求者。翻开报纸,足球、影视、娱乐信息扑面而来;打开电视,超女、选秀、语言类节目,充斥着整个屏幕……我们浸染在娱乐化信息的熏陶之中。马克思认为,娱乐消遣是人类正常的精神生活,是一种“享乐的合理性”的满足,但是“真理向前多走一步就成为谬误”。在今天的市场经济社会里,人们更多地强调个人发展、个人享受和个人娱乐,人们的兴趣正在远离政治和公共事务。商业化的新闻媒体正在改变公众的胃口。

市场经济中媒体将受众这个信息的消费者视为“上帝”,媒体不惜一切手段挖掘娱乐化的因素来满足一部分受众猎奇、消遣和寻求刺激的心理。在娱乐化成为媒体经营文化主旋律的今天,大量选秀节目、八卦新闻和情感节目,刻意满足、甚至制造大众的消费欲望。媒体满足大众消遣的娱乐性功能被强化,而原有的社会责任感正在被泛滥的娱乐化浪潮所消解。

虽然目前媒介资源掌握在政府手中,媒介的运作和管理权同样是由政府主管部门分配的,在未来一个可以预见的时期内,中国媒介市场也仍将控制在执政党和政府手中,但媒介市场事实上的变化还是令人关注的。传统的主流媒介及节目在数量上的优势大大减弱,大多数中国人在传统媒介环境中培养起来的媒介行为和信息解读方式,面对全新的媒介环境已显得陈旧而过时。展现在执政党面前的媒介生态,再也不是信息贫乏的 20 世纪 70 年代及其以前,政治不再是社会生活的主题,多元追求充斥着我们的周边,庞杂的传媒体系与碎片化的舆论观已经成为客观事实,政治信息宣传面临着新的社会环境,对党报的新闻业务模式进行创新,适应新的媒介环境、文化环境,以及适应新时代读者的信息需求,是扩大党媒影响力,更好宣传党的政策、方针的重要举措。

2. 新媒介生态下的舆论状况

新媒介生态的多层次结构形成了多元化的舆论流通渠道,这种多元化渠道的存在,为社会舆论的多元表达提供了物质基础。一种由参与意识带动的,由新科技网络传播所扩展的新社会正在中国形成。受众在变,媒介在变,社会在变,我们的政府理念也在变,在传统非市场经济社会里,社会同质化程度高,国家可以用简单的手段达到控制传媒的目的。然而,当市场经济培育出了纷繁复杂的利益群体后,传统的管理手段就显得力不从心了。随之促成了多元舆论观的形成。

(1)转型社会中的碎片化舆论

“碎片化”是描述当前中国社会传播语境的一个形象性说法。所谓“碎片化”,英文名称 fragmentation,原意是完整的东西破成诸多零块。有研究表明,当一个社会的人均收入在1000—3000美元时,这个社会便处在由传统社会向现代社会转型的过渡期,而这个过渡期一个基本特征就是社会的碎片化。另外从社会发展的现状来看,目前我国正处在由传统社会向现代社会转变的转型期。在这个转变过程中,传媒最大的变化是由消费媒体——使用媒体——拥有媒体(如博客、SNS,还有其他最新的一些媒体)的变化,这种变化使得媒体越来越个人化,个人化是一个分散化的过程,分散化才有了碎片化的概念。

陈力丹认为,“不同角度的社会转型在总体上造成舆论的深刻变化,改变着人们的思维方式,但由于不同地区、城乡、产业结构的发展不平衡,社会流动人口的增大,特别是利益分配调整后的利益分流,使得我国原有的传统社会群体结构逐步重新组合,总体上呈分化的趋势,于是昔日全国上下相当一致的舆论表达,也呈现相对分散的状态,涉及局部、地方利益的舆论远远多于全局性的舆论,各种舆论间的差距拉大,其具体情形相当复杂,增加了大众媒介引导舆论的难度。”①计划经济体制下,各个群体的利益相对平均化,而且较为恒定。改革开放调动了各个群体的积极性,同时亦创造了许多新的群体组合的机遇。即使是原有的群体,也不再是纯粹的一种宏观意义的社会阶层,而分化为带有更多的相同利益、规模较小的群体,从而形成了相当多样化的舆论。即使是原来意义上较大的社会群体,由于社会结构处于转型期,也表现出舆论的碎片化特征。社会整一性阶段时的那种统一目标与绝对共识已经远离我们而去,现在摆在我们面前的舆论状态是一派杂芜、混乱。

---

① 陈丹力:《论当代我国舆论的分散化及其引导问题》,《新闻界》1998年第8期。

传统社会关系、市场机构以及社会观念的整一性——从精神家园到信用体系，从话语方式到消费模式——瓦解了，代之以一个个“利益族群”和“文化部落”的差异化，原来整齐划一的受众群体也随之分化。①

受众的分化形成了许许多多受传者群落的“碎片”，致使群体小型化、舆论利益化。而传播致效的一个基本前提，就是必须开始特别重视每一细分的个性化族群的特征，以及每一位单一消费者的个性和心理需求。因此，政府新闻传播要改变以往集中轰炸式信息传播，转而建立在实证数据采集分析基础上的“套装”与组合，以便聚集舆论。

（2）话语权的阅众分享

伴随媒介生态中新的媒介族群——新媒介的出现，信息多元化开始成为信息传播的真实写照。Web2.0时代，每一个博（播）客主人、每一个论坛ID都在颠覆传统媒介生态中的采编角色，话语权这一“专利”开始从大众媒体中被剥离出来，并日益分散化。受众，在过去的传播学词典中始终是传播链条中下游角色的一个专属名词，其能动性至多不过表现为选择或者不选择某个传媒，接受或者不接受某项传播内容或形式。但目前传播领域发生的真正重大事变，乃是“上游”角色成分的深刻变化。②

通过使用互联网、手机等即时通讯科技手段，人们接近、使用与处理信息的方式已经对新闻产业原先在历史上的功能定位造成

① 陈丹力：《论当代我国舆论的分散化及其引导问题》，《新闻界》1998年第8期。

② 蔡禾、何艳玲：《集体消费与社会不平等——对当代资本主义都市社会的一种分析视角》，《学术研究》2004年第1期。

极大挑战，进一步对新闻领域的未来发展产生根本的影响。当传统意义上的“受众”参与到新闻产业价值链的上游，而不再只是单纯的阅听大众时，也就意味着媒体生态的深刻改变正在酝酿之中。

新的媒介生态下的受众不再是强大媒体面前手足无措的弱者。当他们不喜欢执政者说教方式，或者不满足媒介按照执政利益所提供的信息，知情权无法得到满足时，他们会利用自己的社会触角去获取信息，即使获得的信息是片面、错误甚至是反动的，他们也会利用网络、短信的力量传播给其他信息饥渴的人们。新闻采集与散播的新形式、草根（Grass roots）或“平民新闻”（Citizen journilism）以及为数众多的博客，正在改变由什么人来产制新闻的本质，①使大众传媒的受众真正具有了“双重角色”的主要作用，其话语权越来越被凸显出来。

（3）民主语境下受众的大众化

伴随国家社会高度统一的模式的解体，以及国家——社会二元结构的确立，一个具有高度自治性和独立性的大众社会正在崛起。

大众社会的逐步形成，影响和改变着公共权力的运行方式，从而推动政府治理发生深刻的转型。反映在媒介生态上，受众不再对官方媒体呈现的信息无条件地接受、吸收，人们开始根据自己的需求去进行信息消费，按照自己的理解框架来看待世界。传统媒介的权威性和可信性开始受到受众的质疑，根据“科学发展观与媒介化社会构建”系列调查报告显示，在“媒介可信性很高”这一指标的调查中，很赞成的占4.6%，赞成的占20.1%，认为不一定

---

① 陈力丹：《舆论学——舆论导向研究》，中国广播电视出版社1999年版，第128—129页。

的占59.4%,不赞成的占14.0%,反对的占2.0%。[①] 大众对宣传产生了抗体,具备了很强的免疫力,希望政府提供他们想知道的信息。中国民众日益迫切地要求政府为他们提供基本而有保障的公共产品和管理服务,中国政府必须由经济建设型政府向公共服务型政府转变,并大力加强民主和法治建设。这一政治改革的目标,内在地包含着新闻改革的诉求——它不仅要求政府尽可能地公开政务信息和社会信息,还要求通过法律赋予新闻媒介更大的自主性,使媒介摆脱过多的权力干预,充分发挥其反映民意和监督权力的功能,建立媒介、政府、公众之间的良好互动关系。

促使政府对民意负责,并基于民意进行决策,这在某种程度上是执政党寻求执政的实质合法性的一种重要方式,也无疑是“政治文明”朝向规则政治的重要一步。胡锦涛同志在十七大报告中谈到坚定不移发展社会主义民主政治时说,人民民主是社会主义的生命。发展社会主义民主政治是我们党始终不渝的奋斗目标。[②]

(4)国际传媒参与信息竞争,西方意识逐渐渗透

中国庞大的受众群以及由此产生的广阔市场和发展前景,早已为境外媒体所觊觎。中国传媒业一直以来就是西方媒体谋求全球扩张想迫切占领的高地。海外传媒集团TOM.COM、维阿柯姆、迪斯尼、新闻集团、美国在线时代华纳、贝塔斯曼、福布斯公司、星传媒等进行频繁的商业试探。伴随着全球化的潮流,中国原本封闭的传播体系也不得不向国外传媒开放。

---

① 张晓峰、童兵:《我国受众的媒介角色认知和评价》,《新闻界》2007年第6期。

② 李希光:《转型中的新闻学》,南方日报出版社2005年版,第189页。

一方面,伴随着外国媒介力量的闯入和壮大,中国政府与媒体的关系发生了改变,当这股力量逐渐壮大时,国外媒体将会扮演中国政府的质疑者和挑战者角色,甚至完全脱离了我国政府的掌控。国内新闻发生后,深入我国的境外媒体办事机构同样会发挥"探头作用",将其通过国外媒体报道出来,从而挑战政府部门对信息的垄断。

另一方面,与一般跨国公司会影响一个国家本土的经济生态一样,跨国媒体同样会影响甚至改变一个国家的新闻传播生态,并且这种影响不仅发生在经济和产业层面,而且会发生在政治和意识形态层面上。媒介环球化不仅是西方资本伸向世界的探测器和回馈装置,而且是西方殖民侵略半径的巨大配套行动,所带来的结果和影响是巨大的、深刻的和无法估量的。

在网络日益发达的今天,人们更容易获得来自西方媒介的信息。我国政府在开展对外传播的同时,西方国家也无时无刻不在利用其强大的意识形态机器对我国进行渗透。国际间利用媒体这样的"国家软力量"进行交流的舆论战正在展开。

按照 WTO 入世协议,中国正在逐步朝境外媒体放开限制,虽然在新闻采编、发行等方面仍未退步,但通过娱乐节目进行的意识形态影响同样不可小觑。这些娱乐类的媒介和信息并不是纯而又纯的"娱乐",它们是携带了信息制造者和媒介所有者的意识形态、文化传统进来的,同样具有强大的影响力和征服力。娱乐化的背后隐藏的是普通人很难察觉的一个强大系统——意识形态。美国学者詹姆斯·罗尔注意到了这种现象,他认为:"大众媒介和所有其他大规模的社会机构在意识形态的传播中扮演着重要的角色。"境外媒体给一直"深居"的中国人民带来了对世界全新的解读方式,这些东西包装上"中国化"的外衣,包裹着西方化的文化与意识形态内核。而这与我国正处在转轨这样一个历史阶段的现实相结合，更是具有现实煽动力，导致了我国意识形态和舆论局面变得错综复杂。①

第二节 公务员传媒素养内涵

信息技术的日新月异和以互联网为代表的新兴媒体的蓬勃发展，把现代社会带入一个公开、即时、海量的媒介化时代。媒介无处不在、无时不在，对社会生活的影响越来越大，在国家公共管理中的地位越来越突出。公务员是社会的一个特殊群体，他们的传媒素养除了要求增加对大众传媒的了解，学会以批判的意识接触媒介信息、掌握媒介信息外，更重要的是要学会和媒体打交道，并合理地运用媒介完善自我、服务大众，提高党的执政能力。这是公务员素养不可或缺的重要内容。

"公务员"一词，起源于世界上最早实行公务员制度的英国，是从"civilservant"或者"civilservice"翻译过来的。其原意是"文职服务员"、"文职仆人"，有人意译为"文官"或者"文官制度"，也有人译作"公务员"、"公务员制度"，美国则称为"政府雇员"(governmental employee)；日本在第二次世界大战前称"文官"，战后改称为"公务员"；法国直称为"公务员"；联邦德国称为"联邦公务员"或"联邦官员"。当今世界，许多发达国家以及一些发展中国家都纷纷仿效英美等国，建立起自己的公务员制度，把政府中从事公务活动的人员称为"公务员"。在我国，"公务员"这一概念是在传统"国家干部"的基础上，吸取西方发达国家现代"文官"的合

① 李希光：《新闻学前沿》，清华大学出版社 2005 年版，第 344 页。

理成分，并结合我国社会政治发展的实际情况创新性地提出来的。

在国外，公务员的概念有大有小，范围不尽一致，大致说来有三种类型：第一种是小范围的，公务员仅指中央政府中非选举产生和非政府任命的事务官，不包括由选举或政府任命产生的内阁成员及各部政务官、政治秘书等政务官。这种范围同国家公务员法规的适用范围相一致，英国及许多英联邦国家基本属于此类。在英国，公务员是指那些不与内阁共进退，经过公开考试择优录用，没有过失，可以长期任职的文职人员。第二种是中等范围的，中央人民政府的所有公职人员，包括政务官与事务官都称为公务员，但适用于国家公务员法规的只是事务官。美国基本属于此类。美国把公务员称为"政府雇员"，"政府雇员"是范围很广的一种称谓，它包括了除军事人员以外的所有政府雇员。第三种是大范围的，把从中央到地方政府机关的公职人员、国会除议员以外的工作人员、审判官、检察官、国有企业和事业单位的工作人员统称为公务员，并有"国家公务员"和"地方公务员"之别，有"特别职"与"一般职"之分。"一般职"公务员是指政府系统中非选举产生和非政府任命的工作人员，是国家政府系统中的事务官，即非选举产生和非政治任命的政府工作人员，适用于国家公务员法规的，只是"一般职"的国家公务员。日本、法国基本属于此类。法国公务员是指在中央机关及其所属机关、地方行政机关、公共企事业单位被任命为常任官员的工作人员。以上三种，不难看出，我国基本属于第二种概念的划分。

1993 年 10 月正式实施的《国家公务员暂行条例》，是我国第一次使用"国家公务员"这一概念。2006 年 1 月 1 日起施行的《公务员法》，其第二条把"公务员"明确定义为"依法履行公职、纳入国家行政编制、由国家财政负担工资福利的工作人员"，即是指由国家依据法定方式和程序任用，代表国家依法行使行政职权，执行国家公务的公职人员。本书也将从这一含义上使用“公务员”的概念。

在社会生活中，公务员处于“组织、”“协调”、“控制”、“管理”、“服务”的地位。在人事部颁发的《国家公务员通用能力标准框架》中提出了公务员的9种能力：政治鉴别能力、依法行政能力、公共服务能力、调查研究能力、学习能力、沟通协调能力、创新能力、应对突发事件能力和心理调适能力。这是国家对公务员提出的必须具备的综合素质要求。可以说，在实际工作当中，公务员综合能力的强弱或者领导水平的高低可以通过公务员的传媒素养这一侧面集中反映出来。“从政治家的角度来说，在民主社会中，权力和影响力的大小，取决于对信息的掌握和策略的运用。”①

如今，媒体时代的媒介生态变革更是惊人：媒介种类增多，媒体性质转变，新媒体诞生，境外媒体的觊觎以及传播模式的改变等，旧有的宣传模式已经不再适应新形势下的媒介生态。如何在新媒介生态中，更好地处理好政府与媒体、公众之间的关系，提高政府的新闻执政能力，这与政权的具体执行者——国家公务人员的传媒素养密切相关。我们国家特殊的政治环境和新闻传播管理环境，决定了公务员及公务员群体对于媒介的实际运作产生着重要的影响作用。同时，媒介载体所传播的内容和传播形式对党政机关公务员群体也产生着重大影响。尤其是媒体环境日益市场化后，尽管仍受到党政机关的直接领导，但是面向市场、面向百姓的新闻传播方式已经越来越符合实际情况，作为本来要求还事实一

① ［美］W. 兰斯·班尼特：《新闻：政治的幻象》，杨晓红、王家全译，当代中国出版社2005年版。

个真相的新闻媒介,也更愿意回归新闻的本来社会定位。随着互联网时代的来临,很多信息的传播方式和渠道,党政机关已经没有办法完全控制,因此,作为党政机关代表的公务员群体,必须提升自身的传媒素养。简而言之就是必须了解传媒是什么,能做什么,需要做什么,不该做什么,要起到哪些社会作用。除此以外还要知道如何运用传媒,怎样和传媒打交道等等,才不至于在日常工作中受到媒体的影响而缺乏合理合适的解决对策。

与一般受众相比,公务员的传媒素养要求更高。他们不仅应具备一般的获取信息、批判信息的能力,而且还要运用媒介这个有力的传播工具,更好地发挥传媒作用,推进为民执政服务意识。因此,公务员传媒素养的基本内涵具体体现在其架构和内容两个方面。

一、公务员传媒素养架构

在信息时代,获取和利用信息是人类谋生的手段,是一切社会行为的前提。公务员必须具有良好的传媒素养,懂得媒体运作规律,掌握舆论引导策略,才能有效地利用媒体,提高党和政府的执政能力。从前面的分析我们知道,传媒素养实质上是一种能力的体现。公务员传媒素养实质上就是其执政能力的体现。它包括对传播环境的认知、对传播事业的认知、对传播过程的认知、对传播效果的认知四部分内容。①

(一)对媒介传播环境的认知

传播环境,是指存在于传播活动周围所特有的情况和条件的

---

① 骆正林:《公务员的传媒素养与执政能力建设》,《岭南学刊》2010 年第 2 期。

总和。在这种情况下,传播与环境表现为互动互助、相辅相成、共进共荣的互制关系。环境既是媒介生存和发展的基础和条件,也是人类进行传播活动的基础和条件。德弗勒和鲍尔洛基奇认为,如果撇开环境,单纯地孤立地观察各个具体媒介,那么观察再细致,也无法理解当今社会大众传播系统的整体,因为媒介的历史大于其各个部分之和,任何媒介的产生和发展都深深地植根于一系列独特的社会、经济和政治环境之中。因此,信息传播是在一定的社会环境下进行的,公务员只有深入了解了传播环境,才能更好地摆正政府和媒体的关系。

当下公务员所面对的环境包括执政环境与舆论环境两部分,执政环境与舆论环境是两个相互作用又相互依赖的变量。从国际范围来看,各国政府都面临着从统治向治理的转型,实现从强调统治者利益的最大化向社会治理过程中强调最大限度地尊重公共利益的转变;从国内范围来看,随着多元信息的飞速发展,大众素质显著提高,大众权力意识、参与意识迅速增强,一个由大众参与政治活动的大众社会正在逐渐形成。过去媒体被认为是党和政府的喉舌,是政府的宣传工具,因而党和政府可以比较从容地管理媒体。然而,在新的媒介环境下,新兴媒体尤其是互联网的出现,致使传统媒体相对弱化,传统媒体的官方色彩也在不断弱化。网络消减了权威,它让公众拥有了自己的话语平台,让公众的舆论快速崛起。由于网络的匿名性,使得公众可以大胆揭露社会上的恶性事件、有悖道德的事件;网络的匿名监督,可以强迫大众传媒报道为利益等驱使而不愿报道的事情;网络的舆论监督还可以推动事情的快速解决。

同时,舆论平台的多元化,也让公众的知情权和表达权放大,公众在信息传播中的被动地位被打破。如果公务员在执政过程中不改变应对传媒策略，依然还用传统的思维方式和执政理念来看待媒体，用控制信息的手段来掌控媒体，漠视大众舆论监督，那么必将被社会所淘汰。因而，公务员面对世界潮流和国内舆论环境的变化，应审时度势，将公共利益作为党和政府的价值定位，将改善民生作为时代责任，并落实党的十七大报告中提出建设“服务型政府”的概念。在公共舆论崛起的时代，必须加强公务员对传播环境的认知。

（二）对媒介传播事业的认知

信息传播活动是人类与自然和谐相处并完善自身的一个重要活动。在人类的发展史上，信息传播一直占据着重要位置，并在近代发展成一个重要的生产门类——信息生产。在信息生产具有主导作用的时代，公务员必须要对媒介传播事业有清醒的认识，即掌握传播的具体特征、传播体制和运行机制，才能提高政府运用媒体的能力。

传播体制是指在一定经济基础之上的、维持信息传播运行的组织机构和法律制度，是经济基础和上层建筑的具体反映，它包括信息传播事业的行业特征、产权结构、组织机构、权力配置和管理结构等内容。传播运行机制是指传播系统中整体或部分之间的相互作用的方式和过程。它是在实践中被提炼和总结出来的、被实践证明有效的、较为稳定的操作方法。传播的运行机制包括内部动因和外部动力，市场机制、竞争机制、用人机制等内容。大众传播有它的特征和基本规律，只有适应、重视这些特征和规律，大众传播才能健康发展；如果忽视其特征和规律，干预媒体的正常运行，势必会影响整个传媒事业的健康发展。因此，在市场经济环境下，在信息多元化的发展下，必须增强公务员对传播事业的认知，掌握媒体的特征、传播体制和运行机制，改变在媒体管理中不适应新媒体环境的思路和做法。①

（三）对媒介传播过程的认知

媒介传播是由传播者通过新闻媒介向受众发送新闻信息的过程，同时是传播者选择加工信息，通过某种渠道传递给受众并引起反应的过程。美国传播学家拉斯韦尔提出过著名的“5W”，即认为传播过程由传播者、传播内容、传播渠道、受传者和传播效果5个要素和环节组成。此外还有数学家香农和韦弗提出过的电子信号传输过程的直线模式，传播学家施拉姆和奥斯古德提出的社会传播过程的循环模式等。大众传播是一个多因素、多环节的过程，在这个过程中，传播者利用机械广泛、迅速、连续不断地发出讯息，目的是使人数众多、成分复杂的受众分享传播者要表达的含义，并试图以各种方式影响他们。也就是说，传播过程是意义分享的过程，传播目的在于使受众领会和使用传播内容。然而，传受双方所共享的信息是有限的。在大众传播中，传受双方的角色是分化和固化了的，信息被定期传向难以捉摸的受众，受众的反应和意愿难以及时反馈给传播者，这就形成了单向传播。

新闻媒介作为社会化工具能够产生两种效果：一方面，通过新闻媒介进行的价值传递有助于社会稳定，共同的价值观得以传递给所有社会成员，成为社会的黏合剂。另一方面，包容在传播内容中的价值观和文化信息的类型是由大型社会组织机构择定的，这些组织机构可能会选择旨在鼓励维持现状、反对变革的价值观和行为观。

新闻传播过程，实际上是传者、媒介、受众等一些相互的组成

---

① 骆正林：《官员传媒素养的提高与政府执政能力的建设》，《皖西学院学报》2009年第6期。

部分既矛盾又统一的有序运动过程,这其中传者与受众是一对主要矛盾。从马克思主义唯物辩证法的观点来看,二者是相互依存、相互依赖、相互制约的。传播中传者与受众二者的辩证关系正是在人类社会发展的大背景下不断协调、变化的,这一点从人们对新闻传播中传者、受众的认识过程可以得到证实。

人类新闻传播到目前为止,经历了三个历史阶段,总的可以概括为:以传者为中心→开始重视受众→承认传者与受众是传播活动中两个主体。我国改革开放之前,新闻传播主要运用的是西方以传者为中心的"靶子论"学说。改革开放之初,我国媒体开始接受西方20世纪60年代的"受众是服务对象"等观点,懂得要重视受众,但依然没从根本上弄清楚受众在新闻传播过程中的地位和作用,直到90年代中后期,人们才逐渐认识到受众不仅仅是服务对象,它也是接受主体。将受众的接收状况看成是未来传播的出发点,与目前媒体只将受众看成是信息解释者相比,这是一巨大进步,这是充分理解了新闻传播自身规律的发展而得出的启示,而这一新闻传播的规律又是随着整个人类社会的发展而发展的,这才是马克思主义的唯物历史观。

首先,因特网的出现在某种程度上打破了新闻传播的社会分工,动摇了传者的地位。由于因特网的独特功能,使许多的机构和个人进入到了新闻传播的行列之中,许多机构和个人都有可能集传播者和受传者的角色于一身,从而证明了传者在新闻传播活动中的主导作用彻底动摇,其对传播的垄断地位从根本上消失了。

其次,受众对传统媒体的依赖有所下降,也将削弱传者的作用。一种新的媒体诞生后,必将从原有的媒体夺去一部分受众。事实证明,目前越来越多的人通过因特网来获取新闻信息。受众对网络的热衷必将影响到对传统媒体的依赖程度。因此,传统媒体的主体地位进一步动摇。

再次,受众在因特网时代作用和地位的改变。第一,作为传播活动中另一必不可缺少的参与者——受众,在新的时代,主体功能明显增强。由于社会化程度提高,人们对信息、娱乐、生活指导等需求以及自我表达的需求越来越强,都促使了受众对媒体接触时间增多,对信息寻求的主动性增加,尤其在因特网时代,受众可以每时每刻同时面对无限的信息源,受众对传播接受的主动性大大提高。第二,信息渠道繁多,自身素质提高,使受众对待传播的选择性更强。如今的受众面对获取信息的渠道十分繁多,因特网的出现和火热,为受众自由选择信息又提供了有力的保障。国内外专家还指出,对新闻信息欲求与选择是与人们的文化教育程度成正比的。第三,经济、政治的发展使受众的自主意识进一步提升。受众的自主意识,主要是指受众对自己在传播过程中重要地位与作用的自我肯定。新时期受众自主意识的进一步提升主要体现为受众的独立精神增强,平等意识增强,参与意识增强,同时因特网独特的传播方式促使受众多角度思考问题。

(四)对媒介传播效果的认知

关于传播效果,邱沛篁等主编的《新闻传播百科全书》解释为在传播过程中,传播者传递的信息被受传者接受以后所产生的有效结果。张国良在《现代大众传播学》指出:大众传播能使人们的态度、行为发生很大的变化。在传播学研究领域,传播效果这个概念也具有下述双重含义:第一,它指带有说服动机的传播行为在受传者身上引起的心理、态度和行为的变化……第二,它指传播活动尤其是报刊、广播、电视等大众传播媒介的活动对受传者和社会所产生的一切影响和结果的总体,不管这些影响是有意的还是无意的、直接的还是间接的、显在的还是潜在的。

以上解说充分说明了传播效果是指受传者接受信息后，在感情、思想、态度和行为等方面所发生的变化。

传播效果研究的基本内容：第一，传播效果的显示主要在受众一方，对传播效果的研究也主要是对受众的研究。第二，传播效果有短期和长期、隐性和显性、预期效果和非预期效果的区别。第三，信息到达受众以后所产生的传播效果是分层次的，是有特定的顺序的。第四，传播效果的形成并不是单纯由所传播的信息作用的结果，传播行为和传播媒介本身都是形成传播效果的重要因素。

任何传播都有一定的传播目的，都想达到满意的传播效果，最终对受众施加影响，使受众在认识、情感，甚至行为上产生变化。政府是公共管理者，它掌握着公共权力和社会资源的分配权，因此，政府的传播目的更强，更需要通过信息传播，建立、保持和控制与公众的良好关系。李斯曼认为在美国政坛，公务员孰胜孰负要看谁的声音更响亮更迷人，谁的吹鼓手更有手腕更无耻，谁能在报纸上占据更大的版面。我们的公务员不可能像西方政客那样欺骗人民，但是也要把握公众的社会心理，掌握舆论传播技巧，提高传播能力，考验创造和谐的舆论环境。而且在信息时代，公众具有很大的信息选择权，受众的地位越来越突出，甚至和传播者一样居于传播活动的中心位置。传播者只有遵守了传播契约，传播关系才能得以维护。党和政府的信息传播不能对公众的社会心理不敏感，忽视公众的心理感受，把公众当作局外人，当作一个靶子，那样肯定会失败。因此，公务员必须尊重传播规律，提高传播技巧，利用媒体服务公众。特别在现代社会，“图像正在越来越多地侵入文字领地，挑战长期主要由文字占据的文化传统。”①这对于公务

① 张舒予、王帆：《视觉素养培养与民族文化传承》，《当代传播》2008 年第 4 期。

员来说,更加要加强对传播效果的认知,才能通过信息传播,建立、保持和控制与公众的良好关系。①

二、公务员传媒素养具体内容

传媒素养,其核心意义在于怎样培养个人在媒介系统呈现的庞大的信息库中搜集整理能够为我所用的信息,并转化为自身的知识储备,借助个人的消化学习能力,激发个性化和创造性的思维。传媒素养要求个人具有对信息的快速反应的识别能力,对信息的加工处理能力,对信息的包容鉴别能力。学术和专业的知识是个人立足的根本,个人知识的形成和信息的搜集有赖于后天的学习,学习能使人保持与社会的同步发展。没有知识的积淀,信息就没有赖以生发的土壤。

传媒素养研究在我国刚起步,但它对社会和个人的影响却不容忽视。公务员只有不断提高自身的传媒素养,才能更好地驾驭全局,科学地实施领导行为,在工作当中展示出高超的领导水平与艺术。传媒素养是指公众接触、解读、使用媒介的素质和修养。它包括了四个主要环节:认识媒介——了解媒介的基本属性;接触媒介——获取信息;解读媒介——批判地接受媒介信息;利用媒介——借助媒介工作和生活,通过媒介发出自己的声音并维护自己的利益。② 我们生活的世界几乎是被报纸、刊物、广播、电视、手机、互联网等种种媒介笼罩着的,在这种新的格局之中,谁都面临

---

① 骆正林:《公务员的传媒素养与执政能力建设》,《岭南学刊》2010 年第 2 期。

② 段京肃、杜骏飞等:《媒介素养导论》,福建人民出版社 2007 年版,第 19 页。

着一个如何“接触媒介”、“解读媒介”和“利用媒介”的问题，“传媒素养”这个概念所标志的学问也就应运而生。① 因此，公务员的传媒素养应包含：

（一）充分认识媒介，正确处理与媒体的关系

公务员应该具有强烈的媒体意识，充分认识媒介，正确处理与媒体的关系。认识媒介不仅包括对媒介的性质、特点、功能、现状和发展趋势等情况的了解和把握，更为重要的是公务员要摆正心态，平等地与媒体打交道。

公务员必须了解传媒作为信息传播的中介与政治、经济、文化等的关系，理解媒介的运作以及如何传递信息。这种认识有三个层面：

首先是要正确认识媒介传媒的性质和功能。媒介传媒的性质和功能的认知是以媒介的载体特性为核心而构建起来的理论框架，而媒介特性主要包括传播属性的虚拟性、设置议题的巧妙性、主导舆论的隐秘性、传播行为的受制约性和传播平台的非对称性等。也就是说人们对客观世界所形成的认识，是经历由客观真实到拟态环境，直至最后个人在客观真实和拟态真实的基础上建构的主观真实。其中拟态环境，就是指媒体所反映的内容真实，它是现代信息社会重要的组成部分。然而，我们不能忽视，媒介总是根据自己的价值观和报道目的，从现实环境中“选择”出他们认为重要的议题加工整理，再以“报道事实”的方式提供给受众。这种议题设置，一方面是将有利于己的信息给予浓墨重彩的集中报道，从而使受众按照媒介确定的重要性序列来分配自己的注意力；另一

① 张丹：《信息时代国家公务员传媒素养初探》，西南政法大学2010年硕士论文。

方面是将不利于己的信息混杂于其他信息之中，在信息的强度、所占位置等方面予以弱化，尽量让受众忽视这一信息的存在，进而限制其传播的范围与影响。由此，公务员必须了解媒体所展现的有关内容与现实真实的差距。同时，公务员要对当前的传媒环境和传媒体制有深刻认识，从而正确认识记者的角色及媒体与政府之间的关系。

其次，对于媒体功能，公务员不仅要认识到其信息功能、宣传功能和教育功能，还要认识其舆论监督功能。要注意媒体不仅有其正功能，还存在负功能。尤其是舆论监督功能，这是公务员面对信息时代的一项重要挑战，公务员必须正视媒体这一功能，有效地应对媒介舆论监督。“现代政治学理论认为，新闻舆论监督反映了大众媒介在政治发展体系中所具有的相对独立性和不可替代性。对大众媒介监督作用的容忍和鼓励，不仅使大众媒介脱离了传统的赖于自身交流与沟通职能而存在的单纯服务于政治的附庸形象，还具有了沟通政治信息的作用，能够对政治决策和政治人物进行监督和制约，并具有相对的主体性和独立性。因此，在承认相对性的同时，在一定程度上强化新闻传媒的主体性和独立性，不应该是禁区。”①

最后，公务员还应了解新闻价值等新闻传播知识。只有了解新闻选择的标准，才能成功有效地将个人及部门的信息发布出去。凡涉及影响国家和地区政治、经济等重要事件，新闻媒介都会给予重点报道，在为媒体提供消息时一定要及时。同时，公务员还应了解不同媒体的特点。传播效果如何，选择媒介是关键的一环，运用

---

① 肖余根：《应根治媒体的“官员禁忌症”》，西祠胡同社区，http://www.xici.net/d17384872.htm。

媒介要扬长避短。

在正确认识大众媒介的基础上，更为重要的方面是公务员要摆正心态，平等地与媒体交流，客观公正地看待记者。国务院新闻办人事局局长汪兴明曾讲过："记者不是你的学生，不是你的部下，不是你的朋友，更不是你的敌人，而是你的挑战者！"有些公务员对媒体的认识仍停留在宣传工具的层面，而对媒体实现大众的知情权、表达权、监督权等社会功能方面则知之甚少或基本不知，仅从地方、部门，甚至个人的政绩形象等方面考虑传媒，这些都是对媒体的歪曲和错误认识。我国新闻事业是党的事业的一部分，是党和人民的喉舌，担负着传递信息、引导舆论、传承文化和提供娱乐的功能，真实性和及时性是记者们的职业追求，应该充分尊重记者，以公正的眼光与心态对待他们。

（二）解读有效信息，充分利用大众媒介

W·兰斯·班尼特在《新闻：政治的幻想》一书中提到"从政治家的角度来说，有一点是明确的，那就是，在民主社会中，权利和民主的影响力，取决于信息的掌握和政策的运用。"公务员要想充分利用大众媒介，首先要快速获取有用的信息，正确地解读媒介信息，然后才能在此基础上充分利用大众媒介，创造信息。快速获取信息是第一步，能否借助搜索引擎等快速获取有用信息，促进自己掌握更多新闻，及时、有效地处理工作，已经成为公务员传媒素养的重要内容。信息社会的一个重要特征就是信息的数字化、网络化，因而媒介信息获取能力的核心在于指导人们有效开展网络信息定向搜索，为进一步整合、利用信息奠定基础。第二步是信息的解读能力。媒介信息解读是对媒介信息进行分析、判断，形成个人的理解和认识，并对信息进行整合，进而作出新预测、新设想，产生新信息。媒介信息构成分为两个基本层次：一是事实信息，二是意义信息。事实信息通常由构成媒介传播客体要素中的“显在要素”来体现,是可以直接感知的。意义信息则是媒介传播客体对主体可能的或潜在的客观意义的隐形表达,是“隐在”的,需要通过理性的分析、判断和推理加以把握。对于比较重要的媒介文本来说,传播主体一般不会停留在客观中立的事实信息层次,而是在传播信息的同时,充分运用理性思维,挖掘现象背后的本质和意义。实践表明,媒介信息解读的难度不在于能够解读出“显在”要素,而在于能够揭示出“潜在”于事实信息中的意义信息,在于揭示各要素之间或隐或显的各种关系对主体的意义。这就必须要求公务员在内的广大受众有较高的传媒素养,对媒介信息具有系统批判性意识。作为公务员,要具有分析、理解、讨论和感悟媒介信息的策略和方法,科学、理性地辨别媒介信息,能够发现媒介信息对自己和社会的意义。通过辨别“媒介真实”和“客观真实”,理性地选择信息、采用信息、相信信息,悉察舆情民意,知政之得失,及时做出反应,不断提高执政能力,改进党和政府的工作。第三步,充分利用媒介信息。在前两步的基础上,公务员能够完整、客观地评价媒介的性质、功能和缺陷,理解媒介从业者的伦理观和道德感,了解大众传媒对社会和个人的正面和负面的作用,能够积极地参与传媒,主动支持和监督传媒,与传媒正确互动,形成对传媒的积极态度和主动能力。

在传播技术高度发达、大众媒介日益渗透人们生活的今天,公务员要塑造个人及所处组织机构的良好形象必须借助大众媒介。特别是网络、手机等新媒体的出现,传媒环境有了巨大的变化,新媒体以其传播的快捷性、高抵达性、互动性和多样性等特性,为信息的传播、意见的表达提供了巨大的空间,网上原汁原味的信息,有利于公务员了解真实的民情民意,对于公务员指导工作具有重要意义。在一些优秀的公务员手中,网络成为与民沟通的重要载体,从而进一步拓宽了反映、收集民意的渠道。因此,对于公务员来说,应充分利用大众媒介,在媒体上塑造良好的形象可以得到公众的肯定和支持,赢得公众的好感,并使公众树立对自己乃至整个机构的行为信心,产生一种信赖的心理倾向。良好的媒体形象一旦经过传播深植于公众心中,它就形成了公务员的无形财富,对其顺利开展工作起着重要的作用。同时利用媒体树立良好形象要避免一个误区——拔高宣传。有的公务员为了片面提高美誉度,进行一些假、大、空的宣传,不仅不能有助于形象塑造,反而弄巧成拙,使自身形象显得空泛、虚假。

具备和掌握一些传播技巧对于公务员也是比较重要和具有实际效用的。比如用两面提示法可预防负面消息可能带来的负效应,两面提示由于包含相反观点,就像事先接种疫苗一样,能够使人在以后遇到对立观点时具有较强的抵抗力。很多公务员习惯"报喜不报忧",对负面消息往往采取打压的做法。随着人们文化水平的不断提高,这种传播策略也应随之改变。积极对外发布先进事迹、重大成绩等信息,坚持正面宣传为主,报道先进对振奋人心和肯定社会积极面具有重要作用。同时对自身存在的问题,若是能自行公开,一可起到监督警戒作用,体现公务员及其组织机构的良好形象,二可发挥两面提示的免疫效果,在以后出现问题时不会造成公众心理的剧烈落差,避免导致公众对其形象和工作从全盘肯定到全盘否定。

(三)科学使用媒介,积极参与媒介传播活动

能够积极参与传媒并且传播信息是公务员执政能力的良好体现。公务员除了应具有对传媒信息较强的敏锐性和比较深刻的认知能力外,还应具备科学、有效地利用传媒进行良性协调和沟通的能力，能够合理、合法、低成本、高效率地通过传媒进行思想政治教育，及时准确传播信息，解疑释惑，满足公众的知情权，用正确的舆论引导公众，塑造价值观，形成强大的支持力和影响力。公务员要主动和媒体建立广泛的联系，代表本部门或岗位与社会大众通过媒体这一载体保持经常沟通，主动设置公众议程，营造舆论影响力。其次要善于与媒体打交道，借助媒体塑造良好的公众形象。再次要从容应对公共管理中突发事件的传媒报道，坚持正确的立场，及时提供真实、全面、客观、公正的信息。

在现代社会，公务员还要学习主动参与大众媒介，将个人（组织机构）的议题变成媒介的议程，继而成为公众的议程（个人的议题——媒介的议程——公众的议程）。媒介对某个问题的强调程度与公众对其关注程度成正比，媒介对各种问题报道的优先顺序与公众对其重要性的认识成正比。公务员作为媒介信息来源的重要组成部分，对媒介的议程设置具有重要的影响，公务员也应在尊重传播规律的前提下主动、有效地扩大这种影响，使自己的议程、媒介的议程和公共议程三合为一，更有效地引导舆论，提高执政能力。在当前中国媒体市场化和文化产业化大潮下，公务员应顺应新闻规律，运用传播技巧，通过新闻发布机制的建立和完善，调动媒体的兴奋点，使媒体自觉地围绕公共政策部门所发布的新闻事件和议题来进行报道和追踪。①

媒介信息传播是有效运用媒介向公众传递和展示有利信息的过程，主要包括媒介形象设计和媒介信息发布两个方面，即充分运用媒介形象，巧妙传递特定信息。媒介形象设计通常必须符合特定的传播目的，符合当事人身份，符合现场情境和文化传统等。媒

---

① 邹华华、胡忠青：《论领导干部的传媒素养》，《新闻界》2006 年第 2 期。

介信息发布是指通过媒介进行正面信息告知,从而引导社会舆论;或是通过媒介进行负面信息调控,从而维护舆情稳定。媒介信息发布必须准确把握媒介信息的发布目的,正确认识大众媒介的传播特性,准确把握危机中的公众信息需求。同时要熟悉党和国家的大政方针,以及与本职工作相关联的新闻事件、社情民意、舆情动态、"增强引导舆论的本领,掌握舆论工作的主动权"、"重视对社会热点问题的引导,积极开展舆论监督,完善新闻发布制度和重大突发事件新闻报道快速反应机制"、"高度重视互联网等新型传媒对社会舆论的影响",这些指导方针应在具体实施中加以落实。

具体来讲,可从这几个方面着手:一是用表态制造新闻。公务员要学会在事件发生后及时表态,第一时间发出声音,成为新闻的"第一定义者"。来自官方的消息都有着天生的权威性,是大众最想知道的,只要主动出击就能占得引导舆论的先机。二是用行动制造新闻。把重要的活动日程提前告诉记者,让记者把领导人的行动和讲话及时变成新闻,告知公众,有目的地积极策划一些新闻事件,保持公众注意力。三是策划"今天的台词"、"今天的直接引语"。美国政府最高决策会议是美国总统每天在白宫召开的会议。这个会议主要讨论的是今天的新闻应该是什么,今天白宫应该向媒体发布的"新闻台词"、"新闻关键词"、"总统的直接引语"是什么?通过白宫最高层的新闻策划会,通过一个口径、一个关键词,确保美国人民、美国媒体乃至世界人民和各国媒体都关注自己,把议程设置和新闻选择的权力紧紧地抓在手里。

(四)注重新媒体传播作用,引导舆论方向

随着网络、手机等新媒体的出现,传媒环境有了巨大的变化,新媒体以其传播的快捷性、开放性、即时性、互动性和多样性等特性,为信息的传播、意见的表达提供了巨大的空间。网上原汁原味的信息,有利于公务员了解真实的民情民意,对于公务员开展各项工作具有重要意义。在一些优秀的公务员手中,网络成为与民沟通的重要载体,从而进一步拓宽了反映、收集民意的渠道。据人民网统计,从2008年8月到2009年8月,全国有31位省委书记、省长,61位地市领导,通过人民网与网民对话。2009年,云南省委宣传部副部长伍皓从主动组织“躲猫猫真相调查团”到“小学生卖淫案”亲自上网回帖,建立网络新闻发言人和媒体义务监督员等举措,以一名政府公务员的身份,通过网络这个新兴媒体,推动了党和政府信息及时公开与透明。可见,公务员掌握新媒体的传播特性,积极地利用新兴媒体,已经成为时代和社会的现实需求。①

素养决定能力,公务员要想把握网络舆论引导规律,首先就要具备较高的传媒素养能力。前文已经论证过公务员传媒素养与一般受众的传媒素养有所不同,它是指公务员对各种媒介信息的解读和批判能力以及使用媒介信息为国家、为社会、为人民发展服务的能力。其内涵有两个层次:一是公务员对大众传媒有一定的了解,能够批判性地解读媒介信息;二是掌握与媒介的交往,懂得合理地运用媒介,应对媒介舆论,直至引导媒介舆论。具体到公务员网络舆论引导素养的问题上,主要是第二个层次。这一层面的传媒素养不仅涉及公务员应对网络舆论的能力,而且也涉及了如何引导、应用网络舆论的重要问题。它从更深层面反映了公务员传媒素养的特殊内涵,既包含公务员对网络舆论的一种影响力,又包含对网络舆论的一种引导力。这种影响力和引导力恰恰是公务员传媒素养能力的具体体现。因此,公务员传媒

① 王立:《浅析如何提高领导干部的传媒素养》,《新闻世界》2010年第2期。

素养对其执政能力与执政素养有着重要的作用,是推进民主政治的客观需要,是优化政府形象的必备条件,是适应传媒发展的必然选择。

第三节　提升公务员传媒素养的现实意义

当前,加强党的执政能力建设的主要任务就是构建社会主义和谐社会。大众传媒在建设和谐社会中扮演着极为重要的角色,它推动民主法治建设,体现公平、正义和诚信、友爱,营造安定有序氛围,传播人与自然和谐相处的理念。要加强党的执政能力建设,实现构建和谐社会的战略目标,培养并提高公务员的传媒素养具有现实意义。

可是,由于传统行政文化影响根深蒂固,整体传媒素养不够高,致使公务员在和媒体打交道上存在很多问题。在网上炒得沸沸扬扬的恩施"腐败日记"就是一个例子。日记从 1999 年 3 月连载到了 2010 年 8 月,共 114 篇。"日记"内容称,涉嫌男女问题、权力寻租等一系列问题。然而,官方并没有开展深入调查,就宣布该事件是"恶意炒作"。尤其令人匪夷所思的是,新华网、解放日报、新民网、东方早报、华声国际传媒、瞭望观察网、搜狐、网易等中国大陆主流媒体和香港媒体凤凰网,发表和转载了与此事件相关的新闻报道,但是恩施官方媒体——恩施新闻网及其旗下的新恩施论坛并没有与此相关的消息。天涯社区的原帖亦已被删除,其他网络论坛的转帖也被删除或是正在审核之中。从以上事件,我们不难看出公务员在处理类似事件中传媒素养缺乏,应对媒体能力太差。其一,多数公务员不愿面对媒体,内敛的行事作风是绝大多数公务员奉行的"保身法则"。多做事、少说话的理念成为公务员内心深处的潜意识，所以一些公务员不愿意抛头露面。其二，公务员对信息本质的认识不足，不少公务员仍把信息看做是特权和等级的象征，官本位思想根深蒂固，甚至担心信息公开会带来特权的丧失，漠视公众的知情权，缺乏信息公开的责任意识。他们往往本能地反对信息公开或者想方设法采取各种方式阻挠信息公开，有的甚至利用自身的特权地位和身份对所掌握的稀缺信息进行信息寻租，追求自身利益最大化，从而使我国政府信息公开的真正实现面临着巨大困境。其三，不少公务员处理与媒体关系存在着误区。受传统管理思维惯性影响，个别公务员新闻意识依然淡薄，在对待媒体的理念、态度、技巧上不太成熟。他们简单地将政府与媒体的关系定位为上下级关系、隶属关系，将传媒视为政府的附属部门、管理对象。将“党、政府和人民的喉舌”误解成了党和政府单方面的喉舌，而“人民的喉舌”则可有可无，或时有时无；把体现党的意志，误解成了体现地方党政某些领导同志个人的意志；把对党负责，误解成了只需对顶头上司或当地领导同志负责。① 其四，长期以来我们的许多公务员，对显性宣传得心应手，具有强烈的把关意识和灌输意识，而对现代社会宣传技巧的研究还十分欠缺。公众接受到的政府信息通常是红头文件、开会内容、领导讲话。官方主流媒体以党和政府的“传声筒”自居，忽略受众心理需求，很多时候干脆把政策或精神写成新闻通稿形式直接提供给受众。② 政治新闻语言的乏味已成不争的事实，官方主流媒体受众不断流失，其

---

① 叶皓:《试论公共行政中的媒体应对》，《南京大学学报(哲学社会科学版)》2006 年第 5 期。

② 张丹:《信息时代国家公务员传媒素养初探》，西南政法大学 2010 年硕士生论文。

结果就必然导致官方主流媒体的新闻宣传缺乏活力、吸引力和说服力，成为一种“八股式”的空洞“说教”，成为一种不可能深入人心的“僵化宣传”。[①] 长此以往，主流媒体被不断地边缘化，对社会舆论的实际控制力被削弱，从而对党和政府的执政权威性和公信力造成很不利的影响，致使公务员经常被网络媒体中的新闻议题所牵绊，被网络空间的话语所牵制，失去了引导话语的能力，舆论引导变成了不断“灭火式”的被动式传媒应对。因此，公务员传媒素质的高低，将直接影响着传媒业的政策制定、传媒的传播内容以及传媒业的健康发展，同时也影响着公务员如何应用传媒、与传媒业的互动来提高执政能力、履行社会责任。[②] 因此，培养提高公务员的传媒素养不仅是必要的，更有重要而现实的意义。

一、公务员的传媒素养有助于现代文明政治发展

在信息化和全球化时代，传媒成为为社会和政府服务的最重要的工具，可以这么说，谁拥有大众传媒，谁就可以在一定程度上拥有了权力，拥有了支配他人的权力。人们发现，“新闻现在与政治权利靠得太近了”，“媒体的体制、所有制以及它们在政治构成中的作用发生了变化”。[③] 美国著名记者马文·卡尔布称：美国社会已经进入了“媒体政治”时代。美国传播学者 W. 兰斯·班尼特指出，传媒是美国“理解政治和国家治理”的关键，于是依靠传媒，利用传媒，操控传媒成为美国政治的一大特色，传媒成为治国理政

---

① 张丹：《信息时代国家公务员传媒素养初探》，西南政法大学 2010 年硕士生论文。

② 吴建：《我国公务员传媒素养探讨》，《传媒素养论文集》，四川大学出版社 2004 年版。

③ 李希光、赵心树：《媒体的力量》，南方日报出版社 2002 年版，第 229 页。

的重要工具,也逐渐形成了美国政府的执政理念。[①] 由此可见,在新媒介飞速发展的今天,信息发达的国家,媒体一定在社会发展中扮演着一个非常关键的角色。国家的政治使命在很大程度上是通过传媒实现的。

对于政府,媒体是一种反映民情民意、不可小觑的重要力量。在大众传播系统中,政府、媒体、公众分别扮演着不同角色。在社会的常态下,三方的力量可以达到动态平衡,即媒体满足政府和公众的某种信息需求。任何一个明智的政府,都必须利用媒体,使媒体变成"一种力量的放大器、一种向对方施放信号的方法和工具"。[②] 从广东、云南等多个省市政府明确表示欢迎媒体监督,到政务公开和新闻发言人制度的建设以及《信息公开条例》的实施,再到胡锦涛在视察《人民日报》时提出的关于舆论引导新格局的论说,可以看出这些年来政府执政理念和新闻管制思维的一种变化:在历经了多年的磨合、碰撞之后,从中央到地方都在以一种更加成熟和开放的态度去看待媒体,日益突破封闭的新闻管制思维。过去那种将媒体视为异己约束力量的观点正在逐渐消解,媒体的社会使命被重新解读为实施善政、促进社会变革的有力助推器。

另一方面,现代法治政府普遍认为,政权来源于人民的授权,是人民权力的让位。马克思认为,一切权力属于人民,政府的权力是人民通过法律授予的。人民掌握监督权是实现人民群众当家做主的根本保证之一,离开了人民群众的监督来谈权力制约,是永远

---

① 赵文荟:《美国政府与媒体关系给中国新闻管理的启示》,《现代传播》2007 年第 5 期。

② 张诗蒂:《政府、媒体和公众关系的动态平衡》,《四川大学学报(哲学社会科学版)》2005 年第 1 期。

都无法找到有效途径的。[①] 因此,要建立新型的服务型政府,不仅强调主权在民,而且强调大众的参与,讲求效率与效益并重。政府不是唯一的管理者,而是一个服务者,它是以社会公众客观需求为尺度,尊重大众意愿,建立和发展广泛的社会回应机制、公共责任机制。这其中,政府信息公开是实现透明政府的重要内容,实现政府信息与民共享,是大众参与政治、参与社会管理的重要前提,只有这样才能有助于现代文明政治发展。因此,服务型政府首先应当是为民提供信息共享的政府,要通过法律赋予新闻媒体更大自主性,使媒体摆脱过多的权力干预,充分发挥其反映民意和监督权力功能,建立媒介、政府、公众之间的良好互动关系。[②]

二、公务员的传媒素养是提高执政能力的客观要求

随着信息技术不断进步和完善,全球信息化成为不可逆转的趋势。我国在推进社会主义市场经济改革和中国特色社会主义事业中,逐步形成了以党报党刊为核心,以电视、广播、互联网、手机为重要手段的多门类、多层次的信息媒体系统,形成了中国特色的传媒事业,在改革开放的进程中,起了非常重要的舆论导向作用。在这样的环境下,提高传媒素养已经成为全社会的一种普遍需要。公务员作为媒介的使用者、管理者、监督者,在社会中,处于特殊的地位,发挥着重要的作用。因此提高他们的传媒素养,是时代发展的迫切要求。

但是有相当数量的公务员面对变化了的媒介环境,却表现出

① 张爱珍、田淑萍:《论公共权力制约思想的形成与演变》,《兰州商学院学报》2004 年第 6 期。

② 汪凯:《转型中国:媒体、民意与公共政策》,上海复旦大学出版社 2005 版,第 195 页。

了种种的知识恐慌和执政危机。如:有的不了解传媒,对传媒的性质、特点、功能、作用等一知半解,对新兴媒体不甚了解;有的不懂得媒体事实不等于客观事实,误把媒体事实当作客观事实并据此决策,以至于造成党和政府的损失;有的不知道当今媒介环境下媒体与政府关系的变化,依旧认为媒体只是党和政府的宣传工具,是政府的附属机关,因此不尊重媒体,不把媒体放在眼里,对媒体仍然采用传统的管理理念与办法;有的不善于运用媒体开展工作,要么喜欢在媒体上露脸,有点成绩便在媒体上炫耀,"希望报纸上刊登版面越大越好,电视中的镜头越多越好,广播里的声音越长越好,全然不顾及受众欢迎不欢迎、宣传效果好不好";要么忌惮媒体,对媒体躲避防范。据我们课题组调查,有相当一部分公务员患有"媒体恐惧症",尤其是在媒体监督或突发事件发生的时候,对媒体避之犹恐不及,甚至习惯于以各种借口回避和推辞记者采访、限制记者采访、以审稿为由限制记者发稿等;有的不熟悉突发事件的媒体应对策略,对突发事件信息封堵,甚至在"引起媒体和公众的极大关注和强烈反响,在出现铺天盖地的批评指责时,仍然装聋作哑,任凭媒体炒作,我自岿然不动",放弃舆论的引导权和话语的主导权;有的不掌握媒体应对技巧,在媒体面前要么大话官腔、行为粗俗,要么手足无措、无所适从等等。在媒介十分发达的今天,以上种种缺失,已严重影响到党和政府的形象及工作的顺利推进,羁绊了党的执政能力的提高。因此,提高公务员传媒素养迫在眉睫。

首先,公务员要清醒地认识到:新闻媒体是党和人民的喉舌,党的路线方针政策靠新闻媒体加以宣传和贯彻,人民群众的呼声要靠新闻媒体加以反映和呼吁。因此,在日常工作中,公务员要善于同媒体打交道,善于同记者对话,通过诚恳的交流、有效的沟通,既向社会公开官方的决策和意见，又将舆论的评价和民众的诉求及时、准确地向本部门反馈，并能够成为部门决策的重要参考。同时，在满足公众知情权的同时，促进政府决策透明化和科学化，从而构建政府和媒体之间的专业化、规范化的合作关系。这就要求，公务员必须提高使命意识，要把提高传媒素养、增强媒体意识，提高到完成新时期党的历史使命的高度来认识。尤其是在世界范围内"各种思想文化交流、交融、交锋更加频繁，西强我弱的国际舆论格局还没有根本改变，新闻舆论领域的斗争更趋激烈、更趋复杂。在这样的情况下，新闻宣传工作任务更为艰巨、责任更加重大。"①

其次，是提高公务员的责任意识。由于我国正处于社会转型时期，人们思想活动的独立性、选择性、多边性和差异性日益增强，影响人们思想观念的因素也复杂多样，这就决定了作为政府管理、决策的主导者和国家公共权力行使者的公务员，一定要具有掌控、引导新闻的责任意识，要善于在推进党和政府工作中，做好新闻处置工作，使其在推动经济发展、引导人民思想、培育社会风尚、促进社会和谐等方面发挥重要作用。

再次，提高阵地意识。当今社会，随着经济社会快速发展和科技不断进步，信息传递和获取越来越快捷，新闻舆论的作用越来越突出。舆论导向正确，是党和人民之福；舆论导向错误，是党和人民之祸。所以，公务员要提高阵地意识，要把抓牢舆论阵地作为争取人心的关键战场，把提高舆论引导能力作为提高党的执政能力建设的重要环节抓紧抓好。

---

① 胡锦涛：《〈人民日报〉创刊60周年的讲话》，《人民日报》2008年6月21日。

三、公务员的传媒素养有助于提高执政舆论影响力

在我国,互联网经过10余年的发展历程,已成为一种在社会生活中影响巨大的新兴媒体。我国目前约拥有4.2亿网民,突破了4亿大关,网民数量居世界第一。① 网络媒体已经成为公众表达意见和传递信息的公共话语空间。由网络产生的巨大的能量,对党和政府形成了无形的冲击波,它有效地监督党和政府的所作所为。近年来,首先由网络形成舆论,继而形成新闻舆论,进而影响政府议程和社会公众舆论已是一个普遍的舆论监督方式。网络世界给现实世界带来的最大的变化之一是,政府想通过权力对公共信息加以屏蔽和控制已愈来愈不易做到。特别是随着媒体走向市场化,媒体与以前相比发生了很大变化。这种变化主要体现在:媒体在社会生活中的地位和作用明显增强。一方面社会的转型和市场经济的发展,使信息的获取方式由过去的文山会海转变为现今的媒体传播。另一方面,在多元化媒介时代,无论媒体传播什么样的信息,都对受众的价值观或多或少地起着影响作用。媒体已经成为人们了解世界、认识社会的重要渠道,成为人们辨别是非、判断形势并据此采取行动的重要依据。如何有针对性地引导人们正确地认识和对待社会中的现实问题,在包容多样中形成思考共识,已不仅仅是宣传部门和媒体本身的责任,更是每个公务员的重要职责,是新形势下党对公务员提升执政能力的新要求。原因有二:一是媒体作为党和政府喉舌的作用弱化。媒体的市场化,使对媒体的控制力开始从看得见的政府手中,悄悄转移到了看不见的媒体投资者和广告商手中。媒体价值多元化和媒体渠道丰富化,也挑战着政府的舆论空间。在这种情况下,能否合理地使用和管

---

① CNNIC:《第26次中国互联网络发展状况统计报告》,2010年7月。

理传媒,成为公务员执政能力的重要体现。公务员只有提高传媒素养,才能熟悉并了解媒体,驾驭并引导媒体,通过自觉而又有目的地运用媒体、掌控舆论来实现自己的执政目标。二是虚假、低劣新闻滋生蔓延。现代传播技术的发达和媒体的市场化、泛娱乐化,使媒介信息的"关注度"成为衡量标准,为了吸引受众眼球,甚至迎合少数人的低级趣味,一些媒体以牺牲新闻价值为代价,从而导致"有偿新闻、虚假报道、低俗之风、不良广告"等媒体四大公害滋生蔓延,导致新闻报道低俗、媚俗、庸俗"三俗"现象泛滥,给社会的经济、政治、文化发展和人们的生活带来诸多不利的影响。如何识别虚假信息、引导社会大众抵制低俗之风、消除伪劣新闻带来的负面作用,成为摆在公务员面前的重要课题。

公务员要提高执政舆论影响力,首先必须把如何保证正确把握舆论导向作为舆论总体战略的核心。因为在多元信息化下,信息来源渠道众多,它能使公众充分地获得信息,并有了进行独立思考和判断的必要和充分的条件;面对舆论引导,他们的自主意识有所增强,已经不是官方和大众传媒怎么引导,公众就怎么被引导;也不是只要媒体进行舆论引导,就都能得到公众的认可。正因为如此,舆论导向正确与否,关系到国家和民族根本利益。如果舆论导向不正确,舆论导向发生偏移,其结果就会有损于国家和民族的根本利益。因此,必须把增强正确舆论导向及舆论的影响力作为核心要素来抓。

必须把如何增强传媒整体实力和舆论影响实施能力作为舆论总体战略的基本内容。舆论影响实施能力是衡量传媒实力和能力的最终指标。所谓舆论的有效性体现于能影响多大范围的受众,能影响到多深程度。就人类历史长河而言,事实的力量是最强有力的力量,思想的力量是最持久的力量,代表人类前进方向的思想最终可以冲破一切艰难险阻。但对于特定传媒而言，没有足够的经济实力和科技实力，就没有足够的舆论影响力；没有足以最大限度发挥生产力潜能的媒介组织形式和运作方式，也难以有足够的舆论影响力。因此，要提高执政舆论影响力，就必须充分利用现代科学发现、技术成果所提供给传媒的手段和可能，就必须充分利用传统和新兴媒介形态所提供的便利和特殊影响手段，就必须充分利用人类文明中一切可为我所用的媒介组织形式和运作方式，以大大增强我们的传媒的经济实力、科技实力和组织形态实力，以最终增强传媒整体实力和舆论影响实施能力。引导舆论的明智做法是，促成网络舆论发挥抑恶扬善、伸张正义的正向作用，通过适当的正面引导和其他相关手段限制其负面引导。

党的十六大以来，中央高度重视“舆论影响力”，多次提出要不断增强我们党“在全社会的影响力和凝聚力”。可以说，“舆论影响力”同我们党的社会基础紧密相连，同党的工作任务紧密相连，同党的执政能力紧密相连，同我们国家的综合国力和国际地位紧密相连。只有拥有并有效运用舆论影响力，才能有效地争取广大人民群众最大程度的情感认同和支持，形成建设社会主义和谐社会的巨大合力和创造力。要营造舆论影响力，就要求公务员具备良好的传媒素养，善于使用各种传媒作为沟通交流的平台，调节舆论引导方向，扩大舆论传播范围，改进舆论营造方式，增强舆论渗透能力，不间断、多方式地宣传施政方略，积极、灵活、有效地运用大众传媒，充分发挥大众传媒的特殊效能，树立正确的舆论导向，引导广大人民群众，从思想认识上给予高度重视，突出主旋律，打好主动仗，广泛深入宣传构建社会主义和谐社会的重大意义、科学内涵、重要原则和主要任务，激发广大干部群众建设和谐社会的积极性和创造性，以强大的舆论影响力凝聚人心，形成合力，推动构建社会主义和谐社会取得成效。同时根据舆情民意,持续改进工作作风,提高执政能力,从而稳定人心,增强凝聚力,取得人民群众的理解、情感认同和积极支持,形成构建社会主义和谐社会的强大影响力,不断增强我们建设中国特色社会主义的"软实力"。

随着现代通讯技术的进步,新的科技发展催生新的信息传播工具是不可阻挡的,数字技术已经并还将带来更新的信息传播方式和信息消费习惯。在全球信息化的大趋势、大潮流下,许多国家把提高舆论影响力作为一项重要国策。但是,由于国际新闻传播秩序的不平衡、不合理、不公正,使得中国及其他发展中国家声音的传播受到很大的限制。据统计,在世界上至少有三分之二的消息是占世界人口七分之一的发达国家传播的。因此,我们必须利用各种手段,在全球信息化的浪潮中体现自己的意志和愿望,以凝聚人心、获取支持,逐步改善舆论竞争态势中"西强东弱"的格局,为我国的改革开放和社会主义现代化建设营造良好的国内和国际舆论环境。《中国记者》在每月评论中指出:"在全球信息化浪潮背景下,谁拥有更强的传媒运用能力和舆论影响能力,谁就拥有更强的执政能力。"①作为公务员,就必须适应时代要求,不断顺势改善自己的信息获取与控制能力,改善对自己意志与主张的传播和影响能力,改善自己的舆论引导和传媒运用能力,牢牢把握舆论导向,正确引导社会舆论,不断增强党在全社会的影响力和凝聚力。

四、公务员的传媒素养有助于妥善处理公共危机事件

当前,我国的改革进入攻坚阶段,国际关系错综复杂,社会深层次的矛盾明显显现,经济利益之间的摩擦加剧,各种思想文化相

---

① 评论员:《传媒运用能力与巩固执政地位》,《中国记者》2005 年第 8 期。

互激荡，加上敌对势力对我国继续实行西化、分化的图谋，我国面临着许多难以预料的公共危机事件。而且在未来很长一段时间内，我国都将面临突发公共事件所带来的严峻考验。如何在突发事件处理中有效应对各类突发公共事件，维护社会稳定与和谐，如何树立政府良好的形象，是各国政府必须面对的重大课题，我们将在本书的中篇有专门章节论述。

突发事件一般都会造成巨大的负面影响，给社会稳定和经济发展带来巨大冲击，给人民的生命财产造成重大损失。因此突发事件的处理更显得重要，一旦处理不慎就会造成难以预料的损失和影响。历史上已多次发生由突发事件导致政治动乱甚至内战的情况。一个有作为的政府也必将是一个负责任的政府，不但能够化解各种危机，还能够在危机处理中吸取教训，总结经验，以危机处理为契机，抓住机会重塑政府的良好形象。在危机处理中要利用各种公共关系，明确公共管理机构的立场，提供及时准确的信息，稳定公众信心，团结更多的合作者和支持者。

在公共危机事件中，公务员与媒体的关系应该如何协调，公务员应对媒体采取怎样的政策，目前越来越多的学者开始关注这些问题。熊玉文从大众的知情权方面着手，认为在危机事件中媒体不可缺席，公务员应该通过媒体做到信息公开、政务透明，用权威信息代替虚假信息。还有学者从增加公务员的凝聚力考虑，认为新闻媒体对危机事件的充分介入，能够在无形中对公务员危机管理产生很大帮助，提出应该强化新闻传媒在公共危机传播中的舆论引导作用，注意善于运用专家和舆论领袖人物的权威意见来引导舆论。也有学者指出了当前我国部分媒体出于对商业利益的追逐，利用监督机制不健全的漏洞，热衷于炒作危机事件的问题。

在很大的程度上,公共危机事件是由传媒的报道引起的,传媒在公共危机事件的处理中,也起着关键的桥梁作用。从深层次的原因来看,公共危机事件因为传媒的危机传播,转变为媒介事件,所以才引起了更广泛意义的关注和影响力。其中传媒的作用是双向的,可以“以正视听”,也可以“混淆视听”,关键在于如何运用。这就需要公务员具备良好的传媒素养,成功运用传媒,安定人心,维护团结,稳定社会秩序,妥善处理公共危机事件,保障人民群众正常生活秩序和经济社会健康发展。

公共危机事件的重要特点是潜伏性和意外性。面对突如其来的公共危机事件,公务员具有良好的传媒素养,就能及时、有效地应对:一是了解舆情,包括事件的起因、现状、发展、后果、舆论反应等。这些信息的获取越快越真实越准确越全面就越好,工作就越主动。二是下情上报,通过各级新闻办上报突发事件。三是沟通媒体,争取第一时间将突发事件的信息以及公务员和有关部门的态度和措施,用合适的形式告知媒体。可以采取提供新闻稿、安排和接受记者采访、进行新闻发布会等形式。四是准确、及时地通过传媒说明事件的真相,宣传政府对待公共危机事件的态度和措施,针对那些不实传言和错误谣言做好解疑释惑的工作。说明、宣传或解释的方式可以通过媒体发布新闻稿的形式,表明公务员处理公共危机事件的立场和态度。五是可以通过主要党政领导接受专访的方式,向传媒提供第一手信息,取得主流媒体的理解,从而争取传媒的客观报道,避免因传媒掌握的信息残缺而造成报道失实或者不全面。六是控制流言。突发事件发生后,通常都会在不同的范围里有不同程度、不同种类的流言甚至是谣言出现,严重危害政府形象和事件的处理。为此,可以通过召开新闻发布会的方式,向传媒和公众主动公开有关问题的调查处理结果等,提供全面、确凿的事实真相,利用各种媒体,反复播放,覆盖受流言影响的所有受众。① 这些政治沟通和协调方式,无一不是在考验着公务员的传媒素养。处理得好,可以利用公共危机事件带来的曝光率和焦点,提高政府的公信力和形象;处理得不好,会给政府抹黑,影响政府在公众中的形象,影响党群、干群关系。

五、公务员的传媒素养有助于赢得公众的理解

大众传播是社会生活中人们最普遍应用的一种沟通形式。它是由特定的社会集团通过文字(报纸、杂志、书籍)、电波(广播、电视)、电影、电脑等印刷和电子媒介,利用图像、符号等形式,向特定的人群表达和传递信息的过程。其中,媒介传播的信息量的多少以及重要议程设置程度是影响人们对客观环境的判断最主要的两个变量。

议程设置理论认为大众传播往往不能决定人们对某一事件或意见的具体看法,但可以通过提供给信息和安排相关的议题来有效地左右人们关注哪些事实和意见及他们谈论的先后顺序。大众传播可能无法影响人们怎么想,却可以影响人们去想什么,这是问题的核心,是赢得公众理解的前提条件。因为,科学的理论和正确的政策,只有被群众所了解和掌握,能够赢得群众的认同,才能变成巨大的物质力量,才能真正得到贯彻落实。认同的心理机制是,对领导人及其价值主张,因为产生了情感体验(体认),而与它"同呼吸、共命运"。政策认同的实质,首先是情感认同。要达到情感认同,必须"动之以情"。要实现"动之以情",重要的渠道就是大众传媒的积极参与和丰富多彩的正面宣传,通过电视电台、报纸杂

① 高仲泰:《论新闻发言人制度》,《城市党报研究》2005 年第 2 期。

志、信息网络等丰富多样形式,加强宣传,积极引导,深化教育,不断统一提高认识,使大多数的群众在内心深处产生认同,形成良好的舆论影响力。

当然,作为大众传播媒介主要方式的电视、报纸、网络,要让公众对其信息产生认同感,就一定要坚持信息"真实性"的真谛,从而消除信息的不确定性,进而为大众提供决策依据。但是身处在信息爆炸社会中,消息抑或信息的丰富程度已经远远大出人们的想象,其内容也日趋复杂和多变,这就不可避免地会出现传播媒介的失职情况,不能为大众提供足够真实的信息,如"圣元奶粉事件"。

当信息被控制,或信息沟通不够,或者信息发布扭曲时,既无法取得社会大众的情感认同,更容易造成社会的不稳定。因此,近年来,政务公开、阳光行政成了各级政府工作的重要规范。各级党委政府利用传媒,及时、准确地向社会通报新近发生的涉及公众利益和国家利益的重大事项,满足公众的公共事务知情权,让广大人民群众深入了解党和政府的方针政策以及重要意义,了解各种法律法规和行政措施,充分理解和积极支持党和政府的施政方略,并有效地监督政府,营造良好的舆论环境,形成强大的舆论导向和影响力,从而发动群众,组织群众,赢得群众支持,有效行政。

要达到赢得社会大众的充分理解和积极支持,并形成强大合力的目的,公务员必须具备良好的传媒素养,这样才能遵循新闻媒体的传播规律,遵循真实、时效的原则,准确选择政务信息,采取适当的传播媒介,确定适宜的媒体,把那些广大群众应知和未知的政务信息客观、真实、公平、公正、及时、有效地传递给社会大众。譬如国家政治事务及其活动,国家机关及其工作人员的政治活动和政治主张等,充分满足广大群众的最基本的知情权、知晓权和了解权，从而达到政令畅通、社会稳定、干群关系融洽、树立党和政府良好形象的目的。

当代中国正处在从传统社会向现代社会转型的过渡时期，转型社会中所发生的社会规范、价值标准和行为方式等的变化，必然带来人们新旧观念上的冲突，造成人们价值观念上的个体性、多元性和模糊性，导致在行为选择上出现无所适从或随心所欲的倾向，从而妨碍个人社会化的进程，引起各种各样的社会问题，以致影响到社会的个体与整体的统一。比如政策或行政措施在推行中，由于个体与政府之间的立场和利益诉求的不同，政府部门及公务员与人民群众之间不可避免地会产生一般性矛盾。构建和谐社会要求，公务员具有正确的新闻观和良好的传媒素养，能够及时通过大众传媒体这种桥梁和纽带，采取举行记者招待会或新闻发布会等方式，释疑解惑，消除误会，达成谅解，追求自身协调发展和实现转型社会的有机结合，努力推进社会共识和认同。

第四节　公务员传媒素养对执政能力的影响

一、公务员的传媒素养对执政为民理念的影响

代表谁的利益执政，这是任何一个执政党都必须认真回答和切实解决的理论与实践问题。在不同的社会制度下，不同的执政主体有不同的执政动机，也体现着不同的执政理念。中国共产党从成立之日起就鲜明地把“全心全意为人民服务”作为根本宗旨，党的十六大通过的新党章又把党的先锋队性质由“一个先锋队”表述为“两个先锋队”，更加清楚地表明我们党不仅代表着中国工人阶级的利益，而且代表着中国人民和中华民族的利益。这是我们党依据新的历史方位和历史条件，对党的性质认识的进一步深

化和发展,也是对坚持党的宗旨要求的进一步发展。要坚持这一宗旨,就必然要求执政为民。

执政为民是指党在执政条件下,无论是制定路线、方针、政策,还是通过国家机关管理国家社会事务、经济文化事业,制定各项法律和法规等等,一切都以最广大人民的根本利益为出发点和落脚点,都是为了实现好、维护好、发展好中国最广大人民的根本利益。因此,执政理念至关重要,执政理念一旦出了问题,执政行为就会偏差,执政效能就会下降。

过去,我们的党和政府主要发挥对社会管制和经济建设的功能,在一定程度上忽视了对民生、民情的关注。以胡锦涛和温家宝为首的新一届中央政府,提出了建设和谐社会的奋斗目标,并且把以民为本作为和谐社会建设的基础。互联网最大的作用,是为社会各个阶层的大众构建了一个可以自由发表言论的重要平台。而在信息多元化的今天,由于现代传媒的高速发展,人们可以不受时间和地理环境甚至是社会角色、社会地位的制约,各类人群都可以发表自由言论,使得互联网更像一个网络世界的民主社会。人人都有了参与权,也有了言论权,上至天文下至地理,大到联合国安理会,小至家长里短,都可以在这里拿来评说,“网络媒体成为大众评说社会热点事件、发表个人意见看法的首选传媒渠道。”①交互性、及时性、匿名性、自由性,给予网络舆论最大限度的权利,彻底打破了在传统媒体传播语境中,呈现出强势的信息单向流动,作为受众的网民们往往没有或很难获取与传媒平等的话语权。互联网的上述特性使得舆论监督正日益成为公务员了解民意、听取民

---

①　康微、江晓曦:《论网络舆论对行政权力的监督——从周久耕的落马谈起》,《知识经济》2010 年第 5 期。

声、集聚民智的有效渠道,成为网民行使自己的知情权、表达权、参与权、监督权的有效载体。面对新的形势,公务员只有善意对待民意,重视民意的表达,构建民意传递的平台,才能为自身树立良好的形象,才能更好地行使自己的执政权,推动民主社会的实现。反之,如果公务员面对信息保持沉默,或故意回避,或做“冷处理”,甚至通过不恰当的手段强行封锁、控制,往往会把党和政府置于舆论的不利位置。① 党和政府只有快速发布信息,才能在第一时间抢到“发言权”,才能在事件处理中争取到主动,否则就会引起公众对党和政府的误解。而要实现这一切,就需要公务员提高传媒素养,加强自身执政素养能力的建设。

二、公务员的传媒素养对其决策权的影响

W. 兰斯·班尼特在《新闻:政治的幻象》中写道:“从政治家的角度来说,有一点是明确的,那就是,在民主社会中,权利和影响力的大小,取决于对信息的掌握和策略的运用。”从信息传播的角度看,公务员行为过程可分为接受信息与传播信息两个部分:进行调查研究,了解事物状况,把握事物特点,理清行为思路,作出正确决策的过程主要是接受信息的过程;为了一定的目标,以特定的方式引导和影响个人、组织或社会的过程主要是传递信息的过程。而这两部分中公务员传媒素养水平是影响其行为过程的关键因素。

公务员从政素质架构中,传媒素养是极为重要的内容。作为公务员来说,首要的从政素质就是科学决策。科学决策是事关广

① 丁柏铨、夏雨禾:《党的执政能力建设与党的传媒形象展现(上)》,《当代传播》2008 年第 3 期。

大群众切身利益的大事,而信息支持系统是一个科学的行政决策系统中不可或缺的组成部分。只有收集尽可能完备的资料与信息,达到广、通、博,对事情的发展趋势变化做出准确的预测,才能为制定决策提供充分的信息保障,从而为科学决策打下坚实的基础。在多元化信息社会中,由于传媒的触角四通八达,深入到社会的各个层面、生活的各个角落,其信息的来源渠道、信息的总量、信息传递的速度等都是其他手段无法比拟的。特别是由此而形成的网络舆论监督已经成为公务员决策的重要参考,它的存在有利于公务员制定真正符合大众利益诉求的政策。作为代表人民治理国家事务的公务员,能否科学合理地应对人民的舆论监督,是当前考核其决策水平的重要依据。

舆论监督一个重要的功能是社会制衡功能,主要表现为舆论监督对社会权威和权力的设限和抗衡上。权力没有一定的设限,对抗的结果只能导致权力的腐败,权力过大、过于集中,必然导致其功能的异化和负效应。要使公务员在决策过程中科学、准确,必须把握舆论发展动态,了解当前社会的舆论热点、倾向等,充分发挥舆论监督的作用,从而制定相关措施来解决问题。同时,网络媒体强而有力、持续不断的舆论监督报道可以在较大范围内反映决策执行情况,防止和纠正公务员在执政过程中的各种偏差和失误,从而保证在决策实施过程中,及时、充分地听取和采纳群众的合理意见和建议,针对出现的新情况、新问题及时修正决策,优化决策,从而保证决策预期目标的实现。因此,在实际工作当中,公务员的重要职责就是做出各项决策,而大众媒介是公务员进行决策的重要信息来源,决策是否正确科学以及能否迅速及时做出决策是实施领导行为的关键,是领导水平高低的重要标志。进行决策的过程,从信息这个层面上看,实质上就是广泛收集信息、正确分析信息,科学判断选择的过程,是与媒介解读紧密地联系在一起的。

同时,在政策制定过程中,媒体是进行政策推行前试探的重要工具。一方面,媒体对政策制定过程的充分报道,可以在更大范围内吸引公众参与讨论,试探政策推行后公众心理的反应,从而使政府可以广泛地吸纳民间智慧,调整政策中不够完善的内容,使政府将要制定的政策充分反映群众的愿望。另一方面可以洞察公众心理,充分估计公众对政策的承受能力,预测政策实施的社会成本。最终达到把握公共舆论的变化规律,增强行政活动的预见性,“减少使用行政强制力的几率,使行政行为得到社会广泛认同、支持和参与,放大行政效果。”①

三、公务员的传媒素养影响执政党自我形象的塑造

在网络传媒时代,借助于电子邮件、BBS、BLOG 等信息交互工具,任何人都可以通过网络来实现自己的“知情权”和“表达权”,它成为社会大众行使民主权利新的有效形式。网络传媒在舆论监督中起着其他舆论监督所不能替代的作用。在互联网日渐发达的今天,网络舆论监督作用愈益彰显。它可以规范公务员的行为,使其更加注重网络舆论监督下的自身言行和公众形象,形成自律与他律的良好局面。这不仅能增强执政党拒腐防变的能力,而且使公务员执政更民主、决策更科学、信息更透明,更易和网民形成良性互动的关系。因此,作为政府形象载体的每一个公务员,在公共舆论中的形象一旦为公众所认可,可以增加其威信,提高凝聚力感召力;反之,一旦在媒体中形象不佳,则会使其失去权威,失去公众

① 曾国平、周家明、曾庆双:《政府形象策划及其四维向度分析》,《四川大学学报(哲学社会科学版)》2005 年第 1 期。

的支持与拥护。因此，从执政的有效性来看，公务员需要不断提高其传媒素养，学会利用媒体塑造公务员的良好形象，并在掌握信息传播规律的基础上，通过媒介的形式向公众传递本区域、本单位、部门的有关信息，以便与社会沟通，从而增强党和政府执政的有效性。①

树立公务员良好形象，就是要在公务员执政中强调政府与公众的沟通。由于长期受计划经济的影响，当时的行政干部一般将主要精力放在处理上下级关系上，而不习惯处理与公众的关系；而在经济全球化与市场化的背景下，政府、企业、社会组织与公众关系日益紧密，公众也希望得到最直接、快捷的信息，这就需要公务员加强与媒体的配合，通过直接面对媒体，架起与公众交流与沟通的桥梁。因此，公务员必须借助新闻传媒等渠道，加强与公众的联系与沟通，使体现政府形象的各项政策、法规在公众中得到良好的宣传、传播、理解和接受，使政府的各种决策活动和行为受到广大民众的支持和拥护，从而建立良好的政府形象。

四、公务员的传媒素养影响社会预警机制功能的效果

社会预警是指依据对社会发展稳定状况的判断，按照社会系统的模型分析，对社会系统运行的质量和后果进行评价、预测和报警。从社会发展的一般规律看，人类社会总是伴随着旧结构的消解与新结构的诞生而不断演变。以发展为导向的社会稳定总是处于动态的过程之中，它并不排斥社会问题与社会冲突存在，而是通过解决这些问题与冲突，实现社会的稳定与发展。

---

① 陈化：《论政府形象及其塑造——一个伦理的视角》，湖南师范大学2004年硕士学位论文。

影响社会稳定的各种风险不是随意发生的，它总是存在着固有的规律，有一定的征兆，会散发出一些特有的、可能为人们测度的信息流。这是人们认识、预测与控制社会风险的理论前提。近几十年来，随着经济社会和科学技术的发展，人们已经可以采取一定的方法对未来社会的发展做出预测。例如，通过对舆情的监测，就可以对可能出现的问题建立预警机制。因为舆论信息是一种普遍的、隐蔽的、强制的社会力量，是实现社会控制、促进社会整合的重要手段。任何重大的社会变动之前都有一定的舆论先兆，变动中会引起舆论的震荡，变动后持续存在的舆论又为新的社会变动提供舆论上的准备、经验和借鉴。从这个意义上讲，舆论具有守望社会环境的功能。① 而这种守望对社会变动的反映不是消极的，而是积极的，即先前社会变动中形成的舆论可以为之后的社会变动提供一定的经验、借鉴、启迪和警示。舆论的这种功能可以表述为社会预警功能。所以我们必须而且能够建立社会预警机制，对社会发展过程中出现的危及社会稳定的各种风险进行及时的监控，并根据监控结果采取相应的政府干预和社会行动。从这个意义上说，社会预警机制其实是社会控制体系的重要组成部分，是实现社会稳定的重要保障。要建立科学的社会预警机制，必须要对影响社会稳定的主要舆论信息有清晰、准确的了解和把握。②

任何执政党都会将社会稳定作为社会治理的首要任务。社会发展必然带来社会矛盾，党和政府的执政不可能没有偏差，社会治

① 张慧:《论政府在舆论监督环境构建中的主导作用》,《合肥学院学报》2002 年第 4 期。

② 张慧:《论政府在舆论监督环境构建中的主导作用》,《合肥学院学报》2002 年第 4 期。

理始终伴随着风险和困难。目前我国正处在社会转型期,也是一个矛盾的多发期。作为一个明智的党和政府,应该对社会矛盾和问题保持高度的警觉,建立起社会预警机制。社会预警指标一般包括痛苦指数、腐败指数、贫富指数、不安定指数等内容。媒体在社会预警和社会稳定方面都能发挥积极的导向作用。党和政府了解民情有两个主要渠道:信访渠道和传媒渠道,而传媒渠道因为影响面大,传播速度快,更是收集舆情的理想渠道。试想,“没有人民的参与和监督,中央的监督或者审计,能够覆盖到如此广泛的重灾和重建领域吗?”①因此,公务员必须提高传媒素养,要学会利用媒体的社会预警机制,争取在社会治理中获得主动权。否则,会影响党和政府的执政的合法性。

五、公务员的传媒素养影响执政党对舆论阵地的主导作用

公务员的执政能力在相当程度上表现为对舆论阵地的主导作用。在传统媒体环境下,党和政府控制着媒体的所有权,媒体成了党和政府传播意识形态和进行舆论引导的重要工具。应该说,经过党和政府的多年教育,传统媒体已经形成了良好的自律机制,他们会积极配合党和政府的舆论引导工作。然而,在新媒体环境下,媒体规模不断放大,媒体所有权越来越分散,党和政府对新媒体基本上没有直接的所有权,党和政府也难以将其全部纳入直接的管理体系,而且党和政府也不可能完全直接控制所有媒体。可是,一些公务员依然用管理传统媒体的方式来管理新媒体,或者对新媒体疏于管理,甚至不知道怎样管理。结果造成党和政府失去了对舆论主导作用,致使流言甚至谣言大行其道,从而导致公众情绪在

---

① 郑永年:《让人民参与监督赈灾与重建》,《南方周末》2008 年 6 月 5 日。

一定程度上会单向聚焦，有时甚至会产生舆论暴力。因此，党和政府必须提高公务员的传媒素养，转变管理媒体的作风和方式，修正管理媒体的原有制度，在舆论引导上寻求新的突破。

舆论监督是大众传媒根据公众的意见和态度，运用新闻报道的形式对国家和社会事务进行监督评议的一种社会行为。由于具有传播及时、公开、透明度高、影响面广等特性和优势，舆论监督不仅可以加强和改进公务员的工作作风，弘扬正气，惩治腐败，而且也可以促进公务员决策行为的科学化、民主化。因此，舆论监督对于建设社会主义政治文明和构建和谐社会具有十分重要的意义。公务员要想发挥舆论监督引导、批判和警示功能，需要一个良好的环境。因此，坚持正确导向，有效引导社会舆论，巩固积极健康向上的主流舆论，首先就要努力发展并营造良好舆论环境，其中政府必须通过多方面的努力，来构建一种良好健康的舆论环境，使民心、民意得到真正的表达，使舆论监督的作用最大化，最终促进公众与政府的共同发展。

政府是改善舆论监督环境的主要力量，各级政府在自觉接受舆论监督的同时，也是舆论监督坚定的支持者和改善舆论环境的主要力量。一方面，政府是舆论监督的保证。由于舆论监督的公开性和影响的广泛性，许多被监督对象对舆论监督抱有恐惧的心理，从而对舆论监督采取阻止的态度。因此，舆论监督要得以真正实现，需要政府强制力的支持和保证。另一方面，政府是舆论监督的关键。如前所述，政府是舆论监督的主要对象，但有些单位和部门把舆论监督看成是故意刁难，竭力掩饰问题的性质和错误的程度，采取不正当的手段，干扰正常舆论监督，这都不利于舆论监督的顺利展开。政府必须采取正确的态度，全力支持舆论监督。从这两方面，不难看出，政府是改善舆论监督环境的主要力量。

第五节 公务员传媒素养培养和提高的主要路径

素养指的是一个人的修身涵养，它不是一朝一夕就能形成的，而是在平时工作实践中，点点滴滴积累而养成的。因此培养和提升公务员的传媒素养也需要有个过程，它既需要有外部体制方面的力量来推动，也需要公务员自己主动学习和实践。在目前的公务员培训教育工作中，传媒素养培养是作为文化素养培养的一个内容。但是由于社会大众的传媒素养教育尚未有效开展，因此公务员的传媒素养教育这一目标、内容和要求还没有引起各级政府的高度重视。为此，我们在充分实证研究的基础上，针对公务员传媒素养所出现的问题，提出以下公务员传媒素养培养路径：

一、开展各种层次的公务员传媒素养教育培训

由于我国传媒素养教育起步较晚，没有形成像西方国家那样传媒素养教育的社会化，因此公务员的传媒素养教育，只能立足现有条件，调动一切可发挥作用的资源，有针对性地进行培训。目前我国有相当部分公务员的传媒素养尚处于低水平的自发状态，他们对民众在传播中的能动地位认识不足。所以，要提高公务员传媒素养，最关键的问题在于加强公务员的传媒素养教育。具体讲可从两个层面入手：

一是相对于各级政府层面而言，要积极构建公务员传媒素养培养与教育的机制和模式，将传媒知识和理论学习有机地结合起来，并将此培训列入各级公务员党校培训与理论业务学习之中，进行学习考核；同时作为提拔任用的重要依据。这是提高公务员传

媒素养最实际、最有效的办法。

二是从公务员个人层面而言，公务员要跟上新网络时代的发展要求，重视自身的信息能力和素质的培养与提高，丰富新闻传播知识，提高应对新网络传媒的能力。若公务员对新网络技术不了解，对新网络传播手段不熟悉，对网众传播心理不了解，工作就会被动。这就要求公务员要加强新网络传媒基础知识获取，强化网络技术培训，增强信息传播意识，以提升信息应用能力，使自身能够熟练地驾驭新网络，使领导行为始终在知识化、科学化、信息化与现代化中进行。具体做法为：

首先，把传媒素养教育作为一个重要内容，引入党校（行政学院）培训内容中。由于党校在长期的干部培训中积累了丰富的资源和经验，应是基层公务员传媒素养培训的一个重要的、有效的途径。发挥各级党校在培训中的主要作用，让传媒素养教育专题走进课堂。设置关于新闻传播理论、危机管理和新媒体挑战等课程，有针对性地开展理论和实践教学，帮助公务员系统地认识媒体，并探索灵活运用新闻媒体开展工作，并使其成为常规培训的主要内容。其次，充分利用高校教育资源和媒体资源，举办带有专业化色彩的短期培训班，普及媒介知识和训练公务员应对媒体的技巧。此类培训式的课程尤其要重视针对性、现实性，重在使受教育者对媒介社会功能、媒介信息本质、对新闻的特性、新闻的偏见等形成正确的认识，建立起自己对媒介信息的解构能力、接受能力以及利用媒介的能力等。也就是说所有的培训内容都应是针对各级公务员的实际情况而进行的有针对性的传媒素养教育。可以邀请新闻传播领域专家学者以及媒介资深从业人员开设专业讲座、培训班、进修班等，对公务员进行面对面的指导，使其形成应对媒体的感性认识。在课程设置上，应充分考虑处级、科级和一般公务员的共性和差异性，准备不同的专题。有条件的公务员及其组织聘请由专业新闻传播人士组成的“智囊团”，为自己信息的传递进行具体指导。

再次是建设传媒素养教育网站，开展公务员传媒素养远程教育，方便公务员在网络上互相交流、学习、探讨。

当然，令我们遗憾的是，到目前为止，公务员传媒素养教材还属于空缺。尽管目前市场上有大量传媒素养教育的教材和书籍，但并没有一部是针对公务员学习所用的传媒素养教材，这使基层公务员在自学中缺乏有效的指导和参考。因此，尽快编写一本以公务员为对象的传媒素养读本是必需的，是符合公务员需要的，而且从技术层面而言，也是可行的。我们这部专著虽然不是一部针对公务员传媒素养教育的教材，但其中的许多理念和方法却值得公务员研读，特别是一些应对策略可供借鉴。

二、将理论运用于实际，提高公务员应对媒体的能力

人们常说，实践是学习最好的老师，公务员积极参与媒介活动，在实践中积累应对媒体的经验，这是提高公务员传媒素养最为有效的方法。在开展各种理论学习活动的基础上，将理论联系实际，可采用情景模拟的方法开展传媒素养教学，即通过设置逼真的情境，让学员扮演特定角色参加新闻发布会、记者招待会、接受记者访谈等形式的媒体活动，“身临其境”地处理各种问题和矛盾，并在实践中积累经验，用新闻传播的基本理论和方法去判断、分析、总结自己的实践，发现自身存在的问题，不断地进行改进。

具体来讲，可从以下几个方面着手：一是学会在事件发生后及时表态，第一时间发出来自官方的声音，抢得舆论的先机。当然这种表态必须是负责任的，要与公务员的身份相符，并且有利于舆论

的健康发展。二是把重要的日程安排提前告诉记者,记者把公务员的行动及时变成新闻,使之成为新闻媒体一段时期的报道中心,从而掌握应对媒体的主动权。三是针对社会上需要疏导的焦点问题,在征得上级领导同意的情况下,可以主动邀请新闻媒体进行采访或开新闻发布会、吹风会。在与媒体的自觉交流中,公务员要善于研究和评析不同媒体对同一新闻事件的报道,学会应对媒体的技巧和方法。

三、建立公务员与新网络传媒的互动机制,学会同媒体打交道

在新网络时代,有效调控、引导各种媒体传播,关键是公务员要有较高的同媒体打交道的能力。

一是要充分尊重媒体。当今社会,公务员不能再像过去那样以控制媒体来掌握新网络传媒的主导权了,在新媒体面前,不能固守传统的传播思想观念,以“居高临下”的权威出现,而是必须摆正与媒体的关系,充分认识媒体的作用,尊重传播规律,既当传播者又当接受者,从过去硬性控制管理转向软性合作,与媒体平等相待地交往、交流、交朋友,真正建立起良性互动关系。

二是要善于运用媒体在信息传播、思想交流、舆论引导上的重要作用。公务员应该善用媒体,充分运用新网络传递党和政府的声音,传播解读党的方针政策,密切党与人民群众的联系,促进社会和谐;在新网络环境下,公务员要善于接触利用媒体,掌握与媒体应对技巧,占得舆论引导的主动权和制高点,学会在第一时间制造话题,让传媒把领导者的行动和讲话及时变成新闻,赢得舆论引导的先机,以调节社会舆论,积极引导公众注意力。如 2009 年 9 月深圳出新规率先引入新闻发布“问责制”,规定遇突发事件需在

120 分钟内发布新闻,这是值得各级公务员学习的。

三是要主动引导媒体。这些年为什么会发生众多网络群体性事件,主要是因为受众是以虚拟、匿名出现于网络传媒中,并以低成本、低风险参与传播。如果我们的公务员懂得新媒体传播规律,主动参与新网络“议程设置”,学会策划新闻,就能有效把握议程设置权,将个人或组织的议程变成媒介的议程,继而成为公众的议程,抓住舆论引导时机,因势利导及时传播政府声音,做到防患于未然。因此,与其让坏事经网络途径扩散传播,不如一出现萌芽就占据媒体传播的主动和主导地位,主动提供信息,主动应对媒体,用主流思想引导大众,化解流言与误读,这样就能化险为夷、化危为机。

四是要与媒体建立良好的关系。公务员首先要正确认识传媒,然后选择适合自己的媒体,选择一些具有一定公信力、影响力的主流媒体作为公关对象。在经济条件允许的情况下,可以设置媒体(公共)关系办公室,通过召开通风会、吹风会、座谈会、参观活动、跟踪报道等,与媒体建立起相互信任与合作的关系,建立良性的媒体关系是把握舆论主动权,争取有利的舆论环境的基本保证。

四、提高公务员对新网络传媒的监管艺术,建立有法可依的运行机制

新网络传媒环境,需要公务员树立由“人治”向“法治”、由“自律”向“他律”转变的意识。近些年媒体引发的群体事件,反映出某些公务员在处理事件时,往往是用一种临时举措对付,缺乏具有普遍指导意义的长效机制,更没有促成规制创新。在虚拟的新网络中,光靠传者的自律,很难真正规范传播行为,其有序的传播也需要法规的有力保障。世界上任何一个政府,都会不同程度地对

媒体实行干预与监控，以保证他们不偏离社会主流的轨道，并要求它们为统治阶级的意识形态服务。加强新网络建设，公务员一定要树立“法治”观念，大力推进信息公开的法制化和制度化建设，以促进新网络传播的良性发展，建立健全系统科学、切实有效的监管机制，把新网络发展引导到法治的轨道上来。要加快媒体各种法规的制订，做到有法可依、有章可循，当好新网络安全的监测者与守护者的角色，使新网络传播逐步走上健康发展的道路，这是各级公务员的职责所在。公务员在加强新网络监管时，要正视仍然存在的问题，对确实存在的漏洞应及时进行补漏和堵漏，对不适应甚至阻碍新网络传媒发展的领导方式与规制，要进行适时调整与补充，逐步完善媒体管理的各项规制，尤其是各类突发公共事件应急响应的制度规定，这样，就不至于在危机事件发生面前束手无策或应对脆弱。总之，要实现规范管理、科学管理和依法管理，牢牢把握新网络传播的主动权，以提高党和政府的执政能力。

五、将传媒素养纳入公务员绩效考评机制

将传媒素养的考察纳入到对公务员的整体考评中，是提高公务员传媒素养的制度性保证。2008 年 3 月 1 日，习近平在中央党校讲话时，要求各级公务员在推进科学发展的过程中，提高的 6 个能力之一就是“提高与媒体打交道的能力”。至于如何“提高与媒体打交道的能力”，他认为有 4 个方面，即尊重新闻舆论的传播规律；正确引导社会舆论；要与媒体保持密切联系；自觉接受舆论监督。以上 4 点是对公务员的传媒素养考察的主要内容，同时也为公务员与媒体互动指明了方向。公务员要与媒体接触，与媒体从业人员交朋友，不仅可以吸取媒体宣传报道的经验，在潜移默化中帮助各级公务员提高传媒素养，还可以利用好媒体反映基层的愿

望,宣传本地区、本部门的建设成就。同时,利用各种机会组织各级公务员到媒体参观或见习,增强对媒体宣传工作的了解,知道如何与媒体打交道,以通过媒体更好地指导工作。

将公务员有效面对媒体的素养纳入到绩效考评之中,是提高执政能力的重要体现。特别是危机事件发生后公务员媒体应对表现,集中体现了政治担当意识和成熟的处事艺术。2009 年以来,国内已有几个城市进行了这方面的尝试,在引起了广泛关注的同时也受到了公众好评。西安市的"网络问政",已然成为政府公务员工作实绩的展示平台。通过这个沟通平台,政府切切实实地为老百姓解决了一批实际问题,被誉为政府和受众沟通的重要桥梁。山东青岛市正式下发《2009 年度市政府部门绩效考核办法》,办法将新闻发布纳入政府绩效考核体系,要求政府及其相关部门对于与人民群众密切相关的重大突发公共事件、市民关注的民生热点问题等重大事项,应及时或滚动通过授权媒体或举行新闻发布会及时发布;并规定对隐瞒不报或不及时通报的相关部门和责任人将予以追究。2009 年 3 月 16 日,广州市政府批准《广州市党政领导干部问责暂行办法》,并于 4 月 1 日施行。该办法强化了政府信息公开方面的问责内容,如"瞒报、谎报、迟报突发性公共事件或其他重要事件"、"应当公开的决策未按规定公开"等情况出现时,党政领导将会被问责,受到问责的公务员一年内不得提拔。

2005 年 1 月 1 日,《公务员法》正式实施,规定:录用担任主任科员以下及其他相当职务层次的非领导职务公务员,采取公开考试、严格考察、平等竞争、择优录取的办法,①凡进必考的制度以立

---

① 《中华人民共和国公务员法》(2005 年 4 月 27 日第十届全国人民代表大会常务委员会第十五次会议通过)第二十一条。

法的形式写入《公务员法》中。要使公务员具备良好的传媒素养，行之有效的方法是在其进入政府机关之前，在必须通过的考试中，包含媒介素质知识。这样，将促使公务员队伍中的新生力量具有主动地学习掌握媒介理论和运作规律的意识，在公务员队伍的产生源头上为其必备素质的提高打下坚实的基础。同时，这也将在现有公务员队伍中，进一步明确树立传媒素质知识的重要性，促使公务员对掌握传媒素质知识，提高重视程度和自觉性上更上一层台阶。

总之，通过以上培养公务员传媒素养路径的选择，最终的目的就是要提高公务员执政能力。传媒素养研究在我国刚刚起步，但它对社会和个人的影响却不容忽视。公务员只有不断提高自身的传媒素养，才能更好地驾驭全局，科学地实施执政行为，在工作当中展示出高超的领导水平与艺术水平。特别是要注意用新闻的形式向社会公众来进行信息传递，最大程度地实现公众的知情权，取得社会公众的理解与支持，为自身发展创造一个良好的环境。

中篇　传媒素养视阈下的公务员执政能力与传媒应对

第三章　应对传媒:公务员执政能力的重要体现

公务员的传媒素养,是指公务员对大众媒介的认识、利用和参与方面的素养。其中最根本的是了解大众媒介与政治、经济、社会、文化的关系,对社会和个人的作用,了解各种传媒的性质、特点,知道评判传媒的标准。在此基础上,形成对传媒的积极态度和主动能力,能够科学、有效地利用传媒,并且积极地参与传媒,主动地支持和监督传媒。

当全球进入信息时代,一个重要的特点是资讯传播快速发展,媒体对公众影响也日益变得深刻。中国在经历了30多年的改革开放之后,大众传媒进入了高速发展期,特别是新媒体的迅速崛起,使我们已经生活在一个高度媒介化的透明社会,在这个社会中公众的知情权和参与意识空前提高,舆论监督越来越受到重视。特别是政府机关的公务员在日常工作当中也不可避免地与越来越多的媒体打交道。试想在这样的一个社会中,一个不重视媒体,特别是不善于与媒体相处、与媒体应对的公务员,其结果会是怎样的呢?因此,我们必须意识到,是否善于应对大众传媒,是新时期衡量公务员执政能力高低的重要标准之一。同时,如何借助媒体塑造出自身以及政府的良好的形象,是公务员必须要面对的一个重要问题,也是对公务员执政能力的基本要求。加强公务员媒体应对能力,提高公务员传媒素养,树立公务员的现代的科学的媒体观,善待媒体、善用媒体、善管媒体,是摆在我国公务员面前的一个亟待解决的问题。

党的十七大报告指出,党的执政能力建设关系党的建设和中国特色社会主义事业的全局,必须把提高领导水平和执政能力作为各级领导班子建设的核心内容抓紧抓好。党的十六届四中全会通过的《中共中央关于加强党的执政能力建设的决定》中明确要求“增强引导舆论的本领,掌握舆论工作的主动权”、“重视对社会热点问题的引导,积极开展舆论监督,完善新闻发布制度和重大突发事件新闻报道快速反应机制”、“高度重视互联网等新型传媒对社会舆论的影响”、“努力探索新方式新方法,加强和改进思想政治工作”,这些都与公务员有密切关系。

随着大众传媒的日益成熟和信息技术的不断进步,我国媒介生态环境也发生了改变:政府与媒体由单一的线性关系转变为双向的互动关系。于是我们看到,传统的政府与媒体的相处方式已经越来越不能适应二者新的关系,而必须做出相应的整改才能适应这巨大并且复杂的变化,这种整改甚至于会带来传统观念的革命性的变化。政府与媒体之间的关系以及越来越广泛的媒体社会影响力,决定了媒体对于公务员工作的重要意义,而公务员自身角色的特殊性则导致其在处理自身与媒体关系中的关键地位。在当前的环境下,要使公务员与媒体之间的博弈最终能够达到共赢的效果,提高公务员应对传媒的能力显得尤为迫切和重要。

所谓公务员的传媒应对能力,就是建立在其传媒素养基础上的、在各部门的管理工作中,面对媒体如何应对的问题,这是公务员执政能力的具体体现。即公务员要在正确认识传媒的特性和政治、经济、文化功能的基础上,凭借着自身的传媒素养,充分发挥传媒的各项功能,帮助政府更好地完成执政目标,巩固执政地位。现代社会,公务员的执政能力离不开传媒体系的支撑和支持,公务员传媒应对能力构成了公务员执政能力的一部分。公务员应对传媒能力强,则必然增强其执政能力,反之则必然削弱其执政能力。当然,任何问题的提出都离不开问题本身所处的环境。为了阐述公务员应对传媒的问题,我们首先来看一下中国传媒体制及新闻政策发展的历程。

第一节 我国传媒体制及新闻政策

在我国,传媒业是一种特殊行业,与其他行业相比,是受到政府限制最多、最严格的行业之一。在新中国成立后的很长一段时间内,中国的传媒业其实就是中国共产党的新闻事业,其始终作为党的事业的一部分,运用自己的手段和优势,为实现党的目标和革命理想服务,为工人阶级和广大民众服务,为无产阶级事业和社会主义事业服务。[①] 当然,伴随着中国革命事业、社会主义建设事业的不断发展,我国政府的新闻理念也在与时俱进,不断发展,尤其是改革开放以后,我国传媒业的相关理念有了很大的进步,但我们还是要看到中国的传媒体制与其他一些国家相比是具有特殊性的。在我国,对传媒业进行的绩效评价,不仅要看经济效率和经济效益,而且要看社会效应和社会效益。传媒业的发展不仅对国民经济的增长、就业有直接贡献,同时对社会、政治、文化、道德、法律国际关系等也会产生重要的影响。有专家认为,中国政府应对新闻媒介的态度经历了三个阶段,即"媒体控制",到后来的"媒体管

① 邓保卫:《中国共产党新闻思想》,福建人民出版社 2004 年版,第 518 页。

理”,现在称为“媒体合作”,[①]由此可以看到,我国的传媒业正在向愈加独立和成熟的方向发展。

一、中国传媒体制的变化发展

(一)高度政治化和组织化的媒体控制时代

在改革开放也就是1978年以前,我国的新闻体制和工作传统是高度政治化和组织化的。[②] 传媒领域基本上是以国有制为唯一所有制形式,那时的传媒业施行的是以宣传为核心功能的一元化新闻体制。

我国政府之所以会在这个时期对传媒采取“控制”的态度,是由于20世纪50年代初,执政伊始的中国共产党面临着严峻的国际国内情势。正当新民主主义性质的新闻事业在中国出现,在那个特殊时期,建立一个具有社会主义性质的公营新闻事业系统,是新中国成立初期新闻事业建设的重点。事实也正是如此,新中国一成立,就形成了以《人民日报》为中心,以党报为主体的公营报刊网,以新华通讯社为主体的国家通讯社网和以中央人民广播电台为中心的国营人民广播电台网。[③]

新中国政府还积极对旧政府遗留下来的新闻事业进行了清理、整顿和改造。其实在政府着手改造之前,私营报纸、电台的数量就已经开始锐减,据统计,1950年3月,全国共有私营报纸58家,私营广播电台34座。到了6月份,全国私营报纸已由3月份

---

① 叶皓:《政府新闻学案例》,江苏人民出版社2006年版,第2页。

② 汪凯:《转型中国:媒体、民意与公共政策》,复旦大学出版社2005年版,第195页。

③ 方汉奇、丁淦林、黄瑚、薛飞:《中国新闻传播史》,中国人民大学出版社2002年版,第331页。

的58家降为43家,11月份减少到39家,12月份减少到34家,1951年4月减少到31家,8月下旬只剩下25家。① 根据这种情况,党和政府开始采取合并改组、公私合营等措施,对私营报纸实行社会主义改造。至1953年,私营报纸除停办者外,全部实行了公私合营。在此后的几年中,政府又逐渐退还私股,进一步将公私合营报纸改造成公营报纸,逐步完成了对传媒业私有制的改造,使其完全纳入政府的控制之中。

“所有制是国家从生产关系层面对传媒性质、地位和功能的一种设定,所以,与政治制度和意识形态相适应,中国传媒的所有制形式必然采取公有制,媒介的产权皆属于国家”。② 新中国成立后,我国施行的传媒财经制度的基本原则是“经营服从宣传,级别决定分配”。直至1957年到“文革”结束后的20多年时间里,所有媒体均享有国家财政的全额拨款,实行统收统支政策,人员进入国家编制。于是形成了从社会主义改造基本结束后一直到改革开放以前,党和国家媒体在中国传媒格局中的优势格局,即党和国家的媒体无论是在数量还是质量上都占有绝对优势,这种格局成为这一时期中国媒体的唯一形态。比如1955年6月18日《人民日报》就曾经刊文,明确说明,“报社不是企业机关,而是政治机关”。这也意味着,报社的企业化经营,只不过是特殊时期的特殊措施而已,而不是市场推动的结果。这一措施一直执行到了改革开放之后。

(二)赋予上层建筑产业色彩的媒介管理时代

改革开放以前,中国传媒的财政体制为政府供给制,政府每年

① 方汉奇、丁淦林、黄瑚、薛飞:《中国新闻传播史》,中国人民大学出版社2002年版,第336页。

② 丁和根:《中国传媒制度绩效研究》,南方日报出版社2007年版,第21页。

为各级媒体制定财务规划，规定人员编制和各类开支的数额。随着改革开放的不断深入，市场经济体制逐步建立，在市场运行规律的调节下，媒介的经营成本大幅度上升，传媒业亏损日益严重，最终迫使政府主动退出了媒体的经营环节。从1978年起，以新闻改革为引导的传媒制度变迁开始进行。

1978年年底，财政部批准了以《人民日报》为首的8家全国性报纸实行“事业单位，企业化管理”的双轨制经营模式。根据政策，这些单位可以从经营收入中提取一定的比例用于增加员工的收入和福利，改善媒介自身的条件。财政部认为媒体作为舆论的先导，应该挺立在改革的潮头，率先进行市场化改革，所以批准了这份报告。其实更直接的原因是，虽然此时全国仅有186家报纸，但捉襟见肘的财政收入，难以养活报业。这种适度放松，实属“万般无奈”。然而无论改革的推手究竟为何，随着这一步的迈出，新闻事业被给予了重新定位——不仅仅是事业单位，而且是文化产业和信息产业的一个重要部门，媒体的目标也由一元化转到了二元：社会效益和经济效益。

1987年，国家科委首次编制的我国产业投入产出表将新闻事业和广播电视事业纳入“信息商品化”序列；1993年，中共中央、国务院发布的《关于加快发展第三产业的决定》，把“报业经营管理”正式列入第三产业；1998年初，中共中央宣传部副部长徐光春在省级党报总编辑会议上的讲话中提出，“报业不是一般意义上的产业，是一种特殊的产业，是具有政治性、意识形态性的特殊产业”。这说明，媒介作为一种产业，媒介的产业化、集团化问题，已经是一个实实在在的现实趋势。①

① 万力：《媒介经营与产业化操作实务》，新华出版社1999年版，第68页。

从20世纪90年代后半期开始,我国着力组建大型报业集团和广电集团,这是传媒业走上产业化发展道路的重要标志。以1990年广州日报报业集团率先成立为起点,北京以及全国大多数省会城市纷纷组建报业集团。根据《中国报业》杂志的统计,截至2002年底,经国家新闻出版总署正式推广成立的报业集团有39家。① 2000年12月17日,湖南宣布成立了全国第一家广播影视集团,并提出了"六分开"原则,即政事政企分开、宣传经营分开、制作播出分开、创作制作与制作生产分开、网台分开等。2001年中央下发的"17号文件"明确指出,必须利用资本和业务为纽带组建跨地区、跨媒介的媒介集团,集中全国的媒介资源优势,打造我国媒介的航空母舰。

总的来说,20世纪90年代后的媒体作为市场主体,有了自身盈利和发展的需求,但是在宣传模式上仍未有实质性突破,政府对媒介的态度也没有跳出管制的框架,媒体只是暂时、表面的顺从,而非长久、自觉地服从政府的需求。②

二、我国新闻政策体系的发展

关于新闻政策的概念,目前学界的定义各有不同。一般认为新闻政策是政党、政府对新闻事业规定的活动准则。广义包括新闻事业管理的政策、新闻报道的政策、新闻队伍的建设方针。狭义主要是指新闻报道的政策,有时又以宣传纪律的形式出现。《中国新闻实用大词典中》中对其进行这样的解释:"新闻政策是指一个国家或政党把握新闻报道活动指导思想的总和,是政府或政党

---

① 参见《中国报业集团一览表》,《中国报业》2006年第2期。

② 叶皓:《政府新闻学案例》,江苏人民出版社2006年版,第3页。

对其管理的媒介所颁布的新闻法规或一定时期内某些规定的总和。包括传播、宣传所遵循的政治方向、新闻报道行为规范以及一定政党、集团对新闻工作管理的基本要求,是社会权力机构管理、控制新闻报道的重要手段。”①

不同的政党和政府的新闻政策各不相同,同一个政党、政府在不同时期的新闻政策也会有所不同。当代中国的媒介管理思想源于“党报理论”体系的经典观点,即新闻事业是“党的有机组成部分,从属于党组织的领导,是党的喉舌”,这是中国政府传媒管理的理论背景。中共中央《关于当前报刊新闻广播宣传方针的决定》(1981 年 1 月 29 日)体现了中国新闻政策的重要内容。其基本点有:新闻机构必须严格按照中国共产党第十一届三中全会以来的路线、方针、政策进行宣传;要坚定不移地贯彻“百花齐放、百家争鸣”的方针,又不能混同于资产阶级自由化;认真进行关于坚持社会主义道路,坚持无产阶级专政,坚持共产党的领导,坚持马列主义、毛泽东思想四项基本原则的宣传,大张旗鼓地宣传社会主义物质文明和精神文明建设;正确处理表扬和批评的关系,坚持以表扬为主的方针;文艺作品、文艺节目坚持为人民服务、为社会主义服务的方向;新闻机关要加强组织纪律性。

从我国的新闻政策体系的发展历程来看,基本是以改革开放为轴线划分为探索期和调整期。在改革开放以前的探索期,新闻政策处于阶级斗争工具论主导之下,而到了改革开放以后,新闻政策中的舆论监督功能逐渐得到强化,虽然媒体还未能脱离政府的管理,但已经进入了多元化的政策调整期。

---

① 冯健:《中国新闻实用大词典》,新华出版社 1996 年版,第 19—20 页。

第二节 公务员媒体应对能力的内涵和现状

一、公务员媒体应对能力的内涵

公务员媒体应对能力是集合了其沟通能力和危机管理能力的一种综合能力。

首先,与媒体沟通能力是公务员一种执政能力的重要体现。美国管理学家查尔斯·贝克(Charles E. Beck)指出,“沟通是组织的生命线,传递组织的发展方向、期望、过程、产物和态度。”离开了沟通,管理中的决策、用人、授权、监督、协调和激励等都无法顺利进行,沟通既是政府管理的重要职能,也是履行政府职能的重要方式和手段。对公务员来说,形成和提高其与公众沟通的能力,是十分必要的。沟通的能力主要表现在善于倾听和反馈意见、善于表达和传递信息、善于动员和组织群众、善于说服和引导舆论、善于概括和总结要点、善于利用和驾驭会议、善于控制和调整情绪、善于处理谈判事项等。

其次,媒体沟通能力还是一种危机管理能力。当代社会,随着科学技术的进步、社会生产力的发展以及全球化进程的加速,各种社会问题也不断复杂化、多样化,公共危机发生的频率加快并且破坏性增大。因此,危机管理能力成为了新时期公务员素质的一项重要内容。公务员的危机管理能力主要表现在危机预防能力、危机识别能力、危机处置能力和危机善后管理能力等。

党的十六届四中全会通过的《中共中央关于加强党的执政能力建设的决定》中强调指出,要构建和谐社会,必须“建立健全社会预警体系,形成统一指挥、功能齐全、反应灵敏、运转高效的应急机制,提高保障公共安全和处置突发事件的能力。”“增强引导舆论的本领,掌握舆论工作的主动权。""重视对社会热点问题的引导,积极开展舆论监督,完善新闻发布制度和重大突发事件新闻报道快速反应机制。""高度重视互联网等新型传媒对社会舆论的影响。""努力探索新方式新方法,加强和改进思想政治工作"。这些都是对新时期公务员危机管理能力的要求,也是公务员媒体应对能力的一部分。

二、我国公务员媒体应对能力的现状

(一)公务员媒体应对能力不足的主要表现

当前,在肯定绝大多数公务员具有较高媒体应对能力的同时,我们也必须要看到,还有一定数量的公务员在如何应对媒体的问题上,还不能适应新形势、新任务、新要求。

有学者归纳总结了我国现阶段很多公务员应对媒体时的问题,形象地将其表述为"五个比较适应"和"五个不适应":与党报党刊、电视广播等主流媒体应对比较适应,而与都市类报刊等非主流媒体应对常常不适应;介绍工作动态、宣传工作业绩比较适应,而在发生突发事件、出现工作失误时常常不适应;与传统媒体应对比较适应,但与互联网、手机等新媒体应对常常不适应;与辖区内的媒体应对比较适应,但与管辖外的媒体应对常常不适应;对常规性有计划的新闻发布比较适应,对突发性暂时性新闻发布常常不适应。① 应该说,公务员与媒体应对表现出来的"五个不适应",除了公务员本人的工作水平、业务能力、工作态度、媒体经验等因素外,还有多方面的原因。其中一个应该引起我们重视的方面就是,他们对新的执政条件下党的工作方式、工作内容的转变认识不清,

① 崔萍:《新时期加强领导干部媒体公关能力的对策思考》,吉林大学2010年硕士生论文。

对新的信息条件下媒体的性质和作用认识不清,对新的社会条件下公务员与媒体的角色关系认识不清,更与自身的传媒素养较差有着非常重要的关系。这几种认识上的偏差,表现在具体行为上有以下几方面:

首先是不愿面对媒体。在网络问责制和强大的网络舆论监督面前,一些公务员认为与媒体应对是专职部门的事情,因此不愿意面对媒体。还有些公务员在媒体面前成为“惊弓之鸟”,生怕做错一件事,说错一句话,他们错误地认为媒体就是在“找茬”、“坑人”、“害人”。当然,不可否认,确实有这样的一些例子,本来是一般性的工作失误和问题,但是一经媒体“炒作”,很快变成了“公共事件”,相关责任人就可能在舆论压力下被从重处罚。这种“一曝光就丢官”的实例多了,就使很多公务员产生了“多一事不如少一事”、“惹不起躲得起”的躲避心态。一些公务员缺乏对媒体相关知识的认识和运用,对媒体的社会作用、实现公民的知情权、表达权、监督权的作用等,知之甚少或基本不知。

其次是不敢面对媒体。许多公务员缺乏面对媒体的经验,于是害怕在媒体前讲话,尤其害怕讲错话,甚至因为怕说错话而畏首畏尾,以至逃避采访。

最后是不会面对媒体。一些公务员在媒体面前显得无所适从,在应对媒体方面表现出“知识恐慌和本领危机”。[①]

(二)公务员媒体应对能力不足的主要根源

1. 媒体变化带来的全新挑战

随着我国改革开放程度的不断深入,大众媒体也在日渐发展,

---

① 崔萍:《新时期加强领导干部媒体公关能力的对策思考》,吉林大学2010年硕士生论文。

现在已经触及千家万户和社会的角角落落，媒体的各种革新也给公务员如何应对带来了全新的挑战。

首先，媒体的发展打破了属地管理的格局。中央、省属、外宣媒体都参与地方媒体市场的竞争，使得媒体结构多元化，行政隶属关系复杂化。地方党委政府与媒体之间不是上下级的关系，不能以行政领导的方式管理这些媒体，而是要更多地考虑横向的协调。

其次，媒体的市场化增加了管理媒体的难度。随着市场经济逐渐控制到传媒领域，在生存和发展的双重压力下，一些媒体会忽视应当肩负的社会责任，而更多受到经济效益的驱动，甚至不惜以媚俗、低俗、庸俗的内容来吸引公众的“眼球”，以达到赢利的目的。这就容易出现导向上的偏差，党管媒体、党管舆论的体制受到严峻的挑战。

不可忽视的是，网络的发展冲击了传统管理媒体的方法。在网络时代到来之前，新闻传播的渠道相对单一，传统的新闻管理办法非常有效，宣传部门一个指令，就可以让媒体对事件不报道、不转载。而网络的出现，让每个网民都成为自由的信息传播者，无法再像以前一样进行指令式的管理。

同时，媒体的舆论监督还使政府管理面临考验。舆论监督是社会发展的要求、新闻工作的职责、人民群众的愿望、党和政府改进工作的手段。新闻媒体对政府进行舆论监督的空间越来越大、环境越来越宽松。政府既是媒体管理者，又是媒体的监督对象，所以政府必须学会在媒体的监督下开展工作。

随着2008年北京奥运会的胜利举办，2010年我们又迎来了上海世博会和广州亚运会，中国的大型活动开始向境外媒体开放。随着媒体开放的进程，也会吸引越来越多的境外媒体来中国采访。大量境外媒体记者来华，采访内容涉及我国政府工作和社会生活的方方面面,各级政府无法沿用传统的管理思维与境外媒体应对。

因此,媒体的发展不断给社会创造新的机遇的同时,也给政府的管理带来了新的挑战,传统的管理模式已经被新的形势淘汰,政府应当适应这个挑战,尽快摸索出一套新的媒体管理模式。

2. 公务员服务和依靠群众的意识淡薄

长期以来,受传统"官本位"思想的影响,一些公务员服务群众的意识还相当薄弱,没有真正把自己当作人民的公仆,反而以人民管理者的姿态自居。这种心态主要表现在:

缺乏服务公众的意识。很多在领导岗位上的公务员,制定法规、推行政务主要还是依赖政府的权威性、强制性,而不考虑如何去赢得公众对政府的信任,从而争取公众的主动合作和热情支持。一些政府机关也缺乏一心一意为老百姓做实事的理念,而热衷于虚张声势,大搞与民生无关的所谓形象工程,目的是为了提高政治资本,而实际上影响了政府在社会公众中的美誉度,使政府获得公众欢迎、接纳、信任的程度降低。

缺乏相信和依靠群众的工作作风。很多公务员还没有从思想深处意识到实现政府和公众之间关系的协调,除了必须做到政务公开、信息共享以外,还必须相信和依靠群众。只有人民群众有效地行使了自己的权利,积极参政议政,树立起国家主人翁的责任感,才能真正实现政治民主化。① 而现在我们的一些公务员的思想还停留在"精英治国"上,缺乏相信和依靠群众的工作作风,这种对群众的不信任当然会导致群众对政府及其公务员产生不信任。所以,必须把政府公共关系理念渗透到公务员的日常行为中,用意识指导行动,才能使政府和公众之间建立起良好互信的平台。

---

① 《人民日报》2009 年 1 月 5 日。

3. 政府应对媒体的机构不健全

在我国,由于大众媒体发展时间较短,还没有建立起专门的应对媒体的应对机构。

虽然从1983年起我国就有了新闻发言人制度,但这一制度真正在政府管理中起到作用、被逐渐重视,则是从2003年"非典事件"过后才开始的。这项制度在2003年后有所完善和发展,但是作为面对公众的新闻发言人,绝大多数还是由政府行政官员来兼任,他们当中的很多人不但缺乏新闻专业知识、传播沟通技巧,有时还会因官僚意识太强而对公众知情权的获得造成很大障碍。比如对新闻发布工作的重要性认识不够。有些政府职能部门甚至对新闻发布工作不研究、不管理。再比如新闻发布领域不宽,大多使用政府通告的形式。在充分利用新闻发布机制、正确引导舆论、更好地服务工作大局上,我们的新闻发言人制度还有待于进一步的发展和完善。尤其是涉及群众切身利益和公众关注的热点问题,政府信息发布得还很不够。当面临重大突发公共事件时,新闻发布还不够及时,舆论引导机制有待完善。特别是新闻发布工作的计划性不强,政府制定的新闻发布预案往往缺少操作性,准备不够充分,在信息发布后容易引起公众的质疑。

4. 政务信息公开程度不到位

我们应该看到,近年来我国在政府信息公开方面确实迈出了坚实的步伐。比如,我国立法中的行政许可法、突发公共卫生事件应急条例、政府信息公开条例等80多部法律、行政法规等对相关政府信息的公开做了规定,使政府信息更公开、更透明。各地、各部门制定了一些政府信息公开的规定,引入了政府采购制度、政务公开、村务公开、社会服务承诺制、办事制度与结果、设立政府发言人、开展政府上网工程等政府信息公开制度,这些有益的探索推动了政府信息公开制度的发展,保证了人民知情权的实现,并使政府信息公开迅速成为全社会普遍关注的热点问题。

但与此同时我们也应该意识到,一些地方政府和部门在推动各种形式的政府信息公开时仍然停留在单方面的承诺阶段,也存在一些问题。比如说政府信息公开程度低,形式主义严重;政府公开的信息不完整,质量不高;政府信息公开的方式和渠道单一;政府和公众对信息公开的意识薄弱;监督机制不健全,缺乏责任追究机制等等。

5. 民意沟通渠道不畅通

传统文化中的"官本位"思想和官智民愚思想影响着很多公务员,使其不愿与公众和媒体交流。与此同时受传统管理模式的影响,我国公民普遍对政府的依赖性较强,缺乏民主精神和参政议政的意识。这种公众冷漠是对公务员公共关系活动极其消极的态度。政府公共关系活动的目的是使公众对政府的管理行为感到满意,而公众对政府执政行为的冷漠使政府的媒体活动变成了一相情愿的行为。由于公务员与公众之间缺少有效沟通与交流,必然导致政府应对媒体活动的低效率。另外,由于公务员传媒素养能力有限,不能自如地把握传播过程,对公众的情况和愿望不了解,就可能选择错误的沟通渠道,达不到沟通交流的应有效果。

第三节　新媒体环境下加强公务员与媒体应对能力的策略

通过对公务员媒体应对能力的现状的分析,我们了解了其中存在的问题,那么如何提高新媒体环境下公务员应对媒体的能力呢?

一、充分认识媒体与政府应对的内在联系，强化公务员主动应对的意识

国内外政府媒体应对的理论与实践反复证明，政府日常性应对和危机时期的应对行为，是现代政府组织极其重要的管理职能之一。及时、准确、有效的政府应对行为，可以加强政府与公众的良性互动，确保政府政策的制定和执行，提高公共管理和服务的水平。因此，必须把政府应对能力建设放到关系工作全局、关系社会和谐稳定、关系长治久安的战略高度，作为提高政府行政能力的重要内容，常抓不懈，切实做好。

提高政府的应对能力，最重要的就是要培养公务员与媒体应对的意识。这种应对意识主要包括：信誉意识、形象意识、沟通意识和效益意识。也就是说培养公务员的应对能力，首先要强化其信誉意识和形象意识，这样公务员在执政时就会摒弃官僚主义作风，注意自己的言行举止，办实事取信于民，从而提高政府的声誉，树立廉洁、高效、务实的政府形象；同时还要注意强化其沟通意识，这样有助于广开言路，加强公务员与社会公众间的沟通，通过公共关系的方法消除或缓解摩擦和对立，化解矛盾和冲突，理顺各种关系；最后还要注意培养公务员的效益意识，这样不仅有助于政府自身行政效率的提高和政府组织效益的增加，更有助于政府公共关系所带来的社会整体效益的增加，实现政府行政效益与社会整体效益的协调发展。

二、实现透明有序的政府信息流动，扩大传播力度

政务信息公开制度的落实，可以有效地加强信息传播的力度，有利于实现信息互动。切实实行政务信息公开制度，即公开政府的机构及其职能，公开政府的办事程序，公开办事人员，公开办事

结果。尤其在突发事件处理过程中,政府更要注意及时公开相关情况,让公众了解事实,争取公众的理解、信任和支持。政府政务不公开极易产生以权谋私、贪赃枉法的权力寻租行为,不仅损害政府的形象,而且会让社会公众感到与政府及其官员有着很大的隔阂。所以说,实行政务信息公开制度,满足公众的知情权,才能有效地争取公众对政府的理解和支持,才能有力消除群众对政府及其工作人员的不满意情绪,也才能提高政府的管理效率,这是公务员加强管理、树立形象的重要应对手段。

加快政府信息公开工作的进程,要从抓好"五个体系"建设入手:一是组织体系。结合政府机构改革,理顺各方信息公开的管理体制,充分发挥其推进、指导、协调、监督政府信息公开工作的职能。明确政府各部门政府信息公开工作的主管领导、责任部门和具体工作人员,实行动态备案管理。加强政府信息公开领导小组各成员单位间的组织协调,健全齐抓共管的工作运行机制。二是制度体系。抓紧出台相关规定,建立健全政府信息主动公开的工作机制。三是内容体系。进一步完善政府信息主动公开目录体系,编制政府部门职权目录和权力运行流程图。研究探索将非涉密的政府及各部门相关会议纳入政府信息公开范围。依托电子政务共享平台,建立统一的行政执法运行平台,并实施电子监察。四是服务体系。发挥电子政务网络优势,将政府信息和办事服务延伸到基层。五是保障体系。依托综合电子监察体系进行实时动态监控,对不依法履行政府信息公开义务的行政机关和相关责任人,按照有关规定进行查处。①

① 卜建平:《畅通民意沟通渠道——推进服务型政府建设》,《青岛日报》2009年11月7日。

三、要加强沟通协调各方利益,全方位拓宽民意沟通渠道

畅通民意沟通渠道,建设服务型政府,是深入贯彻落实科学发展观、构建社会主义和谐社会的必然要求,也是加快行政管理体制改革、加强政府自身建设的重要任务。进一步畅通民意沟通渠道,推进服务型政府建设,关键是要让公众知道政府在做什么,让政府了解公众在想什么,把政府的工作置于公众的监督下,建立起政府与公众之间的新型互动互信关系,是做好媒体应对的又一个重要方面。

第四节　新闻执政水平体现公务员媒体应对能力

一、新闻执政的内涵

新闻执政这一概念的出现是政治传媒化的具体表现。传媒在政治生活中的能动作用日益增长,不断提升的影响力渗透到政治的各个方面,政治的生存方式和运行逻辑在很大程度上受到传媒的约束和牵制。

新闻执政(Governing with the news)这一概念,最早的提出者是美国白宫新闻发言人,主要是针对传统政治传播中的"宣传统治"提出的一种进步的应对媒体的理念。如果将其置于中国现实语境中,则指的是党和政府通过科学的掌握、管理和运用媒体,从而提高公共政策部门的执政形象、执政公信和执政的合法性,其本质在于对舆论的引导和控制能力。

在任何国家,执政党总是拥有较多执政资源,这是由其执政地位决定的。执政资源除了包括可支配的物力、财力、人力、权力等有形资源以外,还包括思想理论、威望影响等无形资源,新闻媒体就是一种重要的无形执政资源。

从我国目前的媒体发展状况来看,新闻传媒作为执政资源,在以下四个方面都还有很大潜能可以发挥:第一,有赖于新闻传媒传播有价值的新闻信息和其他各类信息;第二,有赖于新闻传媒设置相关议程有效引领社会舆论;第三,有赖于新闻传媒进行舆论监督和积极干预社会生活;第四,有赖于新闻传媒为公众提供媒介所能提供的其他服务。在这个大众媒介空前繁荣的社会环境中,媒介的执政工具性得到了凸显,不仅承担了执政党政策传达的载体功能,还通过舆论引导,形成了有利于政策形成和实施的舆论环境。作为执政党的重要资源,新闻媒体已经成为一种国家的软力量,可供执政党在执政过程中支配、使用。因此,如何利用好新闻媒体这种重要资源,来促进正确认识世界,完善公共政策,推进各项工作,提高执政本领,是摆在我党和政府面前的一项重要的任务。

由于意识到新闻执政能够从根本上体现政府驾驭媒体、引导舆论的执政能力,中共中央十六届四中全会通过的《中共中央关于加强党的执政能力建设的决定》中明确指出:"牢牢把握舆论导向,正确引导社会舆论。坚持党管媒体的原则,增强引导舆论的本领,掌握舆论工作的主动权。坚持团结稳定鼓劲、正面宣传为主,引导新闻媒体增强政治意识、大局意识和社会责任感,进一步改进报刊、广播、电视的宣传,把体现党的主张和反映人民心声统一起来,增强吸引力、感染力。重视对社会热点问题的引导,积极开展舆论监督,完善新闻发布制度和重大突发事件新闻报道快速反应机制。高度重视互联网等新型传媒对社会舆论的影响,加快建立法律规范、行政监管、行业自律、技术保障相结合的管理体制,加强互联网宣传队伍建设,形成网上正面舆论的强势。"①

① 李宏、李民:《传媒政治》,中国传媒大学出版社2006年版,第283页。

当然我们也应该看到，所谓“驾驭舆论的执政能力”应该是顺应新闻规律，运用传播技巧，通过新闻发布机制的建立和完善，调动媒体的兴奋点，使媒体自觉自愿地围绕公共政策部门所发布的新闻事件和议题来进行报道和追踪，这是政府执政能力的体现。

二、我国政府的新闻执政

在新的社会形势下，中国共产党的执政理念也有所发展，从新中国成立初期到文革时期的革命党理念渐渐转化为执政党理念，从控制理念渐渐转化为治理理念。随着这种内在理念的渐变，其对新闻事业的认识、领导和管理理念，也就相应地发生了变化，这种变化的轨迹显示在我党一系列的政府决议和执政行为中：

1987 年，十三大报告明确提出：“提高领导机关活动的开放程度，重大情况让人民知道，重大问题经人民讨论。”这是党的文件首次表达知情权的基本内涵。2006 年，《中共中央关于构建社会主义和谐社会若干重大问题的决定》明确提出“知情权”的概念，十七大报告再次加以确认。从理论上说，公众要知情，就必须信息公开。因此，“信息公开”可以说是“知情权”的落实与保障。中共十六届四中全会上，胡锦涛总书记作了《中共中央关于加强党的执政能力建设的决定》的报告，提出“坚持马克思主义在意识形态领域的指导地位，不断提高建设社会主义先进文化的能力”，要求“增强引导舆论的本领，掌握舆论工作的主动权”，说明党中央已从理论高度将“新闻执政”提到执政能力建设议程上来。

在执政行为方面，近年来，国务院新闻办举办的新闻发布会呈逐渐增多之势。2003 年为 41 场，2004 年为 60 场，2005 年更达到 68 场，2006 年为 56 场。2007 年，国新办共举办了中央地方各级党政机关的新闻发布会 1409 场。其中，中央和国家机关有关部委负责人举办新闻发布会 73 场,中央各部门自主举办发布会 547 场,各省区市政府举办新闻发布会 789 场。发布会的主题主要是围绕节能减排、民生、产品质量、食品安全等国内民众和国际社会高度关注的话题。①

与此同时,最早建于 1983 年的中国新闻发言人制度也正在逐渐成熟,2003 年国务院就提出要求,要在两到三年内建立起包括国务院新闻办公室、各个部委以及省级政府三个层次的发言人制度。2004 年以来,国务院新闻办公室通过各种方式培训了 5000 多名新闻发言人,并在 2006 年上半年完成第一轮对政府新闻发言人的初级、入门式的培训。目前,国务院有近 70 个部门设立了 80 多位新闻发言人,全国有 27 个省区市建立了这项制度。不少部委的新闻发言人都由办公厅主任甚至是副部长兼任,足见各级政府对这项工作的高度重视。

2007 年 1 月 17 日,国务院第 165 次常务会议通过了一部以"以公开为原则、以不公开为例外"为根本理念的《中华人民共和国政府信息公开条例》,并在 2007 年 4 月 5 日公布,定于 2008 年 5 月 1 日起施行。更值得一提的是,在十七大闭幕后不久的 11 月 1 日起正式施行的《突发事件应对法》。这部专门法律删除了前一年出台的草案中对媒体报道的限制性规定,即:"新闻媒体违反规定擅自发布有关突发事件处置工作的情况和事态发展的信息或者报道虚假情况,将由所在地履行统一领导职责的人民政府处以 5 万元以上 10 万元以下罚款。""突发事件的相关信息由该地人民政府统一发布,新闻媒体的相关报道也归其统一管理。"对媒体的

① 李希光、陆娅楠:《新闻发布和新闻执政的紧迫性》,《青年记者》2005 年第 1 期。

这些限制性规定最终没有写入法律,是对信息发布的畅通、透明和准确的最大限度的保证,使之在法律上得到了充分确立。总之,知情权的确立以及信息公开制度的建立,必将大大促进新闻媒体进一步扩大信息量,更加及时地为人民群众提供广泛而充分的信息。

与此同时,中国政府以更开放、更成熟的姿态面对境外媒体。2007 年 12 月 1 日,国务院总理温家宝签署第 477 号国务院令即《北京奥运会及其筹备期间外国记者在华采访规定》。规定持奥林匹克身份注册卡的外国记者在有效期内可免签,并可多次入出国境。外国记者在华采访,只需征得被采访单位和个人同意,通过外事服务单位聘用中国公民协助采访报道,无须中方单位陪同。在 2008 年奥运会举办期间,有数以万计的境外记者来华采访。这一举动表明越来越成熟的中国有着打造阳光政府的信心,同时也表明了新闻执政开始成为中国共产党在执政过程中所面临的一个新的挑战。

三、我国政府在新闻执政上的差距

进入新时期以来,我国政府在新闻执政方面取得的进步是有目共睹的,但是,我们也应该清楚地认识到我国的新闻执政水平比一些发达国家还是有欠缺,认识到差距和不足,有利于我们在提高政府新闻执政能力的道路上走得更快、更稳。从我国新闻执政的现状分析,问题与差距主要表现在以下几个方面:

(一)思维惯性下的媒体不适应

传统的管理思维总是简单地将政府与媒介的关系定位为上下级关系、隶属关系,将媒介视为政府的附属部门、管理对象。在这种传统思维的影响下,个别政府部门新闻执政意识依然淡薄,在对待媒体的理念、态度、技巧上欠成熟,甚至将自己对信息源的占有视为一种强势表现,在信息公开上对媒体三缄其口。有些公务员将“党、政府和人民的喉舌”误解成了党和政府单方面的喉舌,而“人民的喉舌”则可有可无或时有时无;还有的把体现党的意志,误解成了体现地方党政某些领导同志个人的意志,把对党负责,误解成了只需对顶头上司或当地领导同志负责。这些正是对新的媒介生态所引起执政环境变化的无视,使个别部门和公务员认为对媒体的单方拒绝是抑制信息流动、保持稳定的法宝,而秉持着这种错误的观点来对待媒体,其结果往往是使得政府形象大受损失。

2001年7月17日,广西南丹发生矿难,然而直到8月1日,当地政府一直有意隐瞒,守口如瓶。为了阻挠记者采访,南丹矿主动用配备枪支的武装力量,黑恶势力也参与其中。而该县的一位干部,面对新闻媒体的不懈调查,面对渐渐浮出水面的事实真相,居然大言不惭地说:“中央对安全工作抓得那么紧,死了那么多人,说出去完了,不说出去也完了,也许不说还可以瞒过去。出了这事,对南丹经济影响大了!”①

面对“非典”疫情,我们的处理手法同样暴露了政府对待信息公开与处理媒体关系上的不成熟。在疫情仍没有完全消除的情况下,有关部门公务员却正式向外宣布,说中国是安全的,可以放心旅游。中央电视台为了配合政府的宣传口径,专门采访了在中国旅游的外国游客,更有甚者还直接采访了“非典”康复者,完全没有意识到应该保护当事人的隐私。当然,随着疫情的迅速发展,政府很快意识到了信息公开的重要性,也采取了相应的积极措施,有效地控制了疫情的蔓延。

---

① 叶皓:《试论公共行政中的媒体应对》,《南京大学学报(哲学社会科学版)》2006年第5期。

2008 年在网络上“红极一时”的陕西华南虎照片真伪事件,更是将陕西林业厅在对待媒体上的不成熟暴露得淋漓尽致。一个简单的技术性鉴定被其反复搪塞,小小的华南虎事件最后演变成为众人皆知的公共新闻,引发了中国媒体和“倒虎”网友持续时间最长的揭“伪”行动。国家林业局、陕西省林业厅的公信力又怎能不使公众质疑?

以上这些例子,都反映了部分公务员新闻执政力低下的症候。我们总是能够看到,每当发生不利于地方政府形象的丑闻或突发事件时,一些公务员千方百计隐瞒真相,不适应政务公开的要求,“以不公开为惯例,以公开为特例”,不愿说,不敢说,不善说,使大量政务信息迟滞闲置,甚至在突发事件中“失语”。

(二)宣传水平不高与传媒素养缺乏

在传统的主流传媒一统天下的时期,由于传播渠道的匮乏,节目种类的单一,公众的主要信息来源多限于传统媒体的节目,党的政策、观念、宣传主要通过报纸、广播、电视便可传达,生活在旧媒体时代的人们没有过多的信息选择权。因此,那时候党和政府的宣传行为就是公众信息文化需求的主要对象。但是伴随着技术力量的推动以及市场经济的崛起,媒介生态呈现了新变化:媒介族群日益繁多,节目种类丰富多彩,相比于严肃、乏味的政治宣传,各种各样的文艺、休闲、娱乐信息更容易获得公众的喜欢。即使在政治新闻的传播中,官方媒体也因为面孔乏味而难以吸引公众的关注。政治新闻语言的贫乏与恶俗已成不争的事实,传统的“党八股”式新闻让读者望而生厌,官方主流媒体受众不断流失。

究其根本,这些问题的产生与一些地方党政公务员的传媒素养水平是分不开的。很多公务员不尊重新闻传播的“规律性”,不注重媒体管理的“科学性”,不讲究舆论引导的“技巧性”,其结果就必然导致党报的新闻宣传缺乏活力、吸引力和说服力,成为一种空洞"说教",成为一种不可能深入人心的"僵化宣传"。诸多的党报党刊空有数十万份的发行量,然其内容空洞无物,官话套话连篇,语言陈旧呆板毫无感染力,特别是程式化、模板化、脸谱化的写作套路,致使这些报刊的实际阅读率其实很低,这种"无效发行"导致以党报党刊为代表的主流媒体不断被边缘化,失去了对社会舆论的实际控制力,对党和政府的执政权威性和公信力造成很不利的影响。

(三)对新媒介的认识不足

长期以来,我国传媒的主要载体无外乎报纸、电视、广播等,舆论传播渠道很窄,因此执政者通过主流媒体的"把关人"制度,便可以达到监管舆论的目的。但是,当新媒介崛起后,信息出口越来越难以掌控。随着话语的逐渐分散,政府不得不时刻面临通过网络、手机等平台表达的舆情。

在中国社会科学院发布的2008年社会蓝皮书中,首次增加了中国互联网舆情分析报告。报告认为,中国互联网的舆论平台已经十分发达。几乎每个门户网站都设有BBS论坛,中国目前约拥有130万个BBS论坛,数量为全球第一。在"百度"网站,网民可以随时为某一话题设立专门的论坛,任何对此事件感兴趣的网民都可以到论坛发表言论和图片,平均每天发布新帖200多万条。几乎每条受网民关注的话题后面都有跟帖,热门新闻的跟帖达到几十万条。在即时通讯方面,很多网民拥有多个即时通讯账户,特别是腾讯QQ,最高同时在线用户达到1950万人。博客虽然是小众的网络媒介,但越来越多的作者写博客的目的,已经从"记述自己的心情"转变为就某些大事发表自己的观点。阅读博客已经成为网民上网的重要目的之一,经常阅读博客的活跃读者已经超过

5000 万。另外手机短信也发挥着重要的舆情传播作用。①

在新媒体环境下,公众通过互联网和无线通信平台,针对那些关系到自身利益或者是自己所关心的各种公共事务,包括突发事件、社会热点问题、政府决策、公众人物言行等,进行积极交流。新媒介让人们超越地域、阶层、文化程度的限制,日益成为公众表达民意、宣泄舆情的重要场所。政府欲进行新闻执政,必须对新媒介生态下的舆情具备起码的监管能力。然而事实证明,相当比例的政府和公务员缺乏对新媒介的认识,以及对新媒介生态下的舆情的基本监管能力。

四、中国政府在新闻执政中应该遵循的原则

正如市场经济只是一种手段,无关社会制度一样,新闻执政同样不关乎民主与否,而是执政党通过舆论影响社会,实施国家管理的一种技巧,是政府的执政理念成熟与否的外在表现。

当今的中国正处在一个重要的发展阶段,媒体的不断发展带来了不一样的舆论状态,价值多元,观念纷繁。如何既尊重新闻规律,又真正做到"善待媒体、善用媒体、善管媒体",是摆在政府面前的一个重大挑战,处理的结果关系到政府与媒体的双重公信力。这就需要政府确立新闻执政理念,以更成熟、更民主、更开放、更自信的态度去面对媒体,面对公众,把控舆论,充分利用媒介传播信息,尽量弱化政府在危机传播中的被动地位。我们应当充分认识到,无论媒体环境如何变化,党和政府要提高新闻执政的水平,必须时刻把握以下原则:

首先,党管媒体的原则不容撼动。

---

① 李希光:《转型中的新闻学》,南方日报出版社 2005 年版,第 189 页。

无论媒体发展如何先进,都无法彻底摆脱政治语境的限制。享用超脱政治的立场来报道重大的政治事件,是不可能的,不问政治的报刊几乎是没有的,政治都带有鲜明的意识形态,政治新闻无法摆脱这种痕迹。不仅仅是在中国,全世界任何一个国家都无一例外。“新闻自由在很大程度上只是一种神话……没有一个政府——无论他是民主的还是专制的——能允许大众传媒免受某种形式的规定或限制而自由发展”。

尤其对于和平时期的执政党来说,最大的危险就是意识形态的问题,也就是媒体管理的问题。西方政治家早看出了媒体进攻性、颠覆性的工具力量。20 世纪 50 年代,美国前国务卿杜勒斯就声称,“和平演变寄希望于社会主义国家第二代、第三代人的身上”。60 年代,美国总统肯尼迪判断,“电台广播是颠覆社会主义制度的唯一手段”。70 年代,美国前总统尼克松完成了《1999 不战自胜》,预言只要社会主义国家的年轻人一接触到西方文化,最后必然转向西方。80 年代,美国前总统里根要求“美国之音”要发挥“破城锤”的作用。90 年代,美国前总统克林顿提出“对外广播计划”,声称要向中国人民提供一个所谓的“独立的,不受控制的新闻来源”。即使到了 21 世纪的今天,这样咄咄逼人的意识形态渗透仍在继续,并且借助卫星电视、互联网等新媒体,愈加猛烈。美国前国务卿奥尔布赖特甚至说:“有了互联网,对付中国就有办法了。”①

如果不坚持党对媒体的管理原则,对媒体施行放任自流的态度,必然天翻地覆,这是有历史覆辙可鉴的。前苏联的巨变,一个

① 唐娟:《传媒、政府、政党——对近现代欧美国家传媒与政府关系之演进的历史考察》,《当代世界与社会主义》2000 年第 4 期。

深刻的教训就是戈尔巴乔夫放松了对意识形态领域的控制,“自由”起来的新闻严重败坏了党和政府的形象,舆论变得一发不可收拾,前苏联政治发展方向问题,终于被笔杆子给颠覆了。

由此可见,在意识形态之争中,媒体既是最强大的意识武器,也是最基本的思想阵地。正如美国学者默顿所说的,政治力量“通过利用已有技术进行宣传,使无意识听众接受舆论,形成与其一致的价值观,从而将社会大众纳入政治体系所期望的轨道。”① 因此,将媒体紧紧握在党的手中,是维护国家稳定、社会和谐的重要条件。

其次,树立正确新闻执政观必须坚持善待媒体的理念。

美国记者詹姆斯·雷斯顿在他的名为《新闻界的火炮》一书中写道:“聪明的公务员不会操纵记者,聪明的记者也认识到不能真正打败政府,从两方面来说,如果他们互相合作,并且和正在崛起的少数有思想的人合作,而不是把对方当作敌人,他们将会得到更多的收获。”这就告诉我们,政府和媒体保持友善的关系是一种双赢的策略。

在我国,很长的一个时期中,政府与媒体的关系是领导与被领导的关系,但是在新的媒介生态下,新闻价值观在发生改变:媒介不仅仅是宣传工具,而且更多地承担了信息传播和舆论监督的角色,并兼顾市场、产业,新闻所承担的社会功能进一步多元化。这便意味着政府将不能继续以一种高高在上的姿态与媒体打交道,而必须寻找一种新的应对模式。同时,在我国媒体构成相对复杂:

---

① [美]旦尼斯·郎:《权力论》,中国社会科学出版社 2001 年版,第 35 页。叶皓:《政府新闻学——政府应对媒体的新学问》,江苏人民出版社 2006 年版,第 9 页。

有中央和部属媒体,也有地方自身管辖的媒体,还有一些跨区域采访和监督的全国性媒体。可以说,这个结构是扁平化的,而不是金字塔形的,是开放的,而不是封闭的。面对这样的格局,单靠行政命令越来越无法对媒体进行有效控制。

新华社副总编辑吴锦才认为,媒体本身是代表人民群众,政府应对媒体就是共产党做群众工作的组成部分,是政府通过媒体博取人民信任的一项工作。必须彻底转变政府既有的传统媒体观念和思维方式,更加重视应对媒体,运用好传媒力量,提高执政能力。

于是,在新媒介生态下,媒介不再仅仅是政府的管制对象,还同时成为了政府的合作对象,政府与媒体之间逐渐形成了一种"建设性的合作伙伴关系"。其实在党的统一管理之下,媒体与各级政府之间,从来都不存在意识形态和根本利益上的差别。各级政府应该认识到,记者不是敌人,而是朋友,记者既是挑战者,更是工作伙伴。尊重记者的报道权就是尊重公众的知情权,尊重记者的工作就是遵循公共管理的规律。善待媒体的具体行动,就是服务媒体。各级党委、政府都应该参与服务、主动服务。服务就是尽一切可能为媒体提供良好的工作、生活的环境和条件。媒体的事业产业发展,需要地方和部门的关心、支持;媒体举办或承办一些大型活动,需要地方和部门的配合;媒体组织重大或深度报道,需要地方、部门的联络、协调和安排;媒体在日常工作中遇到一些急、难等特殊事情,需要地方和部门的全力支持、协调和配合。只有用服务赢得了媒体的心,媒体才觉得他们被"善待"了,政府才能赢得舆论。有时态度是决定性的。

最后,要坚持建立健全信息公开制度。

伴随改革开放的深入与市场经济的发展,社会的组织方式、运行方式,人们的思维方式、生活方式以及信息获取方式都发生了变化。以往靠体制内文山会海进行政策传达的渠道，在体制外企业占多数的市场经济下日显狭隘，大众传媒日益成为人们获取信息的主要渠道。如何有效宣传党的方针政策，凝聚人心，是对政府执政能力的考验。

建立健全信息公开制度，要求政府主动进行信息公开，学习与媒体合作，让公众了解政务的运行情况，尤其是突发事件发生时的真实情况。在新媒体环境中，在危机来临之时，第一篇现场报道、第一张现场图片很可能不来自媒体记者，而来自目击者发出的手机短信和拍下的手机照片；最大的信息发布平台，可能不再是传统媒体，而是手机网络为代表的新媒体。因此，即便政府与媒体双双陷入沉默，未必就能阻挡“百姓记者”传播突发事件信息的脚步，反倒可能导致信息在非正规层面传播中被扭曲、夸大、变形，最终酿成比突发事件本身更严重的后果，重创政府的执政能力和媒体的公信力。

坚持贯彻信息公开制度，可以避免公众对政府的质疑，将政府带入良性化发展轨道。公务员借助政治热点发表谈话，媒体记者借助有影响的政治家进行新闻报道，增加新闻价值。在这个过程中，政府提供事件舞台、演员和对白，由记者根据自己的新闻标准、兴趣去选择、写作和报道。在政府与媒体之间建立健康的良性互动关系，不仅提高了政府和媒体的公信力，同时使公众免受不负责任的信息的负面影响，有助于政府的日常管理工作和紧急情况下的应对工作。

在落实信息公开制度的同时，我们必须明确政府和公众的地位：在认可人民是国家主人的前提下，公众对于政务的知悉是应该的，公众是信息知晓的权利人，而政府必须公开政府信息，这是政府应该履行的义务。“信息公开不是政府给予民众的一种恩赐，而是公民依据民主权利对政府提出的基本要求,因此,政府不能对民众搞信息垄断,只能尊重民众的知情权,及时地向他们提供充分、准确和全面的政府工作信息和社会公共信息。"①作为大众媒体的报纸、电视、广播、网络等则是信息发布的载体,也是公众获得知情权的渠道。落实信息公开制度最主要的还是要与媒体打交道。政府给予媒体以信息源,利用信息公开给公众以知情权,这些对于引导社会舆论具有积极意义。

正如李希光教授所说:"媒体战略不是短期的危机应对策略,而是政府长期的新闻政策。"我国政府应该严格履行新颁布的《中华人民共和国信息公开条例》,进一步健全完善新闻发言人制度,将新闻执政纳入制度化轨道,使信息公开成为一种常态,而绝非危机出现时的政府公关行为。只有将信息公开制度化为政府生活中的习惯性行为,赋予公务员以新闻官的思维和记者的视野,才能彻底转变政府的媒介态度,从根本上打造透明政务、阳光政务,才真正实现人民对权力的监督。②

综上所述,在新的历史发展时期,在新媒介的背景之下,政府与媒体之间愈来愈良性的互动关系是大势所趋,我们必须意识到,在构建民主法制与政治文明的历史使命之下,新闻执政已经成为公务员的一种必然素养,是其执政能力的体现。

如何巩固执政地位、并长期执政,是我们党和政府一个必须面对的历史问题。党的十六届四中全会《决定》指出,"党的执政地

---

① 郑保卫:《十六大以来我国新闻传媒的政策调整与改革创新》,《现代传播》2005 年第 6 期。

② 李希光:《新闻执政,现代政府的媒体战略》,《上海师范大学学报(哲学社会科学版)》2005 年第 1 期。

位不是与生俱来的，也不是一劳永逸的。我们必须居安思危，增强忧患意识，深刻汲取世界上一些执政党兴衰成败的经验教训，更加自觉地加强执政能力建设，始终为人民执好政、掌好权。”作为一个以马列主义、毛泽东思想、邓小平理论以及“三个代表”重要思想为指导的政党，解放思想，实事求是，与时俱进是其精髓。从革命年代到社会主义建设时期，从计划经济体制到市场经济体制，中国正在经历深层次的全面转轨。不断变化的社会生态，必然要求我们党和公务员的执政能力要不断适应新的执政环境。

诚如文森特·莫斯可所言，“传播与社会相互构建而成”。媒介生态是社会生态系统中的一个子生态，与经济、政治、文化有着千丝万缕的联系，受社会因素制约，又反过来制动社会的发展。媒介生态的进化与演变，离不开社会影响，同时又对社会的发展与前进，贡献着不可或缺的力量。尤其是对于政治而言，媒介生态本身就是执政环节中十分重要的方面，媒介本身的拟态性，成为人民感知执政党的主要渠道。旧有的舆论管理模式很难适应新媒介生态下的舆论变局，新媒介生态下的舆论成为隐藏在中国政府执政航线上的暗礁之一。新闻执政，无异成为新媒介生态语境下执政党巩固执政地位的不二法门。

在我们生活的这个时代里，现实生活无时无刻不在为我们的研究呈现新课题，同时又为我们的研究提供强有力的现实注脚。在我们的身边和现实世界中仍然在不断地上演着考验政府执政能力的事件：华南虎真伪的悬疑，是个别部门的媒体应对能力不足，间接地促成了民众对“嫦娥”探月照片真假的质问；厦门 PX 事件中，民众运用短信的力量制约了 GDP 利益主导下的政府强权。同样无须回避的是更多的地方政府对新媒介影响的忽视和管制乏术：彭水诗案、济南“红钻帝国”案，由于当事部门的新闻执政力低下,在互联网上引起了舆情的轩然大波。

新的发展形势,要求执政党在新媒介生态下的宣传思想必须与时俱进,树立新闻执政的理念,这是执政利益的要求,更是政治文明的体现,同时也是民主进步的征兆。执政中国60多年的中国共产党,具有了丰富的执政经验,在长期的革命斗争中积累的宝贵经验,具有历史先进性。但是,一切真理的存在条件都是相对的,客观条件变化时,评判的标准必然发生变化。新媒介生态下的舆论变局,要求中国共产党必须树立新闻执政的理念,以更开放的胸襟,更透明的操作,更自信的姿态,去面对公众、舆论、媒体以及政府自己。

其实,相对于上述不成功的新闻执政的实例,现实为我们也呈现了更多的光明,呈现出了中国政府的新闻执政形象,《中华人民共和国政府信息公开条例》的通过,《突发事件应对法》中对媒体报道限制性规定的删除,以及第477号国务院令《北京奥运会及其筹备期间外国记者在华采访规定》的出台,一步一个脚印,是中国政府为世人呈现出的愈来愈清晰的新闻执政路径。

第四章　公务员网络舆论监督

以互联网为代表web2.0的出现是人类历史上又一次大的技术飞跃，同时也是一次大的人类社会变迁。它以前所未有的开放性和互动性，每天都在创造着新的工作方式、生活方式和思维方式，为当代中国的社会、经济生活催生着新的观念、模式与力量。这种以计算机、互联网为代表的第二次产业革命，引起了生产方式、交往方式、生活方式、管理方式、思维方式和社会结构的巨大变化。它所导致的一种全新的人类社会组织已经悄然走近我们，一种与以往不同的新的监督方式已经形成，我们称之为网络舆论监督。

现阶段，网上舆论监督是通过论坛（BBS）和新闻跟帖等多种手段实现的。由于互联网所具备的新的技术特性，网络媒体的监督功能出现了一些不同于传统媒体监督功能的新特点。它们可以迅速而集中地反映公众的意见和言论，使民间舆论或民意得以展现。今天，网友言论活跃之规模已达到前所未有的程度，不论是国内重大事件，还是国际重大事件，均能马上形成网上舆论，产生巨大的舆论压力。一些门户网站刊发热点新闻后，跟帖评论可以很快达到数百页、上千页，即帖子总数可达到成千上万条，这种状况是前几年无法想象的。中国互联网络信息中心（CNNIC）《第26次中国互联网络发展状况统计报告》显示，截至2010年6月底，中国网民规模达到4.2亿人，较2009年底增加3600万人，互联网普及率升至31.8%，与2009年底相比提高2.9个百分点。截至2010年6月底，手机网民用户达到2.77亿，在整体网民中的占比攀升至65.9%，相比2009年底增加了4334万人，增幅达18.6%，其中，大约有4914万的网民只使用手机上网，占网民总数的11.7%。可以说，随着中国网民人数的迅速增加，网络媒体的监督功能也开始真正发挥出来，网络舆论的巨大影响力越来越清晰地展现在世人面前，网络媒体监督逐渐成为各种监督力量中不可忽视的一支重要力量。①

在中国，可以说互联网从其诞生之时就拥有凝聚民意的功能。从2002年人民网启动针对政治议题的开放式网络民间调查以来，广大民众借用网络来参与政治互动就遍布各大商业和官方网站，特别是历年的"两会"期间互联网已经是广大民众政治参与的重要途径。从2008年以来，我国的网络监督事件就层出不穷：从"华南虎照片事件"导致13名相关公务员受到责任追究、徐州市泉山区区委书记董锋被网上举报"一夫二妻"而丢官获罪，到"俯卧撑"、"躲猫猫"的流行；从江西、浙江有关出国考察官员受到相关处分，到"林嘉祥事件"、"周久耕事件"、"王帅事件"、"广州海事法院公款出国旅游事件"，广大网民把对公务员的网络舆论监督一再推向高潮。可以说，现在其他任何一种监督方式都不能像网络舆论监督那样深刻而广泛地影响我们的政治社会生活。

在网络舆论监督越来越敏感和普遍的现代信息社会，我国公务员对网民的网络舆论监督应该持什么样的态度，又该如何应对，这是检验公务员执政能力的又一个重要标准。

---

① 彭梵：《网络监督功效分析与深化发展研究》，天津大学2007硕士生论文。

第一节 舆论监督与网络监督

一、舆论监督

我们先从"舆论"二字的含义说起。"舆"字的本意为车厢或轿，由此引发出"舆人"一词，是指推车的人或抬轿的人。在随后的语义流变中，"舆人"逐渐演变成为"众人"。"舆论"作为一个词，见于《梁书·武帝纪》："行能臧否，或素定怀抱，或得之舆论。"这里的舆论是泛指众人的看法或意见。甘惜分教授曾归纳过关于舆论的6类定义：第一，人们对于社会生活中涉及共同利益并需要加以实际解决的问题的一致意见；第二，人类某一集团对社会生活中涉及共同利益并具有社会意义的问题所持有的带评论性质的意见；第三，绝大多数人对一个带有普遍重要性的问题所表示出的意见的综合；第四，群众对某一社会问题赞成或指责的立场观点；第五，外界消息在某些人身上形成的与其兴趣一致的固定成见；第六，公众意见或言论。沃伦·艾吉等人在《大众传播概论》中说："舆论是用来运转民主机器的……我们的官员受到舆论影响的约束。正是舆论的力量把他们放到职位上去。舆论主要是通过公众传播工具来表达的，假如官员的所作所为与广大公众的意愿背道而驰，反对力量便会发生作用。"

从当代理论的角度来说，舆论监督可以解释为以舆论的方式对公务员进行监督或通过舆论进行监督。喻国明教授在答网友问中说："所谓舆论监督，是对公共权力的使用及行使者的一种监督，保证公共权力和公共权力的行使者，不犯低级错误。"

在我国，通常意义上的"舆论监督"，是指新闻传媒对国家机关的公务员、公共机构等的活动及社会不良现象进行监督，监督的形式主要包括批评报道和新闻评论。说到底，我国的舆论监督实际是指“传媒监督”。总体而言,传媒监督在我国,某种程度上是党政权力的延伸或对这种权力的补充。我国传媒所有权和管理体制的特殊性,决定了舆论监督的特殊性。舆论监督就是媒体一定程度代表公众、代表老百姓、代表人民对权力机关运作的一种监督。

二、网络监督

(一)网络监督的定义

“网络舆论监督”的出现可以说是一个新兴名词,周甲禄在其著作《舆论监督权论》中认为:“网络舆论监督是指公众借助互联网对国家机关、国家机关工作人员以及公众人物与公众利益有关的事务进行揭示、批评、建议的行为,是公众通过互联网形成舆论进行监督的行为,是新时期舆论监督的新形式和重要组成部分。”具体来说,网络监督就是指通过在网站、网络论坛(BBS)、聊天室、博客(BLOG)等网络传播媒体进行浏览、评论等活动,从而对公共权力的行使进行监督和评价的行为。这里所说的网络,从广义上说通常就指互联网,从狭义上说是指基于互联网这一平台进行新闻信息传播的网站。当社会进入信息时代后,网络对人类的生活影响越来越大,上下几千年无所不知,纵横几万里无所不在。伴随着网络的兴起,传统的信息传播方式发生了前所未有的改变,极大地影响着舆论的形成和发展,网络开始成为新的舆论阵地,网络监督应运而生。人们逐渐开始通过网络发表对公共管理部门的肯定或者不满,监督公共管理部门的工作质量和效率,甚至可以从一定程度上影响了公共管理部门工作的方式、方法。

有人将网络舆论界定为“在互联网上流行的对社会问题的看法或言论”,是公众通过网络媒介传播信息从而形成舆论,如 1998 年 5 月印尼排华暴乱中,新加坡《联合早报》电子版在第一时间进行报道，世界各地的网民通过《早报》的电子论坛传递消息、意见，最终形成谴责印尼当局的舆论，迫使印尼当局成立独立委员会调查5月暴乱事件。另一方面，网络舆论不仅是互联网上形成的公众一致意见，而且是遍及全球的无声意见的交互过程，即上网者只要赞同某种观点即可成为舆论主体，不一定要在网络中提交自己的意见。无论是正向还是负向作用，都体现了网络舆论对政治生活产生的监督和影响，因此网络监督成为越来越受关注的热门字眼。

（二）网络监督的形成和发展

网络监督的形成，是网络用户、网络媒体、网络环境、网络传播技术发展等诸多因素综合作用的结果，具有互动性、开放性、实时性、超文本及个性化的传播特点。

网络监督的发展源于网络舆论的发展，源于网络用户和网络媒体的自主性，此外，众多舆论场的形成也对其产生重要作用。在传统媒介传播中，议题的设置和参与讨论的人取决于媒体管理者的意见，公众缺少媒介言论的自主权，而网络实现了自由、开发的跨越时空的交互，自主公众逐步在网上形成舆论，网络中的匿名交流形式推崇个性、自由、宽容的理念，形成了一个个“舆论场”。刘建明在《舆论传播》一书中提到舆论场在舆论形成中的作用，“无数个人意见在‘场’的作用下，经过多方的交流、协调、组合、扬弃，会以比一般环境下快得多的速度形成舆论，并有加速蔓延的趋势。”网络中充斥着各种各样的社区，如聊天室、论坛等，这些聚集场所有开发畅达的意见交互通道，成为网络中重要的舆论场，加快各种舆论在网上的形成和流动，从而加速网络民意的传播和传达，对公共管理部门进行舆论监督，督促其改善工作方法，提高工作水平。

（三）网络监督对社会的意义和影响

和传统媒体监督相比，网络监督具有其独特优势和强烈的时代特征。从BBS、博客、微博等到各新闻网站和门户网站的相关频道,再到个人维权网站甚至是专门舆论监督网站的出现,各种网络形态的并存与互动,使得网络监督不仅快速、便捷,而且廉价、有效;网络蕴藏的海量信息,为纪检监察以及司法部门提供了丰富、直接的反腐败线索,网络监督成为群众监督和舆论监督的重要构成和最佳结合;而最值得一提的是,中国有超过4亿网民,网民参与的普遍性和不受控制性,使得网络监督无时不在、无处不在,俨然一张群众监督的"天网"。群众的知情权、参与权、表达权和监督权在网络监督过程中得到很大程度的实现。群众的主体意识日益崛起,主体地位日渐形成,为网络监督奠定了坚实的群众基础。

正如前文所述,网络舆论的发展催生了网络监督,两者互相作用、互相促进,是不可分割的组成部分。网络舆论是网络监督的载体,网络监督是网络舆论的结果和目的。网络监督和网络舆论对社会发展具有重要的影响:第一,网络监督可以促进社会管理,网络舆论成为有效的网络监督的"排气阀"、"助推器"、"舆论镜子",它最大程度上实现着民意的表达。第二,网络舆论引发社会舆论,提出议题,引起关注,将社会话题引入网络舆论,激起讨论,引起政府或相关部门的注意,形成压力,督促其达到影响或改造现实的目的。第三,网络监督影响社会文化,多元化观念对一元化价值观的挑战,思想开始"去中心化",网络主体"年轻部落"的生活、思维方式被普及化、放大化,引起社会观念的变革。第四,网络监督解构了传统媒体的权威解释地位,不受制于某种利益团体,更客观地反映事实真相。

三、网络监督是舆论监督的延伸和拓展

世界上各个国家都非常重视舆论监督对政府建设和社会进步

的巨大作用。早在1982年,中国共产党的十二大就曾指出要发挥舆论的监督作用,支持群众批评工作中的缺点、错误,反对官僚主义,同各种不正之风作斗争。2002年,江泽民总书记在"十六大"上又提出:"认真推行政务公开制度,加强组织监督和民主监督,发挥舆论的作用。"这就肯定了公众通过舆论这种意识形态对权力、对组织、对政府工作人员以及社会公众人物表达自己看法的合法性。而网络正是舆论监督发挥强大作用的又一个巨大舞台。

20世纪90年代初,在美国等一些西方发达国家,互联网已经成为他们向世界各地发布各种信息的主要传播工具。比起这些发达国家,我国互联网起步较晚,然而由于巨大的人口基数,4.2亿的网民现已经稳居世界第一。网络成为继报纸、电台、电视后的第四媒体,而且其普遍程度和影响力之大都大大超越了传统媒体。

社会发展到了今天,人们更喜欢在网络上浏览新闻、发表评论。这是因为网络具有实时性、交互性、平等性的特点。网络全天候传播和发布信息,公众可以在第一时间了解公共事件的发生、发展和结果,增大了公共事件的冲击力;网络打破了话语特权的垄断,公众可以自由地发表自己的评论,表达自己的观点,他们既是信息的接受者,又是信息的发布者;网络上的信息具有很强的个性化特征,拉近了人们的距离,人们称之为信息的零距离传播,通俗一点说,在网上发言就如同在自己家里说话一般。人们逐渐发现网络是个监督公共管理部门行为、评论政府工作的好地方。随着我国网民人数的不断增加,网络的监督功能开始逐渐真正发挥出来:从举世震惊的南丹矿难的揭露,到推进中国收容制度史改写的孙志刚事件;从高院再审刘涌案,到哈尔滨宝马撞人案;从山东省下跪副市长的落马,到深圳妞妞事件的深入调查,网络舆论的巨大影响力越来越清晰地展现在世人面前。网络监督更民主地把话语权交给了公众，把监督的层面扩展到每个角落，逐渐成为舆论监督力量中不可忽视的一支重要力量。

在信息传播手段相对单一的时代，公众的“知情权”和“参与权”是通过大众媒体来实现的，新闻自由和言论自由是发挥民众参与功能的先决条件。我们知道，在任何社会制度下，新闻自由和言论自由都是相对的，所以公众的权利一定会受到限制。而到了信息时代，网络向公众提供了更为自由的空间和更为畅通的渠道。公众的意见可以迅速、及时、充分地反馈，前面提到的诸如南丹矿难、孙志刚事件等一系列网络重大事件，都是在网民的巨大力量下浮出水面，使有关人员得到应有的惩罚和追究，使公民的合法权益得到了保障。可以这么说，在我国的公共管理建设中，网络监督是高科技和民主相结合的成果。

通过对一系列事件的表现形式和影响力分析，我们可以把网络监督按照功能不同大致划分为网络新闻监督、网络舆论监督、网络行政监督三种。

所谓的网络新闻监督，是指传播者以在互联网上公开传播新闻事实的方式对国家和社会事务进行监督。这里所说的传播者，不仅包括网络媒体，即传统媒体网站、各类新闻网站、门户网站等，也包括传播个体，如在论坛中发帖子的网友、博客站点及个人网站的创办者等等。值得我们注意的是，正是因为传播个体的存在，网络不同于传统媒体的自由、平等、开放等特征才充分彰显出来。

所谓的网络舆论监督，广义上是指网民通过在互联网上表达倾向一致的意见来对国家和社会事务进行监督，即通过网民的集体意见对现实中的国家和社会事务产生影响。我们在这里探讨的网络舆论监督主要是指网民通过在网络媒体的论坛及新闻留言版块上表达倾向一致的意见来进行监督。当然，在网络媒体上传播的各种意见也少不了媒体的言论，例如媒体本身发表的各种评论、意见公告等，但从舆论监督的本意所指的监督主体来看，网络舆论监督的主体应该是网络公众，也就是我们常说的网民。

所谓的网络行政监督，是指网民通过投诉、评论、投票、问卷、反馈等活动对公共管理部门的规划、决策、实施、落实等行政执法行为进行监督。这里所指的网站是指各个公共管理部门开设的政务网站，公众可以通过该网站了解新政策、新规定，对新政策规定的出台进行民意调查，对国家公务人员的工作态度、工作方法等进行投诉或表扬等。目前，政务网站的开通越来越多，公众越来越多的通过网络参与到公共管理事业中来，监督公共管理部门的工作质量和效率，督促其改善服务质量，提高服务水平。

第二节　加强对公务员的舆论监督的意义

随着新媒体形势的不断发展，公众对政治生活的热情也不断高涨。加强对公务员的舆论监督也就具备了更为深刻的意义。

一、有利于促进当代国家政权建设和执政党建设

一直以来，我们党和国家都非常重视对公务员的舆论监督，特别是在新的历史条件下，党中央和中央领导同志对这个问题非常重视，将其摆在了重要位置。加强对公务员的舆论监督，重点是加强对公务员的权力舆论监督。江泽民同志反复告诫全党：我们党取得执政地位以后，获得了更好地为人民服务的条件，也增加了脱离群众甚至腐败变质的危险。① 在改革开放和发展商品经济的条

---

①　引自江泽民：《论党的建设》，中央文献出版社 2001 年版。

件下,这种危险会更大,如果放松警惕,带来的后果也会更严重。党要管党,首先要管住领导班子和公务员。从严治党,首先要治理好领导班子和公务员。历史上的腐败现象,为害最烈的是吏治的腐败。由于卖官鬻爵及其带来和助长的其他腐败现象,造成"人亡政息"王朝覆灭的例子,这在中国两千多年的发展历史中是屡见不鲜的。这种历史的教训很值得我们注意。党的十三届四中全会以来,中央颁布了一系列重要法规,其目的是为了加强对公务员的舆论监督。

尤其是党的十六大明确提出要加强对公务员的制约和舆论监督,并把它作为政治体制改革的重要目标之一。这是我们党长期以来特别是改革开放以来,关于加强公务员制约和舆论监督的理论研究和实践探索的科学总结,标志着我们党对中国特色社会主义民主政治发展规律的认识更加深刻。

二、有利于完善社会主义民主政治制度

舆论监督是公共民意的表达,是实现民主制度必要的前提条件。民主是一个复杂而且敏感的概念,它体现着人民的利益和意志,最终决定一个国家的兴亡盛衰。中国古代封建王朝的明君贤臣,就曾把人民与国家比作水和舟的关系,提出"水能载舟,亦能覆舟"的至理名言。在现代文明社会,民意的重要性是毋庸置疑的。社会越发展,民意表达也就更加凸显。因此,舆论监督对完善社会主义民主政治制度意义重大。

第一,舆论监督可以最大限度地满足公众的知情权。人民实现当家做主,其前提是要充分了解信息、掌握信息。一个什么情况都不知晓的人是很难成为真正的"主人",更难成为正确行使"当家做主"的权利的人。舆论监督可以及时检测民众对上级的精神

和做法的满意程度和接受程度，充分具体地反映社会的实际情况和民众的意愿，实现上下沟通交流，最大限度地满足人民的知情权，从而为实现人民当家做主提供和创造良好的土壤。

第二，满足公众的参与感，行使参与权。人民把管理国家的权利委托给了国家政府公务员，但他们不可能对国家的命运、对自己的权利和命运漠不关心、无所作为。他们希望有某种渠道来监管国家代理其所行使的权力。舆论监督是最直接有效的途径。人民通过舆论提出建议和批评，施行监督权，这是一个现代民主国家、文明社会的重要标志之一。这种做法可以使人民感受到“主人”的参与感，是民众参与国家管理的重要途径。

第三，体现群体的交流和互动，推动社会不断进步发展。民众需要有与国家政府公务员进行沟通、交流的渠道和平台，只有保证有效的互动，才是社会主义民主政治制度。舆论监督是民众与政府沟通的公开平台，民众可以在这个平台上交流思想，宣泄感情，发表看法，实现积极互动，促进民主政治建设。

三、有利于反对腐败、保证党执政为民根本措施的实施

我国现在正处于并将长期处于社会主义初级阶段，不可避免地在经济、政治、思想、文化等方面带有旧社会的痕迹，不可避免地在我们国家和党的政治生活中出现一些消极腐败现象，有的还相当严重。坚决反对和防止腐败，不仅是国家政权建设的一项重大政治任务，也是党的建设的一项重大政治任务。不坚决惩治腐败，党同人民群众的血肉联系就会受到严重损害，党就会失去执政为民的先进性，党的执政地位就有丧失的危险，甚至可能走向自我毁灭。

党和政府机关公务员中产生的种种消极腐败现象，诸如贪污受贿、官商勾结、权钱交易、买官卖官、违法乱纪等各种不正之风，

均有一个共同特点,即一些人凭借手中的公共权力,谋取私利。其实质都离不开"权力寻租"。其原因固然是多方面的,但其中最根本的是由于我们的政治体制中长期存在着权力过分集中的弊端,缺乏制约有力的权力运行机制和对权力行使的完善的民主舆论监督制度。这种权力过分集中的政治体制,妨碍社会主义民主制度和党的民主集中制的实行,妨碍社会主义建设的发展,妨碍集体智慧的发挥,容易造成个人专断和家长制作风,是在新的条件下产生消极腐败现象的主要原因。这种政治体制,从根本上说不符合马列主义的基本原理,同我国人民当家做主的社会主义民主政治制度相悖。在这种体制和制度下,缺乏对权力的有效舆论监督,不仅使一些人滥用权力,有恃无恐,为所欲为,而且使一些好人变坏,经受不住权力的考验而失足堕落。因此,要从根本上治理公务员权力的滥用,必须建立严密的权力运作的制约机制,对权力运作的全过程进行舆论监督,这是反对腐败、保持党的先进性的根本措施。加强对权力运行的制约和舆论监督,保证把人民赋予的权力用来为人民谋利益,是加强党的执政能力建设的必然要求。我们要从这样的高度来认识,切实加强和改进公务员舆论监督工作。

权力只有得到有效的舆论监督,才能健康有序地运行,才能朝着有利于巩固党的执政地位的方向发展,否则必将危及党的执政基础和执政地位。① 有着70多年执政史的苏联共产党的衰亡说明,增强执政能力,为人民掌好权、用好权,始终是无产阶级政党执政后应当高度重视的问题。20世纪90年代初,苏联共产党被解散时,人民群众没有起来保卫苏共,党的各级组织也没有任何抵制。苏共为什么会

① 寒冰:《中国执政党权力监督体系建设研究》,中共中央党校2010年博士生论文。

落到如此悲惨的地步？其原因固然是多方面的，但党的肌体的退化，一些党和政府官员的腐化变质，使党的执政权力丧失了群众基础，成了为少数人谋取私利的工具，是一个根本性的因素。

中国共产党历来高度重视提高党的执政能力问题，高度重视加强对公务员权力的舆论监督和制约。在党的七届二中全会上，毛泽东告诫全党要牢记“两个务必”。邓小平也反复地讲，我们党成为执政党，这是一件值得高兴的事情。但是，执政党也不是很容易当的。因此，他尖锐地指出：不要以为有了权就好办事，有了权就可以为所欲为，那样就非弄坏事情不可。

在新时期纠正党内不正之风，保持和发扬党的优良传统，反对腐败和建设廉洁政治，需要采取各种措施和手段。其中舆论监督是一个必不可少的重要手段，而公务员又是舆论监督的重点对象。这种舆论监督的有效性是建立在严格自律与严密他律相结合的基点上，如果只有廉洁自律而无舆论监督他律，将最终导致一种不妙的结局：就是人们常见的一些公务员由廉而贪、由好变坏、自律无成、自毁有加。所谓党风不正，廉政难兴，就人事方面主要坏在这些公务员身上，就制度方面主要失在对公务员舆论监督的有名无实。众多正反两方面的经验表明：党内舆论监督好，党风才能正；党内舆论监督好，必能出廉政。在改革开放和发展社会主义市场经济新的历史条件下，以江泽民同志为核心的党中央第三代领导集体坚持与时俱进，形成了“三个代表”重要思想。按照“三个代表”要求，坚持、加强和改进党的领导，巩固党的执政地位，至关重要的问题，就是要解决好增强拒腐防变和抵御风险的能力、提高领导水平和执政水平这两大历史性课题，不断提高党的执政能力。江泽民同志指出，“我们党是代表人民执掌政权，党的全部活动都是为了保护和实现广大人民群众的利益。如果不注意加强党同人民群众的联系，不注意克服脱离群众的现象，听任腐败现象蔓延，处于执政地位的共产党也会蜕变，丧失人心。经济搞不好会垮台。经济搞上去了，如果腐败现象泛滥，贪污贿赂横行，严重脱离群众，也会垮台”，“所有党员公务员必须真正代表人民掌好权、用好权，而绝不允许以权谋私，绝不允许形成既得利益集团”。①

四、有利于巩固党的执政地位和建立社会主义市场经济体制

建立市场经济体制，既是各级公务员的神圣历史使命，又是对他们的严峻考验和挑战。市场经济要求社会的一切经济活动都必须以市场法则为依据，任何经济主体和个人都必须受市场法则的约束和舆论监督。这种约束和舆论监督对公务员更具有特殊重要性和紧迫性。因为公务员手中握有一定的权力，当市场发育不足，交换规则不完善，经济秩序混乱，对公务员权力失去舆论监督的条件下，权力便可进入市场，本来是公共化的权力从此变成了商品化的权力。严峻的现实告诉我们，公务员不受舆论监督必然犯错误，权力失去舆论监督必然导致腐败。搞好舆论监督本身就是对经济建设的直接服务，也是建立社会主义市场经济体制的重要保障。

我们党是执政党，各级领导机关和公务员手中拥有一定的权力，有了更好地为人民服务的条件，但以权谋私、腐败变质、脱离群众的危险性也大大增加了。目前，我们的党群关系、干群关系总体状况是好的，但存在的问题也不少。

抓住机遇、深化改革、扩大开放、促进发展、保持稳定，是全党全国工作的大局，正确处理好改革、发展和稳定的关系，保持三者的协调统一，对于国家的兴旺发达和社会的全面进步，具有重大的

---

① 《人民日报》1994 年 3 月 1 日。

现实意义和深远的历史意义。当前全国的形势是好的,同时不稳定的因素也不容忽视。其中腐败问题就是一个极大的不稳定因素。因此,必须坚决惩治腐败,也必须加强对公务员的舆论监督。这种舆论监督不但要直接干预、抑制、制止某些公务员的坏习气坏作风,而且更重要的在于提醒、警示、防治、防范他们沾染上坏习气坏作风,做到未雨绸缪、居安思危、警钟长鸣、防患于未然。

应当看到,党的各级组织是有吸引力、凝聚力、战斗力的,各级领导班子和公务员队伍的主流是好的,绝大多数党员公务员能够严格按照党的要求,恪尽职守,全心全意为人民服务,我们党有很强的执政能力。但是,在改革开放和发展社会主义市场经济新的历史条件下,由于社会经济生活日益多样化,各种思想文化相互激荡,资产阶级和封建主义腐朽思想文化对公务员队伍的侵蚀不可低估。一些公务员,包括少数高级公务员,经受不住执政和改革开放的考验,在权位、金钱、美色面前打了败仗。如果任凭公务员权力腐败现象滋长蔓延,必然危及党的执政地位。近年来,党中央及各级党组织坚持标本兼治,采取一系列重要举措,不断加大公务员权力舆论监督的力度,严肃查处了一批违法违纪分子,纯洁了党的队伍。特别是《中国共产党党内舆论监督条例(试行)》的颁布实施,使党内舆论监督走上了民主化、制度化、规范化的轨道。当前要从加强舆论监督入手,确保党员公务员正确行使手中的权力。

五、有利于引导民主政治制度的科学发展

民主政治必须代表人民的合法利益,必须是一个可以引导人民群众和谐发展的政治制度。民主政治制度的建设需要扩大公众的参与度。民主绝非是公众说什么就是什么。每位公民都有不同的社会、心理需求,以及不同的知识、道德背景。这其中不乏积极

需求、消极需求,合道德需求、不合道德需求。建立民主政治制度不可能一一回应每位公民的不同层次需求,那不是社会主义民主制度,而是一种无政治制度的混乱现象。舆论不是单个人的言论与需求表达。舆论的形成本身已经历一道筛选程序,大多数情况下,只有符合社会发展的正义言论才会形成舆论。舆论形成后的威慑力不仅可以督促民主政治的科学和谐发展,也能影响其他民众的思维、立场、观点,促进不和谐言论的同化。

第三节 网络舆论监督存在的问题

网络舆论监督与传统媒体相比,所发挥的监督舆论作用是十分巨大的。但任何事物都有双面性,它在展示巨大优势的同时,也无可避免地带来了一定的负面效果。虚假信息的泛滥,使得网络信息传播更加隐匿、信息甄别更加困难。由此产生了众多的信息污染,导致网络社会的信任危机和网络负向舆论影响力的增大。负面舆论即片面、怪诞、过激的社会意见,不仅影响人们对舆论信息的正确判断,还会削弱网络舆论监督的力量,从而给网络监管提出了新的挑战。

由此可见,传统媒体和网络的舆论监督各有利弊,网络舆论监督作为一种自发性的、无组织的民间活动,虽然突出了民众参与管理的民主性,形成了一种重要的舆论压力,使人民的监督权利得到充分实现,使人民的监督权利得到保障。但其本身的局限性和网络舆论监督的消极影响,使它不可能成为舆论监督的主流。政府和民众过分依赖网络舆论监督,反而有可能重伤社会主义民主政治制度的发展。① 因此,网络信息的真实性、可靠性仍然是一种无法克服

---

① 徐莹欣:《网络舆论监督问题研究》,华中师范大学2009年硕士生论文。

的问题，网民提供的虚假、片面信息使事件更加扑朔迷离，同时，在网络传播环境中，由于传播结构发生了巨大变化，网络舆论监督没有形成一套完整规范的监督体制，使得网络监督出现了一些问题。

一、"把关人"的缺失，导致虚假网络舆论监督

在传统媒体中"把关人"随处可见，并且一般是由受过专业训练的新闻从业人员担任，这样就可以有效地防范虚假新闻的产生，这也是传统媒体在受众心目中公信力较高的一个主要原因。而网络技术的成熟，使"人人成为记者编辑"的理想成为现实，导致信息源头更多、更广。尤其是"自媒体"时代信息发布不再是传统媒体的专利，任何地方、任何时间发生的事件，都可能被无处不在的网民及时捕捉发现，然后通过播客、博客、论坛等发布讯息，致使"把关人"作用削弱，最终呈现给网民的是一个资源无法控制的局面，突发公共事件更是如此。而网络媒体则缺乏对传播信息的必要监管，其特有的技术特征和运作方式常常为虚假信息的传播提供了条件。同时，网络的匿名性也使得网络身份虚拟化，这也在一定程度上弱化了网民的道德责任意识，尤其是一些别有用心的网络信息传播者，出于种种目的，恶意散播虚假信息甚至谣言、诽谤，对政府或个人加以中伤或诋毁。当这些虚假信息或谣言在网络空间滋生后，往往会对不明真相的网民产生"先入为主"的效应，进而可能催生出某种恶性的网络舆论，而这又会在更大范围内造成信息误导，这不仅在现实社会中产生了恶劣的影响，也会极大地降低网络媒体的公信力。开展网络舆论监督的前提必须是信息的准确无误和畅通无阻，不良信息的存在无疑会使网络舆论监督的效力大打折扣。特别是很多网络舆论监督自发产生，而这些参与监督者本身没有监督机制，监督者缺少自我约束的自觉性。自发而

不自觉的监督活动往往会失控，而失控的后果是无法预料的。

二、网络舆论监督的匿名性容易导致监督失范

目前，由于网络舆论监督在法律约束方面存有不足，这使得它与网络暴力之间无法清晰地界定，尤其当网络舆论中那些只为发泄情绪的偏激言论占有主导地位的时候，一些缺乏主见的群体成员的情绪势必受到影响，造成“群起而攻之”的混乱局面，正常的监督行为也会演变为“网络暴力”，特别是“人肉搜索”的出现与兴起，进一步助长了一些滥用权利、挖人隐私、恶意诽谤的网络暴力行为。在一些诱发事件的刺激下，许多网民借助人肉搜索，找出涉及该事件的相关人员，并将其能找到的一切私人信息擅自公布在网络上（这当然也包括应被保护的合法的隐私信息），这种随意公布、传播他人隐私的行为以及对当事人带有明显恶意的攻击性语言本身已经构成侵权，即便它是为了追求良好的结果，我们也不能忽视在这一过程中对他人合法权益所造成的侵害，更何况许多肆意搜索攻击行为缺乏理性，甚至连诱发事件的真实性都无法保证，由此在现实生活中所酿成的悲剧值得我们深思。

由于网络的匿名性、开放性，网民在网络上的行为更容易放纵和过激；还有一些人在网络匿名“马甲”的掩护下到处起哄，以发泄在现实生活积累的情绪和怨气，致使网络舆论中带有情绪色彩的言论较为突出。在传播学者看来，人作为社会动物，总力图从环境中寻求支持，避免陷入孤立状态，当发现自己属于多数或优势意见时，他们更倾向于积极大胆地表明自己的观点，最终形成一个以占上风观点为主的舆论场。① 网民一开始就有某种偏向，通过交

① 刘建明：《当代舆论学》，陕西人民教育出版社1990年版，第30页。

流使得倾向性得到加强、扩大，形成“群体极化”，最终可能形成极端的观点和行为，这容易引发网络舆论监督中群体心理机制的“失控”，进而产生“网络暴力”现象，并对公民的一些合法权益构成威胁和侵害。

不少网民在网络舆论中盲目跟风，反映出一些网民的从众心理，缺乏理性，缺乏独立思考和独立判断的能力。同时，有学者认为，“网络上的任何道德都只不过是现实社会中的道德在网络中的折射”。“网络舆论监督失范”现象反映出我国社会在转型过程中遇到了道德真空乃至需要道德重建的问题。“网络舆论监督失范”深层次的根源还在于国民的性格特征，是民众“道德审判”和“道德民兵”的传统在网络上的折射。①

三、网络舆论监督的情绪化可能影响司法审判的公正性

由于网络世界中的身份虚拟，大家发言更具随意性，不会过多考虑引起的后果和责任，这样一来网络舆论的感性大过理性，有时网友的言论纯粹是某种情绪的宣泄。这种情绪的宣泄也有一定的积极作用——情绪化的舆论更有感染力，在网络的传播速度可能更快，导致网民群众越来越激昂，引起更多网民的关注，产生更强大效果。近年来，网络舆论监督在维护个体权利、揭露事件真相、表达民情民意、促进司法公开方面起着重要的作用，尤其是对一些社会重大刑事案件的审理，“一边倒”的网络舆论无形中对审判结果起到了某种导向作用。

但是，作为政府的公务员应该了解，网络舆论监督中所形成的舆论压力，由于“压力场”的巨大能效，从而导致了网络舆论监督

---

① 李凌凌：《网络传播理论与实务》，郑州大学出版社2004年版，第74页。

与司法权之间的矛盾与冲突,而这又可能影响司法公正。所以,作为公务员一定要清楚地认识到,网络舆论监督是不具法律意义的,它与“媒介审判”有相似性,指的都是干预、影响审判独立的现象,不同的是“媒介审判”的主体是新闻媒介,而网络舆论压力则主要是源于网民对于事件的集体自发的关注所形成的舆论压力环境。理性的网络舆论会对司法活动进行有效的监督并促进司法公正。一旦出现网络舆论监督不当,则有可能对司法审判形成干扰,导致司法不公,特别是在舆论“一边倒”的压力之下,网络舆论监督就会以极端情绪影响审判司法机关的审案。我国宪法规定人民法院依照法律规定独立行使审判权,人民检察院依照法律规定独立行使检察权,不受行政机关、社会团体和个人的干涉。司法的独立性是由司法权和司法活动的性质决定的。司法所追求的目标是公正,而公正的前提是司法人员在司法活动中保持中立,没有中立就没有公正可言。同时司法审判需要的是严格的法律意义上的真凭实据,而网民所形成舆论声势的事实往往是表象的,不一定是证据。因此,对于网络舆论监督与司法权之间的矛盾与冲突,我们要从促进司法公正的角度加以引导和解决,尽量减少其负面影响。

四、网络舆论的特殊性致使舆论引导更难

网络媒体从根本上改变了传统信息传播渠道单一、受众只能被动接受的局面,而变为互动共享的局面,这为网民搭建了一个自由、平等、开放的对话空间。网民既是信息消费者,又是信息的生产者和传播者。网民的这种双重身份,最终使网络对现实社会产生广泛的影响,甚至能决定网络对社会影响的方向,使舆论环境呈现复杂化、多元化趋势。网络舆论引导更加被动艰巨。传统媒体报道什么、怎样报道,受众无法干预和决定;但在网络上,网民不仅

仅是被动接受,还能自我选择、主动发布,且信息发布的内容和时间都可由网民自己把握。如果主流媒体不及时发出声音,往往会被网上的信息“海洋”所淹没,而对网络舆情的过度干预会妨碍网民话语权的自由实现,从而对网络舆论监督造成负面影响,致使网络舆论引导更加被动、艰巨,难度更大。

五、网络舆论的监管缺失可能危害公共安全

舆论监督的本质诉求是公开事实,但并不是所有社会生活中的事件都应当公开,尤其是为了国家安全和社会正常秩序等更高的利益,有些信息是不宜公开的或者说是应当受到监管的。世界各国都建有自己的保密制度,用法律的形式确定国家机密的范围和保密制度。在网络舆论监督出现之前,由于严格的新闻管制制度,使得传统媒体泄露国家机密的可能性几乎为零。而网络舆论由于其发布信息的匿名性、广泛性、海量性使泄露国家机密的可能性大大增加,从而对国家利益和公共安全构成重大挑战。同时,网络舆论存在着非理性的一面,有时候人们需要通过网络来发泄在现实生活中积累的不满情绪,释放自己的压力;或者通过发表言论影响网络上的舆论来实现自己在虚拟世界中的价值,赢得某种地位。总之,网络舆论成了达到某种不可告人目的的手段,从而给社会生活和公共安全带来危害。

第四节　网络监督的各种形式分析

公众借助互联网这个平台发表言论、提出意见和建议,通过网络贴吧发帖、在论坛发言以及网络新闻留言等途径介入社会事务、新闻事件,通过网民的交流和互动形成舆论合力和压力,以实现舆

论监督的目的。据华中师范大学硕士研究生徐莹欣研究，她对网络监督的形式归纳为以下6种：

第一，跟帖。现阶段网络舆论的信息来源主要是来自论坛。论坛主要有两种形式，一是由党和政府的传统媒体机构主办的政治性论坛，它们是传统平面媒体在网络上的延伸。例如人民网开设的“强国论坛”和新华网创建的“发展论坛”。二是由商业网主办的网络论坛，如天涯社区、网易论坛、搜狐论坛、猫扑网等。这些网络论坛由于其交流的及时性以及互动特性，成为网络公众发表意见、表达言论的便利通道。具体包括新闻跟帖和BBS论坛发帖、跟帖。这是最直接的网络舆论，是指网友在网上阅读新闻后，可在页面后随附的评论栏里，或在专门的论坛里，就新闻事件发表自己的意见、想法或建议，也同回帖。网民主要通过门户网站的新闻评论功能，发表对重大政治事件的关注和态度。2003年12月3日，网易出现第一条新闻跟帖。2000年4月，搜狐网首先打开了网民参与讨论评论新闻报道的渠道，率先推出“我来说两句”新闻跟帖，大大提高了网民阅读网络新闻的兴趣。2008年年末，网易统计“全年发布新闻2397339条，网民新闻跟帖41658635条”，并打出口号“你们（网民）用跟帖诠释网聚人的力量，你们用跟帖诠释：无跟帖，不新闻”。[①] 清华水木清华论坛（BBS）建立以后，全国互联网论坛像雨后春笋一样大量涌现。论坛上人气比较旺的板块多为灌水区和贴图区，显示出新闻跟帖的强大威慑力。从2003年的“非典”、西北大学反日事件，以及孙志刚案、刘涌案、黄静案、宝马撞人案等，乃至2004年初的南方都市报事件，2008年雪灾、地

① 《网易新闻2008年终策划》，网易 http://news.163.com/special/0001sp/2008ending.html。

震的灾区报道、赈灾筹款活动,都有规模庞大的网民以不同的方式在各大 BBS 论坛发表自己的看法和意见,其中不少是将焦点聚集在不公正的个案上,进行了一场接一场的民间维权。尽管传统媒体对一些事件、案件无奈缺席,或报道不多,但网络上排山倒海的谴责和抗议却形成了极大的舆论压力。

第二,网上签名。近年来网上征集签名活动也成了网民开展舆论监督的新形式,一些网络媒体或个人通过征集网络签名的形式来寻求其他网民的支持,以获得强大的网络舆论压力,通过这种强大的舆论压力来影响某一事件的发展。网上签名一般是一种有组织的签名活动,网友可登录特定的网站、网页,就某项特定活动进行签名和撰写寄语。它可以视为网上舆论的升级行动。如奥运会期间,中宣部联合各大门户网站举行的"我为奥运祝福、我为奥运添彩、我为奥运加油"签名寄语活动,点燃了所有中国人甚至外国友人"爱我中华"的激情,让每个中国人都有了释放热情的空间。网上签名很容易激起网民的共鸣,它几乎是以零成本,换来了不容小觑的舆论动员和组织效果。

第三,博客。起初博客在我国的发展主要是社会公众人物、娱乐明星等发表言论的渠道,随着网络的发展,许多专家、学者、普通公民开始通过写博客的形式发表自己对某一事件的意见和建议,以吸引其他网民的关注和交流互动。博客打破了传统媒体对信息来源的垄断,使公众真正有了属于自己的表达言论的平台。即这是一种由普通民众进行的内容不断更新、按逆时间顺序排列、以超链接为主要表达方式的网络信息传播活动。不能将博客简单地看做网络日志,博客通常采用实名或固定的化名,再加上它的超链接功能赋予了文本巨大的再造空间,使它在信息传播与舆论监督方面发挥的作用日益重要。国内的博客目前比较突出是娱乐明星类博客,在舆论监督方面暂未产生轰动效应,但在国外其冲击力不容小觑:1998 年 1 月 17 日,美国总统克林顿就是被德拉吉“博客”了,差点丢掉总统宝座;2001 年“9·11”美国遇袭,博客第一次成为主流媒体新闻的来源;2003 年 5 月,《纽约时报》的“普利策”新闻奖得主造价风波就是由博客首先公之于众的。①

第四,网上民意调查。网上民意调查,或者称之为网上民意投票,抑或称之为网上民意测验,是一种新兴的收集民意手段。网民可对所关心的问题进行投票,发表意见和看法。投票之后可以马上看到投票结果,知道自己的意见是主流还是非主流。区别于以往的电访调查、信访调查、书面问卷等传统调查形式,网上民意调查具有实时、高效、准确、直观、参与面广、不受时空、距离限制的优势,因而在最近几年的各主流媒体网站上大行其道。政府更将网上民意调查视为倾听民意、了解群众呼声的重要手段。最典型的例子就是 2008 年 12 月 26 日由《中国青年报》和搜狐汽车网联合发起的开征燃油附加税税率的投票,在 11480 名参与调查的人中,有 84.75% 的网友认为他们可以承受的油价在 7—8 元以内。由此可见网络民意采集更是网络发展和公共权力使用的一大突破。也有不少读者与网友在留言中对可能的油价上涨表示不满,认为在经济不景气、收入预期下降的情况下还要承受油价上涨的负担,实在难以忍受。这些结果,都极大地影响了后来的国家发展改革委、财政部、交通部等部门对燃油税税率的制定。还有《恢复五一长假,您认为如何?》的投票,结果显示:63.7% 的人支持恢复五一长假,35.4% 的人反对恢复。0.9% 的人没有意见。虽然目前最终的结果如何还不知道,但网上的民意却被凸显了出来。

---

① 白海滨:《网络舆论及其调控研究》,《西南大学学报》2008 年第 4 期。

第五,人肉搜索。这是最近兴起的一种人机结合的信息收集方式。人肉搜索就是利用现代信息科技,变传统的网络信息搜索为人找人、人问人、人碰人、人挤人、人挨人的关系型网络社区活动,变枯燥乏味的查询过程为“一人提问、八方回应,一石激起千层浪,一声呼唤惊醒万颗真心”的人性化搜索体验。从卖身救母事件,网络虐猫事件,到火爆的“铜须门”网络丑闻和“功夫少女”色情照片事件,还有最近针对流氓外教的“网络追杀令”,人肉搜索引擎时刻显示着网民互动战争的浩瀚、壮阔,如此强大的人海战术威力不禁让人折服。

第六,独立调查人。这是随着网络舆论监督的发展,从网民中逐渐分化出的一批专业的从事新闻调查的独立群体。独立调查人不属于任何媒体,而是作为独立的个体采集信息、调查事件,向公众展示事件本质、发布调查结果。

2005 年 9 月 15 日,国内著名网站——天涯社区网发布了一封题为《卖掉自己救妈妈》的帖子。发帖人的目的是为了救助自己身患严重肝病的母亲,不久,她把银行账号公布在论坛上。没有想到的是该帖迅速引起网友的注意,并且得到积极回应。许多网友纷纷解囊相救,几天就为该女大学生捐助十多万元。伴随事态发展的是几个自称“独立调查人”的代表自费 2 万元去重庆,一起对“卖身救母”的真相进行追踪调查。10 天之后,几个“独立调查人”写出了数万字的调查报告,结论为发帖人对网友有所隐瞒,以致许多网友直呼其是“骗子”,网民在各大论坛上的跟帖评论总数量不完全统计已达数万条,最终发帖人以退款收场。独立调查人的最根本目的是通过考察取证,还原事态的真相,形成舆论压力。他们一般会创办属于自己的个人网站,如方舟子创办的“新语丝”,揭露了中国学术界多起涉嫌造假事件,其中清华大学医学院院长助理刘辉履历造假事件和同济大学科学院院长杨杰事件，先后将两所名校的教授轰下台。李新德于2003年成立的“中国舆论监督网”，对原济宁副市长下跪事件的披露，使得他的名声大振。这样的网站是一种民间舆论监督性质的网站。独立调查人凭借这些个人或者民间组织自办的网站，试图通过深入调查了解事情的本来面貌，并利用网络媒体进行发布，以期引起社会和政府的广泛关注，达到舆论监督的目的。①

除了以上6种主要的形式外，近年来网民们通过政务网站参与公共管理的现象越来越普遍。我国的电子政务起步尽管比较晚，但发展非常快。从简单的政务信息的发布到现在的网上审批，涉及政府的业务流程等整合项目都出现了。根据布朗大学关于电子政务的全球性研究报告表明，2001年，中国政府的电子政务在全球排名是第80多位，到2002年时一下子上升到第8位，一年之间有这么大的进步。到2004年时，中国排名上升到了第6位，这是个非常大的成就。随着电子政务功能和内容的不断扩充，网民的参与度也是逐年上升，网民已经从浏览政务信息发展为网上办事、网上投诉、网上参政议政，可以说网络已经渗透到公共管理的每个角落。

当然，在互联网络极端发达的今天，还有除此以外的很多参与网络监督的方式，不论是哪一种方式都能看到网民对政府工作、社会生活的关注，由此可见网络民意采集更是网络发展和公共权力使用的一大突破。网络民意表达对公共管理部门的公务员提供了两个层面的启示：一是对民意的社会的干预作用和功能价值的重新评价。民意权力在网络语境下变得越来越无法漠视，网络民意的表达已变得不可阻挡，民意的范围也越来越扩大，民意干预社会

① 徐莹欣：《网络舆论监督问题研究》，华中师范大学2009硕士生论文。

生活的功能和力量空前巨大，使得民主政治成为必然。二是对具体民意的重新认识。即网络民意的表达数量、方式、效能等的改变，使得公共管理部门必须重新认识和定位网络民意的意义，它包括重新认识网络民意的本体特征、功能和价值等。可以肯定地说，在今后的发展道路中，网络监督必然在公共管理进程中发挥越来越重要的作用。

第五节 网络监督公务员机制的基本理论分析

党的十七大报告指出："完善制约和监督机制，保证人民赋予的权利始终用来为人民谋利益"。网络舆论监督作为新时代的一种监督形式，一方面能促进社会公平、有序、良性发展；另一方面，网络舆论监督作为一种新兴产物，人们对其了解得还不充分，监督机制还不完善，网络舆论监督机制的作用还不能充分发挥，网络舆论监督的不足一时还难以克服，所以对网络舆论监督的研究有利于制度的完善，有利于促进社会的发展，有利于和谐社会的建设。

一、网络监督公务员机制的内涵

网络监督公务员机制可以定义为在现代民主政治和信息社会的条件下，公众以法律、法规和基本道德规范为依据，通过互联网这一媒介以合法的方式要求公务员就其责任缺失行为进行解释、辩护并承担特定后果的一种体系。从此可以看出，我国公众网络监督公务员机制是由一系列要素构成的动态系统，其主要是由监督主体、监督客体、监督载体、监督依据、监督方式、监督内容等要素在一定的监督环境中并按一定的监督原则运行的，人民主权理论、社会契约理论、人性恶理论、公共选择理论等为其提供了理论支持,马克思主义的人民当家做主理论则是我国公众网络监督公务员机制的基本理论依据。

为了理解方便,我们可以参考图4-1①:

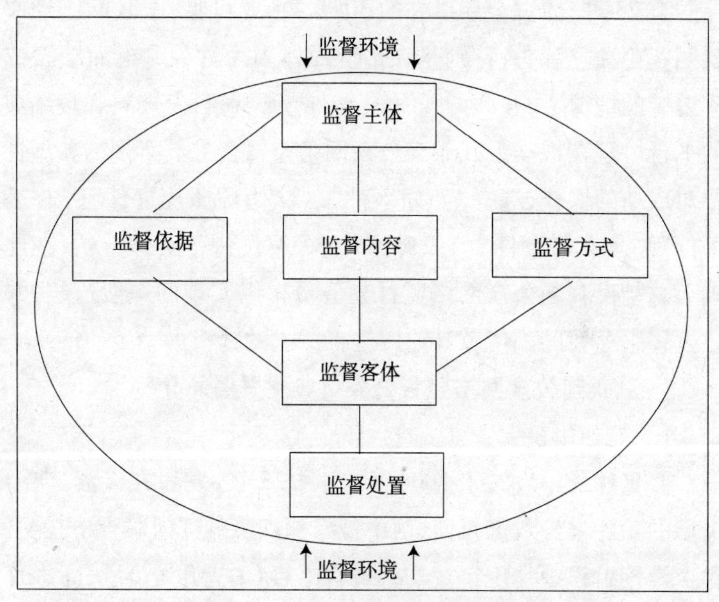

图4-1 网络监督动态机制图

二、网络监督公务员机制运行状况分析

21世纪以来,中国的互联网获得了快速发展,互联网已经成为我国社会各阶层参与社会公共事务表达意见的重要舆论渠道。特别是2007年以来,互联网网络舆论非常活跃,广大公众借助互联网对政府管理、腐败问题、民生等社会热点进行了非常热情的关

① 彭梵:《网络监督功效分析与深化发展研究》,天津大学2007年硕士生论文。

注，不断形成具有强大压力的网络民意，对热点事件的解决起到了非常积极的促进作用。人民网舆情监测室对 2009 年 77 件影响力较大的社会热点事件的分析表明，其中由网络爆料而引发公众关注的有 23 件，约占全部事件的 30%。由此可见，互联网已经成为新闻舆论独立源头，特别是在传统媒体因为种种顾虑而缺席或反应迟钝的情况下，互联网孤军深入，成为网民自发爆料和集结舆论的平台。现在根据近几年来公众网络监督公务员案例的典型性和相对成功的操作，选择“妞妞事件”、“华南虎照片事件”、“林嘉祥事件”、“周久耕事件”、“王帅事件”等案例进行具体分析，在此基础上总结出我国公众网络监督公务员得以实现的一般过程，并对此过程中存在的困境及其原因进行深入的分析。

（一）我国公众网络监督公务员典型案例简介

1.“妞妞事件”

此事件最早发端于 2004 年 10 月 26 日，发表在天涯、凯迪等论坛的一封学校致家长信，信中披露深圳市五部门联合下发文件，要求学校组织中学生自费购票观看电影《时差七小时》，而影片女主角妞妞（原名李倩妮）被指认是深圳市委副书记李意珍的女儿。

10 月 31 日，在央视“面对面”对话栏目中，妞妞否定此事与其父亲有关，并对媒体质疑进行了反驳。11 月 4 日，人民网发表题为《女主角名下何来数百万资产？》的报道后，揭露出妞妞名下目前拥有总资产达 769 万元的三家公司。11 月 5 日，深圳市教育局新闻发言人向媒体作出说明，表示经过对该事件的反思，今后将对原来“推荐看片”的做法予以改进，教育部门不再具体就某部影片进行推荐观看。11 月 6 日，位于舆论风暴中心的妞妞父亲李意珍终于做出正面回应，在《中国青年报》上公开表示感谢各方面监督，并向广大学生和家长致歉。11 月 11 日，中共深圳市委召开全体会议，通报了对近期引起社会广泛关注的电影《时差七小时》及相关问题的调查和处理意见，意见称全市各级公务员都要从中吸取教训，管好自己的配偶、子女和身边工作人员，主动接受群众监督。

妞妞事件暴露出来以后，网络媒体迅速展开强大的报道攻势，如中国国际广播电台的国际在线网站设置“妞妞，你为何这么牛”的报道评论专题，人民网连续推出《高官家属主演电影强令学生观看》、《〈时差七小时〉引争议》、《妞妞：我父母是无辜的！》等多篇报道，新华网、新浪网等著名网络媒体也进行了集中报道。这一事件的公开迅速在网上掀起议论风潮，网友纷纷质疑“强推电影事件”与其父敏感身份之间的关系。随着越来越多的事实浮出水面，“妞妞事件”迅速升温为各大网络媒体新闻留言版块和论坛讨论的焦点事件。以人民网为例，仅 11 月 4 日和 5 日两天，这篇报道后就出现了多达 17 页共计 428 条的评论帖子。“民众的愤怒到了难以遏制的程度，尽管网站管理不断删除，愤怒声讨妞妞爸爸的文章仍是陆续不绝，有的文章一天之内跟帖数百个、点击数万次之多”。① 正是因为有这么多的民声民意，使得深圳市委和相关部门都不得不慎重考虑此类事件的危害性，必须采取措施给公众一个交代，否则极有可能酿成一次不可收拾的公共危机。

在整个事件报道当中，网络媒体与传统媒体通力合作，良性互动，但是不得不提的就是如果没有网友的帮助，事实的真相不可能这么迅速大白于天下。引起轩然大波的帖子，不仅仅有事情的整个经过，而且还把深圳市五部门联合下发的红头文件照片附在上

---

① 彭芃：《网络监督功效分析与深化发展研究》，天津大学 2007 年硕士生论文。

面,大大增加了帖子的真实性和说服力。论坛的帖子一经发出,接下来就有网友进一步考证出妞妞父母的真实身份,其父为深圳市委副书记,其母为某留学中介公司的董事长。更有网友顺藤摸瓜,揭露出妞妞名下目前拥有总资产达769万元的三家公司。据《南方都市报》采访此事的记者介绍,在他们采访遇到瓶颈时,正是网上的一个帖子才使调查有了进一步的突破。“可能他们非常了解我们的动向,在看到采访受阻时,巧妙地为我们指点迷津”。而传统媒体的报道和评论又使得事件本身的影响进一步放大,不仅吸引了公众更多的关注,而且为网络舆论的形成提供了更加丰富翔实的材料。

2.“华南虎照片事件”

2007年10月12日,陕西省林业厅宣布陕西发现华南虎,并公布据称为陕西安康市镇坪县城关镇文采村村民周正龙于10月3日拍摄到的华南虎照片。

照片发布不久,就有网友指出照片中的老虎是假的。11月16日,一网友称“华老虎”的原型实为自家墙上年画。义乌年画厂也证实确曾印制过这样的老虎年画。12月3日,来自6个方面的鉴定报告和专家意见汇总认为虎照为假。陕西省林业厅发表声明,未就照片鉴定做出回应。12月19日,在国家林业局举行的新闻发布会上,林业局保护司司长卓榕生表示,国家林业局已要求陕西省林业厅委托国家专业鉴定机构对周正龙所拍摄的华南虎照片等原始材料依法进行鉴定,并如实公布鉴定结果。2008年2月3日,陕西省政府办公厅发布《陕西省人民政府办公厅关于对省林业厅违反政府新闻发布制度问题的通报》,对陕西省林业厅违规发布新闻提出通报批评。2月4日,陕西省林业厅就“草率发布发现华南虎的重大信息”发出《向社会公众的致歉信》。6月29日,陕西省政府新闻发布会通报“华南虎照片事件”调查处理情况，周正龙拍摄到的“华南虎”实为纸老虎画。周正龙已因涉嫌诈骗被检察机关批捕，涉及此“华南虎”照片事件的 13 名政府人员受到处理。陕西省监察厅撤销省林业厅作出的“经鉴定周正龙提供的华南虎照片是真实的”及奖励周正龙人民币两万元的行政决定。9 月 28 日，陕西省旬阳县人民法院公开开庭审理“华南虎照”造假者周正龙涉嫌诈骗罪和非法持有弹药罪一案，周正龙获刑两年零六个月。周正龙不服，决定上诉。11 月 17 日，安康市中院在旬阳县法院对该案进行公开审理，当庭作出判决：维持一审原判，缓刑两年，并判处罚金两千元人民币，所得两万元奖金上交陕西省林业厅。

3.“林嘉祥事件”

林嘉祥时任深圳海事局党组书记、纪检组组长。2008 年 10 月 29 日，林嘉祥在深圳市南山区科技园新梅园海鲜大酒楼喝酒时叫住一小女孩，询问洗手间位置，叫其带路，在接近卫生间时林以手臂搭女孩肩膀（林本人称为表示谢意），因林某当时已明显酒醉，其动作力度明显过当，女孩在惊吓之下挣脱，将遭遇告知其父母。随后女童的父母带着小女孩、小女孩的弟弟走到大堂寻找林嘉祥，同时与酒楼大堂经理交涉。几分钟后，小女孩的母亲带着俩孩子返回包房，林嘉祥和小女孩父母之间发生相互推搡和激烈的争吵，其中林嘉祥态度较为嚣张。不久，与林嘉祥一起吃饭的一名女子上前劝阻，但林嘉祥不听劝阻继续推搡小女孩的父亲。最后，该女子带着林嘉祥要走，被小女孩父亲拦住。随后，小女孩父亲报警求助，报警后，围观的人越来越多，林嘉祥在旁边女伴提醒下想离开现场，期间与现场保安、工作人员多次发生拉拽，直到一民警及时赶到将林嘉祥制止，并将双方涉事人员带回调查。这一事件被当时围观的群众曝光于网络，随即引发了众多网民的关注与讨论，对事件的处理造成了重大的网络舆论压力。11 月 1 日，交通运输部海事局表示已调一名副局长专门前来调查此事，并已组成调查组，赴深圳协助有关部门认真进行全面调查，调查期间停止林嘉祥工作。11 月 3 日，针对林嘉祥 10 月 29 日晚酒后语言和行为失控，在社会上造成了极其恶劣的影响，交通运输部党组决定免去林嘉祥党内外职务，并接受进一步调查。11 月 5 日，深圳市公安局召开新闻发布会，通报深圳海事局原党组书记林嘉祥涉嫌亵渎 11 岁女童案件调查结果，警方认定该案亵渎罪不成立，应为酒后行为不当。但是，其作为党员公务员和国家公务人员，其行为属于在公共场所举止失当、行为不检，且在被小朋友父母质问过程中态度恶劣、出言不逊，社会影响很坏，建议由有关部门作出处理。

4.“周久耕事件”

周久耕时任南京市江宁区房产管理局局长。2008 年 12 月 10 日，周久耕抛出“对于开发商低于成本价销售，我们将和物价部门一起进行查处”的言论。12 月 11 日，网民“小花半里”发出《八问江宁房产局周局长》的帖子，对其言论进行质疑。随后，网民“宣传寄生”的《遍撒英雄帖，追查南京市江宁区房产局局长周久耕》帖子，号召网友展开对周久耕的“人肉搜索”。12 月 14 日，网民“华阁”《赞一下那个要处罚低价售房的局长，看人家抽的烟》的帖子，指出：“在网上无意搜到周局长开会的照片，仔细一看，果然看到了这位公仆的本色，一条烟就可以抵下岗工人两个月的低保了。”在配发的照片中还标注了“这是南京卷烟厂出产的顶级‘九五之尊’烟，一条就要 1500 元！”12 月 15 日，网民“cheyou007”在《周久耕局长抽名烟、戴名表》的帖子里指认周久耕所戴手表是“江诗丹顿”，价值约 10 万元。此后，网上又有人曝出周久耕开凯迪拉克豪华车上班。12 月 19 日,江宁区委首次向社会公开表示:"江宁区政府严格执行中央和省市有关政策,促进房地产业的稳定健康发展。目前,没有一家房产企业因降价销售而受处罚。对于网络上所反映的其个人廉洁方面的问题,有关部门高度重视,已介入调查,只要发现有违纪或腐败行为,将按有关规定进行严肃处理,绝不姑息。"12 月 23 日,周久耕被曝出儿子是建材商,以及周久耕的漂亮妻子曾公开谈丈夫的高档生活品位等消息。12 月 28 日,周久耕因对媒体发表不当言论以及消费高档香烟等行为,被江宁区委按照有关程序免去其江宁区房产管理局局长职务。2009 年 2 月 13 日,周久耕因涉嫌严重违纪,被开除党籍、开除公职,并被移送司法机关依法处理。10 月 10 日,周久耕犯受贿罪,被判处有期徒刑 11 年。

5. "王帅事件"

2008 年 5 月 28 日,河南灵宝市政府以建设五帝工业聚集区为名,"租"用了大王镇农地 28 平方公里,其中大部分是基本农田,约 3 万余农民将失去土地。市政府书面公告了地上附着物数量及补偿金额并最终将租价提高到 1 年 1200 元/亩,与农民达成协议。老家在大王镇南阳村的王帅得知此事后,觉得政府所为明显违法,于 2008 年 7 月到 2009 年 1 月期间,通过网络在线信访等方式多次向河南省有关国土资源部门进行举报,但一直没有结果。2009 年 2 月 12 日,在多次求助无果的情况下,王帅以"河南灵宝老农的抗旱绝招"、"网友揭开灵宝抗旱黑幕"为题的帖子在天涯社区、搜狐社区、大河论坛等多个网站贴出。在不到一个月的时间里,王帅所发帖子的点击率就达到了几十万,新浪、搜狐、网易、雅虎等都曾将其置于首页。3 月 6 日,王帅在上海被灵宝市刑警大队的警员带走,羁押于上海市第二看守所。3 月 9 日,王帅被带回河南灵宝,拘留于灵宝市看守所。3 月 10 日,王帅在公安局第一次做笔录,警方让他承认发表在帖子里的照片是移花接木,被王帅拒绝,警方以“诽谤”罪拘捕王帅。3 月 13 日,警方将王帅作了取保候审,理由是“证据不足”。4 月 8 日,《中国青年报》以《一篇帖子换来被囚八日》为题报道了此事件。经媒体报道后,灵宝市委宣传部王部长接受《中国青年报》采访时说:王帅完全是“造谣”、“诬蔑”。4 月 10 日下午,灵宝党政公众网上出现关于《一篇帖子换来被囚八日》一稿有关情况的回复,文章称:“王帅在网上发帖严重损害了灵宝市的形象,经审讯,王帅对自己在网上发帖捏造事实、侵犯他人人格的行为供认不讳……”同日,河南省副省长、公安厅厅长秦玉海在做客人民网谈及灵宝事件时指出,公安机关在王帅这个事情上,执法是有过错的,当地公安机关执法中没有严格按照有关法律规定去办理。4 月 16 日,灵宝市委、市政府向人民网等发去《关于对“王帅发帖事件”处理情况的答复》,承认了公安机关执法有过错,市委、市政府负有领导责任。4 月 17 日,灵宝市公安局局长宋中奎等赴上海向王帅道歉,并按照国家赔偿规定给予 783.93 元赔偿,同时灵宝市公安局 4 名警察被停职,局长书面检查。

(二)我国公众网络监督公务员得以实现的一般过程

自从 2002 年人民网启动针对政治议题的开放式网络民间调查以来,广大公众借用网络来了解政务公开信息、参与政治互动、表达自己的观点、监督公务员的责任缺失行为就开始在互联网上到处生根发芽。近年来,广大公众对于公务员的网络监督前仆后继、高潮迭起。纵观我国公众的网络监督得以实现的诸多案例,可以总结出以下带有普遍性的几个过程:

1. 公众利用网络指出公务员责任缺失,引起众多网民关注

随着信息社会的来临,我国互联网网民总数已经达到 4.2 亿,

全国已有99.8%的行政村和93%的20户以上自然村通电话，96%的乡镇通宽带，91%的行政村能上网。互联网可以说已经成为公众日常生活的一部分。

由于现有政治制度还不能有效地整合广大公众的政治参与需求，当公众利用网络指出公务员责任缺失时，很容易引起广大网民的关注。特别是当事人责任缺失或涉嫌违法违纪，而当事人所在的单位和领导所采取的态度又往往是敷衍塞责，甚至对公众进行打击报复，这种行为更是激起广大网民的关注。正如前面列举到的"华南虎照片事件"中陕西林业厅、镇坪县的部分官员、"林嘉祥事件"和"周久耕事件"中当事人所在单位的同事、"王帅事件"中的警察和宣传部长，这些公务员不负责任的做法无疑会激化矛盾，进一步引起成千上万网民们的关注，网络民意的规模也大大扩展，产生了比"原事件"更加强大的冲击波和震撼力。

以"华南虎照片事件"为例，此次事件吸引众多网民关注长达两个年度，网民不仅关注华南虎照片的真伪，更质疑相关政府部门的公信力。据人民日报网络中心舆情监测研究统计，"华南虎照片事件"位列2007年最受网民关注的20个事件之首，在天涯社会、凯迪社区、强国论坛的原帖数分别达到1750帖、728帖、598帖。① 2008年，"华南虎照片事件"再次上榜，位列2008年网络舆情排行榜第七，在天涯社区、凯迪社区、强国论坛、中华网论坛、牛博网的原帖数达3334帖，相关网络文章数为3249篇。②《瞭望》

① 陈斌：《我国公民网络监督公务员机制探析》，广西师范大学2010年硕士生论文。

② 陈斌：《我国公民网络监督公务员机制探析》，广西师范大学2010年硕士生论文。

新闻周刊更是直接将这种网民点击数至少是在百万人次以上的事件称之为“网上‘一呼百万应’现象”和“网上群体性事件”。虽然群体性事件有其定义，将这种网络现象称之为群体性事件存在争议，但至少表明对这类事件关注的网民之多。

2. 众多网民关注形成网络民意，传统媒体跟进报道，形成强大的民意压力

互联网的虚拟世界其实是现实生活的反映。众多网民关注的事件也往往是新闻热点，是媒体追踪报道的好题材。在我国公众网络监督公务员得以实现的一般过程中，往往先是众多网民关注形成网络民意，传统媒体接着跟进报道，无论是在互联网上还是在现实社会中都形成强大的舆论压力。以“华南虎照片事件”为例，在长达一年多的时间里，诸多传统媒体也一直在追寻事情的真相，关注对相关责任人的处理，在中央级媒体方面如人民日报、中央电视台等；地方媒体对于“华南虎照片事件”的关注更是可以说不分东西南北中，如现代快报、成都商报、南方都市报、燕赵都市报、江南都市报等等。部分境外媒体对此亦予以关注，如美国《侨报》、新加坡《联合早报》等也参加评论。甚至自然科学方面的权威性学术刊物《科学》杂志也以揶揄的口气曾两次刊发华南虎年画照片，并曾配发短文介绍中国摄影师协会和国家林业局的一些活动和反应。在其他案例中，也不乏相当有影响力的传统媒体的关注。如“王帅事件”中的中国青年报、“林嘉祥事件”中的新京报、“周久耕事件”中的第一财经日报等等。从 2009 年 11 月份起，《人民日报 · 人民时评》专栏、《中国青年报》“法制社会版”和《冰点》专刊、中央电视台《新闻 1+1》栏目与人民网舆情监测室联手，在天涯社区开设“主流媒体”频道。

众多网民和传统新闻媒体的关注所形成的强大舆论压力无疑

会反馈到当事人、当事人所在的部门以及会引起上级机关和纪检部门的关注，从而推进网络监督机制的进一步运作。

3. 网络和传统媒体掀起的强大民意引起当事人的上级机关和纪检部门的关注

作为我国的执政党，“密切联系群众”是中国共产党的光荣传统，“为人民服务”是各级政府部门的职责所在，“权为民所用、情为民所系、利为民所谋”更是反映了共产党的权力观、地位观、利益观，反映了新一代领导集体的心声。

对于广大网民和新闻媒体关注的事件，特别是涉及人民群众的切身利益，涉及政府部门和公务员不作为、乱作为，党政部门无疑会也应该对民意作出及时回应。特别是对于那些涉及违法乱纪的公务员，“在很短时间内损害百万群众心中的党政机关形象”的公务员，而当事人所在的单位和领导又采取消极态度，不积极查处，不解决问题，甚至藐视广大民意，上级机关和纪检部门的及时反应更为重要。如“华南虎照片事件”、“王帅事件”、“林嘉祥事件”、“周久耕事件”等的最终解决和平息，可以说国家林业局和陕西省政府、河南省公安厅、交通运输部党组、南京市江宁区委等相关部门的上级机关和纪检部门的反应起着非常关键的作用。

4. 上级机关和纪检部门对事件或当事人做出处理，公众网络监督得以实现

在我国公众网络监督公务员得以实现的过程中，一般先是公众利用网络指出公务员责任缺失，引起众多网民关注，然后是众多网民和传统媒体形成强大的民意压力，再是网络和传统媒体掀起的强大民意，引起当事人的上级机关和纪检部门的关注。没有这些基础性的环节，上级机关和纪检部门很少直接对当事人和相关部门做出批示或处理，而没有上级机关和纪检部门批示或处理，

“华南虎照片事件”、“王帅事件”、“林嘉祥事件”、“周久耕事件”等可能会因公众和媒体的疲劳而不了了之,也可能会以某种强制的方式控制事态的扩展,当然也有可能会以让民意可以接受的方式得到解决,但至少有一点应该肯定的是,在上级机关和纪检部门对当事人和相关部门做出批示或处理后,各种事件的结果基本上会向让民意较为满意的方向进展,而且对相关当事人处理的进程也得以加快。

第六节　公务员网络监督机制构建的路径分析

哈贝马斯在《公共领域的结构转型》中,提出了公共领域这一概念,认为公共领域是指介于市民社会和国家之间进行调节的一个领域。在这个领域中,有关一般利益问题的批判性的公共讨论能够得到体制化的保障,形成所谓公共意见,以监督国家权力并影响国家的公共政策。公共领域原则上向所有公众开放,作为私人的个人自由地集合或组合到一起,形成公众。当这个拥有自己意见的公共领域在逐渐汇集民意后,形成一个有别于、外在于、独立于国家的“社会”。这个“社会”的出现并没有导致新的权力诉求,但它改变了权利的性质。公众将自身组织成为公共舆论的载体,并通过信息公开的原则对国家的活动实施民主监督。网络的出现,使得哈贝马斯的公共领域理论出现现实依托载体。

要实现合理有效监督,应当是阳光的、透明的、民众广泛参与的、自下而上的监督。从世界各国民主监督经验来看,主要有两条途径,一是政党竞争,二是让民众广泛参与。中国现行政党制度中国共产党领导的多党合作与政治协商制度,无论在形式还是运作过程中都有自己的特点并发挥着重要的功能。因此,依照我国国情实现监督的广泛群众参与就更为重要了。

在全球网络互联的新时代，网络在社会中发挥的作用不可低估。在网络世界中，所有的国家、集团和个人，在网络上的行为只能构成部分，而国家、集团和个人在这中间，也都是平等的。在国际互联网上，有时候个人的影响，可能超过集团，乃至国家。① 个人或团体在网络监督中充分发挥着主体角色，甚至对个别政治事件起到至关重要的影响。

怎么利用网络时代，为公众权利表达与行使，构建一个合理、适当的行政权监督机制，实现公众权与行政权的和谐双赢，这是值得我们探讨的问题。在构建这个机制之前，要对它有个合理、全面、适当的认识。我们需要一个怎样的行政权力监督机制，才能真正实现监督实效呢？答案是，赋予广大的人民群众以监督的权利，并配以立法、制度保证其权利的行使，将行政权力的全部运作过程，置于民众眼睛注视之下。首先行政权运作全部过程的信息要公开，其次，行政权行使主体与受众要实现互动，再次，要有规则与制度保障信息的回馈与落实。实现三者，则行政权网络监督机制必将实效卓著。

行政权的网络监督机制是传统监督方式在网络信息化条件下的拓展，我们可以将其定义为：公众以互联网为平台，通过网络技术手段如电子数据库、论坛、bbs、电子邮箱、视频、虚拟社区等发表意见、形成舆论，监督、检举、揭发行政权的滥用、变异、不作为，并配以相关的制度设计，使得行政权运作信息置于民众眼睛注视之下，民众的监督信息能够及时得到反馈与处理，实现对行政权运作事前、事中、事后立体化的监督，以实现权利监督权力的实效，保证

---

① 杨春权、秦彪生：《领导干部需正视网络监督》，《前进》2010 年第 6 期。

权力设定的宗旨。这样的权利监督行政权的机制，效能标准在于既要使得公众权利对行政权力运作监督有力，又要防止个别公众权利的滥用侵犯行政权效能，要在公众权与行政权之间寻求和谐双赢。

一、行政权网络监督机制的载体选择

网络公众权的正确表达与对其的吸纳需要相关制度设计来保证，网络公众权的表达与对其吸纳，离不开网络这个载体，那么怎样依托网络这个载体实现这个监督机制的构建呢？最优、最省的方法是利用现有的政府网站，利用电子行政网站这个平台，来构建网络公众权吸纳机制，既经济节省，又具针对性。当然也不能忽视非官方主流网络媒体对公众权表达的作用。

1. 政府官方网站

关于“电子政务”（E-administration），国内外存在各种说法，如“电子政府”（E-government）、“数字政府”、“网络政府”、“政府信息化”等。这些提法都只是从某个角度说明了电子政务的概念与特征。电子政务就是政府有效利用现代信息和通讯技术，透过不同的信息服务设施，可以在更便捷的时间、地点、方式下，为行政内外部行为提供自动化的信息及其他服务。① 电子政府与传统政府相比，克服了传统政府实体性、地域性、集权性、封闭性、垂直化分层结构等特征，形成了虚拟性、超地域性、分权性、扁平化辐射结构等独特特性，适应了信息时代的需求，是未来良性互动政府发展的方向。

---

① 郑志：《政府网站相关法律问题研究》，中国人民公安大学出版社 2004 年版，第 65—114 页。

1998年11月末,国家信息部门决定将在全国启动"政府上网工程",有关部门更将1999年定为"政府上网年",至1999年4月3日,由国务院部分部委共同建设的"部委信息交换网"(简称部委网)开始运行,根据国家信息中心组织编撰的2007年电子政务蓝皮书《中国电子政务发展报告No.4》指出,到2006年年底,我国各级政府网站平均拥有率达到85.6%。如此庞大的电子政务体系,为网络公众权的表达和吸纳提供了非常有利的契机。

电子政务的发展给政府管理模式转变、效能发挥、公信力的树立带来了有利的契机。政府网站越来越成为民意表达的重要渠道,成为发掘民情民声的重要平台。我国政府网站建立了形式多样的网上互动渠道,如领导信箱、在线访谈、网上投诉、网上直播、邮件订阅等等,开始能够解决老百姓生活中的一些实际问题。国家高层领导亦开始重视网络公众权利表达的力量,如2007年3月16日温家宝总理在记者招待会上说:"这次两会受到全国人民的广泛关注,单就互联网上向总理提问题的已经超过10万多条,点击的人数超过2600万人次。"吉林省政府门户网站的《网上信访》开通以来,备受公众关注,每年收到信访类信息1300多条。省信访局派专人负责办理、维护,基本做到所有信访信息件件有回声。省政府门户网站同监察厅合作,建设的《信访举报中心》专栏,为公众和监察厅之间提供了方便快捷的投诉举报通道,累计每年收到举报信息近2000条,都得到妥善处理,得到了公众的认可,网络使政治生活更民主、平等和自由。网络带来了更广泛的政治参与,是推进社会主义民主政治发展的一种新方式、新途径。

计算机通信等信息技术的发展和Internet的空前繁荣,为电子政府的建设提供了适宜的工作平台,这是"政府上网"的技术保证和前提条件。因特网不是加强了知识传播和公众参与,而是提供了一个广阔的政治新闻的发布平台。然而因特网的确在新的政治互动中扮演了重要角色。卡斯特把它称为“信息政治”。① 但是我们依然看到,因特网在信息政治实践中的应用还未能成为深化民主的理想工具。各级政府都主要是把网络作为张贴信息的电子公告,甚至仅仅是个摆设,建设完毕便一劳永逸,再不问津。政府网站对公众权的吸纳还是非常有限与不规范的,信息更新缓慢,互动沟通、反馈机制也没有建立,民众满意度有待提高,仅仅成为政府工作的宣传栏,政府痕迹严重,用户意识没有建立,忽视了对网络公众权的表达与吸纳。

2. 主流网络媒体

互联网为公众权利的表达提供了更为便捷的方式,群众通过互联网了解国家事务,广泛、充分地交流和发表意见、建议,对国家政治、经济、法律、文化、教育、行政等活动进行褒贬与评价,是现代社会民主化发展的必然进程,是宪法赋予我国公众的基本权利。“在网络条件下,媒体将以其廉价的成本和迅捷的传播充分体现这一原则。因此在行政实践中政府应重视网络传媒的独特作用,鼓励其对政府的行政活动进行监督。”②人民网、新华网、央视国际三大新闻网站,新浪、搜狐、网易、腾讯四大商业门户网站,每天新闻更新累计超过2万条,日均新闻信息浏览量超过20亿次,非官方的媒体,如网易、新浪、天涯论坛、猫扑等,也是监督信息的重要渠道之一。

鉴于这样的情况,政府应当建立专门的审查机构,关注互联网

① [美]曼纽尔·卡斯特:《网络星河:对互联网、商业和社会的反思》,郑波、武苇译,社会科学文献出版社2007年版,第183期。

② 姚尚建:《网络行政与行政监管》,《行政与法》2002年第10期。

上非官方网站的公众权行使，尤其是注意公众舆论的集合与膨胀，于细微之处发现问题，以维护政府行政权的公信力。在注重官方行政网站这一主要监督载体的同时，亦不能忽视主流网络媒体监督信息来源的重大作用，主流网络媒体，如新浪、网易、搜狐、tom、天涯论坛以及各地建设的信息港等媒体，同样可以作为可依托的载体，来实现公众权利监督的功效。以网易为例，每天的各地新闻，参差不齐，有部分反映出很多现实存在的行政权滥用问题。如:《老支书举报腐败被打重伤致死》一文，内容如下:10 月 15 日，河北邯郸市河东村老支书郭成志同其他 4 名村民到北京举报现任村支书白虎林违法占用村里的土地、占用赔偿款数以亿计等经济犯罪问题。没想到被白虎林带十多名打手追到北京，一番殴打后身体高位截瘫，最终在医院含恨而死。① 再如:《山西省山阴县被指瞒报一起致死 30 人的重大矿难》一文，内容如下:有知情者举报称，2008 年 12 月 5 日晚，山西省山阴县发生一起严重透水事故。事故发生后，矿主没有上报有关部门，也没有进行有效救援，而是连夜把所有矿工转移或遣散，导致至少 30 人遇难。举报人称，山阴县政府有故意瞒报这起煤矿生产安全事故的嫌疑。

该类新闻被网民广为关注。但是正因为缺乏相关的法律与制度设计，这类新闻发出之后，是否引起相关部门的重视并予以解决，网民往往不得而知，空有热情，却无可操作性制度来实现其力量对行政权力滥用的制衡。对于网络公众权利而言，可以通过主流网络媒体作为载体，集合网络舆论，由舆论领袖引导，群策群力，依靠集合公众个体权利的力量来实现对行政权的制衡与监督。对于政府而言，亦可通过主流网络媒体，来显示其合法、合理行政的

① 《老支书举报腐败被打重伤致死》,《中国青年报》2008 年 12 月 4 日。

决心，可将事件予以妥善解决，并将通过官方或者主流媒体予以报道，来维护政府公权威信。去伪存真，明辨是非，以防止虚假信息给行政权效能发挥带来危害。

二、不断加快互联网基础设施建设

网络是公众网络监督公务员的载体，健全和完善我国公众网络监督公务员机制首先需要有较为完善的网络硬件基础。网络的硬件建设主要是指公众用于连接互联网的设施、设备等基础设施以及网络媒介如门户网站、网络论坛、聊天室、即时通讯、聚合新闻、维基、博客等和有关政府部门的网站等。没有这些网络硬件设施，我国公众网络监督公务员机制也就无从谈起，因此，必须加快互联网基础设施建设，夯实公众网络监督公务员机制的硬件基础。

当前，我国的互联网普及率与互联网发达国家还存在很大的差距，需要大力促进互联网的基础设施建设。与城市相比，我国农村互联网基础设施普及率更低，与东部相比，我国中西部地区的互联网基础设施也更为落后。互联网基础设施是互联网持续快速健康发展的基础条件，健全和完善我国公众的网络监督机制，首先必须完善互联网基础设施建设，不断提高互联网的普及率，特别是提高农村和西部省份的互联网普及率。与东部地区不同，西部地区地广人稀，技术力量和经济实力相对不足，加快互联网基础设施建设需要国家发挥更大的作用，创造平等机会和公平的数字未来，力争所有公众都可享有至少 2Mbps 的基本宽带网络，确保每个人都能够分享互联网带来的好处。根据西部的具体情况，在进一步发展宽带网的基础上，可以加快无线窄带网（手机接入）的建设，采取政策倾斜措施，大力扩大西部手机用户入网率，尽量缩小东西部及城乡间的“数字鸿沟”。

另一方面，建立一个隶属于全国人大的专门的网络监督平台也十分重要。近年来，由于大量违法违纪问题经网络举报后得到查处，互联网在反腐败中的作用也日益得到我国执政党的认可。中央明确要求各级政府、纪检部门认识到做好新形势下反腐倡廉网络信息工作的重要性，深入研究互联网等新型传媒对反腐倡廉建设的影响，深刻把握新形势下反腐倡廉网络信息工作的规律，创新理念思路、方式方法和体制机制，不断提高做好网络信息工作能力和水平。到目前，全国纪检监察举报网站、中组部“12380”举报网站、最高人民法院法官违法违纪举报中心网站、最高人民检察院举报网站等都已相继开通，地方和其他中央部委，各种各样的网上信访、投诉、监督、举报等方式也纷纷开通，这就有必要对各级政府、各部门的各种网络举报、信访、投诉、监督等方式进行整合，建立一个隶属于全国人大的专门的公众网络监督公务员的信息发布、交流、沟通的平台。这样，不仅可以有效地减少政出多门并互相交叉甚至互相矛盾的现象发生，还可以有效地聚合各个地方、各个层次网民所掌握的较为负责任的信息，并因互联网信息发布、交流、沟通的透明性，对当事部门和相关的纪检监察部门形成强大的压力迫使其对公众网络监督进行及时、公正、透明、有效的处理。

三、培养现代公众意识，促进公众社会成熟

社会主义民主政治的实质是人民当家做主，公众对政治生活的积极参与是实现人民当家做主的根本途径。在现代社会，没有成熟的公众社会就不可能支撑起一个国家的民主政治，一个成熟的公众社会是公众民主权利的坚强后盾。

改革开放30年来，随着社会主义市场经济的快速发展，我国公众的权利意识日益觉醒，参与、宽容、妥协、理性的公众精神在我

们的社会中日益得到张扬,社会组织的壮大也已成为全球结社革命非常重要的一部分。但不容回避的是,作为一个具有2000余年专制制度和文化影响的古老国家,作为一个城乡、地区发展非常不平衡的人口大国,公众社会走向成熟绝非易事,我们仍然需要不断地扩展公众网络监督,培养现代公众意识,促进公众社会的成熟,只有这样,才能为公众网络监督公务员机制的运转提供持久的动力。

四、强化公务员的责任意识,建设现代责任政治

公众网络监督公务员的最后环节在于政府各个部门对于事件责任人的处理,政府的反应能力是整个公众网络监督公务员机制的重要组成部分。

当前,公务员的责任意识淡漠,权力与责任脱节现象非常严重。在人民主权之下,公众权利是国家权力的来源,公务员行使权力必须得到公众的同意或授权,接受公众监督,并向公众负责。不过,在现实中由于种种原因,部分公务员漠视责任的现象还普遍存在。提升公众网络监督公务员机制的反应能力,必须强化公务员的责任意识,建设现代责任政治。

要强化公务员的责任意识,首先必须破除权力本位观念。由于中国长期处于专制统治之下,经过2000多年政治文化的不断积淀,专制政治的支配作用渗透进社会生活的各个方面,虽然经过多次的反专制斗争,但官僚主义、家长制作风、长官意志、特权思想等权力本位观念依然存在于许多公务员之中。“我们进行了二十八年的新民主主义革命,推翻封建主义的反动统治和封建土地所有制,是成功的,彻底的。但是,肃清思想政治方面的封建主义残余影响这个任务,因为我们对它的重要性估计不足,以后又很快转入

社会主义革命,所以没有能够完成。"①因此,强化公务员的责任意识,必须破除权力本位观念。其次,树立权责一体观念。在现代社会,权力和责任是统一的,是不可分离的。有权必有责,权力有多大,责任就有多大。公务员不享有任何特权,特别是对于社会主义国家的公务员来说,不论在法理上还是情理上都更没有理由享有特权。对于共产党员来说更是如此,共产党没有任何自己特殊的利益,全心全意为人民服务是其宗旨,承担更多的责任是共产党员先进性的体现。再次,树立公共服务观念。美国学者戴维·奥斯本在他的著作《改革政府》中提到"大多数人在同政府打交道的经验中,最大的刺激是官僚政治的傲慢。今天人民期望自己受到尊重,甚至受到政府的尊重。"现在,服务型政府已经成为各国政府改革的重要方向,公务员必须树立公共服务观念。在我国,公务员是人民的公仆,公共服务理念是其中应有之义。权为民所用、情为民所系、利为民所谋,不仅是执政党对每一个普通党员的要求,更是对公务员中众多的共产党员的要求。

责任政治是现代民主政治的重要组成部分和基本原则,作为政治权力履行者的公务员必须向政治权力的授予者的公众负责。在本书的分析中,公务员所应承担的责任有法律责任、政治责任、职业责任和道德责任。建设现代责任政治,最终落实于制裁,即进行责任追究,建立程序化、制度化的实际运行的责任追究制度。责任追究制度的运行状态是衡量一个社会实现责任政治水平的最终标准。进入21世纪以来,我国的责任政治建设取得了巨大的进步,特别是自"非典"以来,责任追究已经成为政治生活的常态,一大批责任缺失的公务员受到了法律的制裁和党纪的处理。同时,

① 《邓小平文选》第二卷,人民出版社1994年版,第332页。

与追究责任相关的法律、规章也开始逐步形成体系，如《关于加强和改进党的作风建设的决定》、《党政公务员选拔任用工作条例》、《中国共产党党内监督条例》、《中国共产党纪律处分条例》、《党政公务员辞职暂行规定》、《关于实行党政公务员问责的暂行规定》、《党政公务员选拔任用工作责任追究办法(试行)》等先后颁布实施。不过，责任政治的实现，不仅仅在于责任追究的规范化、程序化、制度化，更在于责任追究制度的实际运行、落实。

实践证明，要落实责任政治，仅靠责任对象的自我约束、自我监督以及自上而下的监督与控制是远远不够的，外在的自下而上的他律机制是不可缺少的。对于公众来说，能够约束和监督公务员最有效的途径莫过于普选权和罢免权，只有切实地拥有这两个权利，公务员才会有压力与动力承担起职位所系的责任，向公众负责。

第五章　公务员突发事件应对

在国际形势日益复杂化的今天,诱发突发事件的因素日渐增多,突发事件频繁发生,全世界各个国家都不同程度地进入了突发事件的高发期。在我国,特别是进入2008年以后,特别重大和重大突发事件接连发生,对中国社会主义现代化建设提出了严峻挑战,同时也对公务员应对突发事件的能力提出了越来越高的要求。尤其是在如今信息化程度普遍提升的社会大环境下,公务员面临的竞争越来越激烈,他们所承受的压力也越来越大。与此同时,在对突发事件进行处理的过程中,公务员陷入危险的几率也大大提升。随着网络、手机等新兴媒体的推出,任何看似微小的突发事件都可能在短时间内迅速聚集为一次社会危机。因此,政府各级公务员应对突发事件的能力是检验其执政能力的一个重要指标。

要合理应对突发事件,就要求公务员具备较高的传媒素养。良好的传媒素养能够使公务员在应对突发事件时第一时间对媒体突发事件的报道进行准确的分析并快速地做出判断和决策。美国学者罗森豪尔特认为,公共安全危机是“对一个社会系统的基本价值和行为准则架构产生严重威胁,并且在时间压力和不确定性极高的情况下必须对其作出关键决策的事件”。①

---

① 苏鸿义:《如何应对社会突发事件》,“学习网坛”,http://xxwt.siyang.gov.cn/38。

当前,我国正处于“战略机遇期”和“矛盾凸显期”的并存阶段,社会冲突、自然灾害、传染疾病、环境污染等突发事件出现的频率较高,将我国带入一个充满风险的社会时期。① 上述的各种突发事件,大多具有广泛的社会影响,强烈地干扰了正常的社会秩序,这种干扰与冲击是具有连续性的,如果得不到及时合理的处置,常常会由一种矛盾引发出多种矛盾,由显现问题诱发潜在问题,并产生一连串的猝不及防的问题;还可能从一个地区迅速波及另一个或多个地区,由一个领域波及其他不同领域,这样不但会影响经济发展,社会稳定,甚至会对党和国家的前途命运构成威胁。有鉴于突发事件的以上特征,对它的处理其实是没有常例可循的,必须使用一种典型的非程序化决策。这就要求各级公务员,尤其是党的高级公务员对于意料之外的突发事件要具备深刻的洞察力,及时抓住其意料之内的可控制因素,迅速判断该次突发事件的性质和可能的危害程度。要求相关部门的决策人员要敢于打破常规、不惧风险、当机立断,做出正确反应并及时控制局面,使其不扩大、不升级、不蔓延。

当突发事件发生时,所有参与决策和执行解决方案的公务员都应该临危不乱,时刻保持清醒的头脑。这是因为只要突发事件发生,就会对群众的心理产生相当大的冲击与压力,加上通过各种渠道传播出来的相关信息,普通受众在短时间内根本无法分辨真伪,这就使得大部分人处于强烈的冲动、焦躁或恐惧之中。在关键时刻公务员的高度自信就是动员群众、稳定人心的强心剂。如何通过大众传媒、新媒体等各种传播渠道促进社会利益的表达,有效整合社会结构,这是直接关系到能否转“危”为“机”的重要问题。

---

① 朱力:《我国重大突发事件解析》,南京大学出版社 2009 年版,第 1 页。

所以说，公务员处理各种突发事件及由此引发各种危机的能力，与其传媒素养密不可分，是其执政能力的集中反映，也是提高政府公信力的“试金石”。①

第一节　突发事件的含义和特征

一、突发事件的含义

突发事件这个概念，是我国约定俗成的名词，不是外来词语的一对一翻译。“突发”一词，顾名思义就是突如其来的、出乎预料的、令人猝不及防的状态；“事件”一词，按照《辞海》的解释，则是指历史上或社会上发生的大事情。顾名思义，我们可以将突发事件理解为突然发生的事情：第一层的含义是事件发生、发展的速度很快，出乎意料；第二层的含义是事件难以应对，必须采取非常规方法来处理。这是对突发事件含义的广义上的理解。② 2007 年 8 月全国人大通过了《中华人民共和国突发事件应对法》，这是我国首次为“突发事件”立法，其中将“突发事件”界定为“突然发生，造成或者可能造成严重社会危害，需要采取应急处置措施予以应对的自然灾害、事故灾难、公共卫生事件和社会安全事件”。从这个定义中可见：首先，突发事件主要是指“突发性公共事件”，即事件的产生、发展与公共利益有关；其次，突发事件的产生包括自然因素——如以地震、水灾等为代表的环境灾害，但更主要的与人为因素有关——从微观的操作不当到宏观的制度缺陷，即使是表面看

---

① 叶皓：《政府新闻学》，江苏人民出版社 2006 年版，第 210 页。

② 朱力：《突发事件的概念、要素与类型》，《南京社会科学》2007 年第 11 期。

上去与人无关的“自然灾害”，也往往隐藏着“人祸”的影子。正如前文所说，目前我国已经进入“突发事件”高发的年代：仅就“群体性事件”而言，在1993年至2006年这13年增加了10倍，尤其在2009年，全国共发生了将近9万起群体性事件。其中影响较大的有海南东方暴力袭警事件、江西南康事件、湖北石首事件、新疆“七五”事件、吉林通钢事件等。在以上事件中，因为不满于自己的人身权利遭到侵害而引发的事件占80%以上，同时，社会泄愤事件和社会骚乱事件也有所增加。

二、突发事件的特征

突发事件具有爆发突然、起因复杂、蔓延迅速、危害严重、影响广泛等共同特点。而且各类突发事件之间往往有着千丝万缕的交织关系，处置不好会产生连锁反应，使事件更为复杂，难以解决。综合国内外诸多学者对突发事件的研究结果，我们将其特征总结为以下几个方面：

1. 在形式上具有不确定性

突发事件的发生往往是人们无法预料且措手不及的，它们突如其来，不期而至，人们无法事先对是否会发生某事以及何时、何地发生某事等做出预计，突发事件的发生在时空上有很大的不确定性。同时，不仅仅是突发事件的开端无法预计和判断，一旦发生后其后续的发展和可能造成的影响也是没有经验性规则可以进行指导的，突发事件的危害程度和影响范围在事件处理的过程中瞬息万变，甚至很多危机事态的恶化会对社会带来很难预料的严重后果。所以如何迅速、合理地处理突发事件，是对政府的公信力和合法性提出的严峻的挑战，如果应对不当，就会对社会造成巨大的负面影响，同时也会影响政府的威信。

2. 在后果上具有危害性

所谓的突发事件,一般都是指对社会产生负面影响的事件,这些事件往往是各种矛盾激化的结果,一旦发生都会呈现出一果多因、相互关联、牵一发而动全身的复杂状态。甚至可以说每一起突发事件的发生,都会对曾经相对稳定的某种社会状态构成威胁,如重大的社会利益、社会基本结构或者某些核心的社会价值观。这就导致了危机破坏的并不是社会或组织的局部和表层,而是存在或潜藏着对整个社会组织从内而外的根本上的毁坏。所以在突发事件发生之后,政府要在第一时间立即行动,迅速做出决策,制定应对措施,以免危害蔓延酿成危机。

3. 在前景上具有危机性

突发事件往往是危机先兆和前奏,它们对生命财产、社会秩序、公共安全等构成严重威胁,破坏性地冲击社会心理和个人心理,进而渗透到社会生活的各个层面,如何有效应对突发事件,是对政府的应急处置能力的严峻考验。

4. 在时间上具有紧迫性

突发事件的第一要素是"突然爆发"。一起突发事件,从萌芽、发生、发展、高潮到最后结束,周期非常短暂,蔓延速度很快。正是突发事件的难以预料性,使事件的发生发展与一般人的认识存在严重脱节,于是在突发事件爆发时,人们往往在心理上惊恐万分,在行为上不知所措。这就需要政府部门在突发事件发生后第一时间立即行动起来,迅速做出决策,发布危机信息,制定应对措施,控制危害蔓延。危机管理专家格林认为,时间因素是控制突发事件及其破坏性社会影响的关键。一旦发生突发事件,决策者的首要目标是以尽可能短的时间遏制突发事件事态的蔓延,把危机控制在一定的范围内,这就要求对突发事件的决策必须快速、高效，决策者必须随机决断，否则任其发展，后果可能是灾难性的。

5. 在结果上具有双面性

双面性是辩证唯物主义赋予事物的普遍特征，“祸兮福之所倚，福兮祸之所伏”是中国古代哲学家的经典智慧。其实，负面的影响和破坏性的后果不是突发事件的全部，危难之中还有机遇。面对突如其来的危机，公务员既要果断应对难以预料的“危”害，又要敏锐发现非常状态下蕴藏的“机”遇，理性认识突发事件中“危”“机”并存、相互依赖和转化的辩证关系。一般来说，突发事件能给组织带来革新的机会，有助于组织内部的团结和自我反省，甚至于如果处理得当，还能够展示组织形象。当然，在突发事件应对中，如果政府处理措施不当，就会带来更大的损失，反过来便可以化解危机，维护社会稳定。

6. 在影响上具有广泛性

由于突发事件具有突发性和灾难性，往往会对社会产生巨大的冲击力和震撼力。特别是在信息不对称不全面的情形下，群众恐慌会愈演愈烈，引起广泛的关注。这就要求政府及时地站出来，通过媒体向公众做出全面的解释，告知事情的真相。从当前来讲，尤其要发挥网络等新媒体作用，避免因恐慌而带来社会的动荡。

第二节　突发事件的发展阶段

虽然说突发事件从萌芽、发生、发展、高潮到结束在时间上非常短暂，但其实从生成到消除也是一个累积渐进的过程，事件中的各种要素于此过程中进行从量变到质变的转换，才使得它打破了日常工作流程、影响了正常生活节奏。斯蒂文·芬克在 1986 年提出了危机（突发性事件）公关传播的四段论模式。[①] 认为突发事件一般要经历潜伏期、突发期、蔓延期和解决期，这种分段论有利于我们深刻理解可能遇到的突发事件。在这个发展过程中，突发事件每个阶段的特征也不相同，我们也可以把它称之为突发事件的周期。

第一个时期，是突发事件的潜伏期。它是突发事件爆发前的萌芽阶段，有各种各样前期征兆，但不易察觉。潜伏期是事件处置中最容易的时期，但却最不易为人所知。所以不论是政府还是公众都要增强风险和危机意识，特别是媒体要发挥其预警作用，通过理性判断提醒社会危险的临近，从而使得政府及公众能及时采取对策，以避免危机的爆发或减轻危机的危害，[②]提升对突发事件的预警能力。

第二个时期，是突发事件的爆发期。这个阶段历时最短，但由于处置者面临雪崩式的压力，所以感觉上是时间最长的阶段，在这个时段内各种社会关系急剧变化，容易对人们心理造成最严重的冲击。此时政府部门应该通过各种媒体及时提供有关事件的全面信息，消除人们对于突发事件的恐惧，这对于维护社会稳定是非常重要的。[③] 这个时期的特征是事态在强度上逐渐升级；由不为人所知发展到引起公众广泛注意；引起越来越多媒体的注意；事态发展干扰正常活动，影响公务员的声誉乃至国家形象。如果在潜伏期没有做好预防工作，突发事件就会爆发出来。例如，任何火灾都

---

① 张小明主编：《公共部门危机管理》，中国人民大学出版社 2006 年版，第 218 页。

② 张小明主编：《公共部门危机管理》，中国人民大学出版社 2006 年版，第 105 页。

③ 赵士林：《突发事件与媒体报道》，复旦大学出版社 2006 年版，第 99 页。

可能是由一个小火苗开始的，如果在小火苗时期不能将其消灭掉，那么就会引发巨大的火灾。爆发期往往让人措手不及，但是应对突发事件主要是指在爆发期，这时候就要做出决策、搜集信息、组织资源，此时的应对方式会直接影响到对整个事件的控制与处理。

第三个时期，是突发事件的持久期。突发事件如果在爆发期没有得到很好的控制，就会导致灾难不断发展、蔓延、恶化，造成巨大的社会影响。此阶段处置的关键在于政府要采取各类措施，试图将爆发期造成的损害降到最低程度。此时，媒体报道、解释和引导是增进了解的“导航员”，是促使采取一致行动的“催化剂”。①如果管理有效、处置有力、应对有序，就会使社会秩序在较短的时间内回复到正常水平。

第四个时期，是突发事件的恢复期。这个时期主要任务是重建在突发事件中造成的各种损害与损失，使社会秩序恢复常态。即这个阶段突发事件完全平定，公众、组织已经从突发事件的影响中基本解脱出来，但是政府部门仍要保持高度警惕，媒体也要对整个事件中暴露出来的各种问题以及在应对处理过程中获得的经验进行总结和反思，尽量将危险转化为发展的机遇，②防止事件的反复发生。

第三节　“新媒体”视角下突发事件中的舆论生态

一、突发事件中的媒介生态

毋庸置疑，传媒的态度影响着舆论的方向。西方经典的舆论

---

① 赵士林：《突发事件与媒体报道》，复旦大学出版社 2006 年版，第 113 页。
② 赵士林：《突发事件与媒体报道》，复旦大学出版社 2006 年版，第 118 页。

研究也认为传媒在舆论塑造中发挥着重要作用。我们如今常说"新媒介"视角,其实"新媒体事件"(New Media Event)的概念必须追溯至"媒体事件"(Media Event)。简单地说,媒体事件是传媒力量的集中体现——当戴扬与卡兹于1992年提出此论断时,他们关注的主要是电视媒体,是规模隆重的直播盛事,是发达国家,是精英与专业人士。但随着网络媒体的兴起和民间力量的参与,近年来华人社会出现了一系列"新媒体事件",所涉及的媒体和社群、现象和问题均已明显超越传统范畴。他们不再是强权操控的歌舞晚会,不再是单纯主力的商业炒作,而是有更多的民间参与和横向联系,同时亦涉及更广泛的社会权利问题,如侵权、维权,如日益模糊的公私界限,如社会运动与公民社会的发展等。从新媒体事件的视角看,一方面固然看重以网络、手机为代表的新媒介在舆论形成与发展中的角色;但更强调新媒介与传统媒介并非完全的替代关系,而是"扩展的媒介生态体系"(Enlarged Media Ecology)中的组成部分,可以竞争,也可以合作。

其实上述的新媒体与传统媒体在舆论中的竞合两面关系,在近年来中国发生的诸多突发事件中都得到了体现。在很多尤其是涉及权益抗争、公权滥用事件中新媒体是传统媒体的"对抗者"。例如在"瓮安事件"、"躲猫猫"、"70码事件"中,网络空间成为网民反对、嘲弄传统媒体所发布的"权威信息"的主战场。但与此同时也要看到传统媒体与新媒体合作推动事件进展的情形。比如在2009年发生在上海的"钓鱼执法"事件中,事件发生初期浦东新区以政府的名义公布了事件的调查结果,称其整件事"不存在钓鱼执法",这一结果引发了互联网上的舆论哗然;但不止互联网,新华社和央视也很早就介入该事件,并对政府"钓鱼执法"的方式提出质疑;同时《新京报》、《南方都市报》等地方都市类媒体也先后发表《“执法钓鱼”的危害远大于“黑车”》(2009.9.17)、《倒钩事件背后的权力失控》(2009.10.23)等评论,批评地方政府的执法不当,新媒体与传统媒体协同作战,最终迫使浦东新区政府对这一事件作出进一步的调查与澄清。再比如在陕西“华南虎照片事件”中,网民无疑是“打虎”主力军,而《人民日报》发表时评《“华南虎事件”让谁蒙羞》,央视《新闻调查》推出的《虎照疑云》专题节目,都与网络民意形成了良性互动,是又一例新媒体与传统媒体相互协作的实证。

二、谁是突发事件的“组织者”

“新媒体事件”中一个值得关心的问题是:谁是事件的组织者?

在传统媒体事件中,组织者往往是政府官员、社会精英或专业人士。新媒体事件的组织者就更为丰富:其中包括了普通网民、草根民众、公民记者,当然也包括商业机构、社会团体、政府组织。从这一视角出发,我国的突发事件就显示出一个显著的特征:“非利益相关者参与”特征——即突发事件的舆论主体中不仅包含了与事件利益直接相关的群体(即“利益相关者”,如厦门PX事件中感知到环境威胁的市民),而且越来越多地包含了与事件本身并无直接利益关系的公民。这一部分人群虽然也包含了通过新媒体进行自我赋权的部分底层民众,但毕竟网络表达需要基本的新媒体知识和对Web2.0方式的熟悉,所以最有可能产生维权动机与最可能进行网络表达的往往并非同一批人。据CNNIC15日在京发布的《第26次中国互联网络发展状况统计报告》显示:截至2010年6月,中国网民总数已达4.2亿,较2009年底增长3600万人。截至2010年1月统计:其中10—39岁的青少年和青年占了网民总数的81.9%，高中以上占64.5%，学生群体占28.8%。复旦大学新闻学院周葆华在上海进行了一项随机抽样调查，调查结果显示，运用博客、论坛等Web2.0平台进行意见表达的网民平均年龄仅为27岁，且其中70%具有大专以上学历。这些年轻、高知的网民日益成为突发事件中舆论表达的主体，他们对事件的参与主要出于个人政治兴趣、表达热情以及对推动社会变革的期望，他们才是现今新媒体事件的真正有力的组织者。①

第四节　突发公共事件的政府责任及对公务员的素质要求

突发事件的首要特征是不确定性，也就是说其发生可能是偶然的，但是突发事件一旦发生，相关政府部门对它的应对却是必然的。这就要求政府公务员通过各种有效途径，推进政府的信息公开，维护公众的知情权，并重点加强对公众的心理疏导，确保社会稳定。各级政府应该随时做好准备，以最大限度的信息、技术、智慧去应对可能发生的各类不确定的突发性事件。无论是突发性事件处理的管理程序，还是政府危机的应对策略，都要求政府机构能够认真研究和合理确定突发事件的类型，把握其阶段特征，同时建立突发事件信息公开机制，及时、准确地向公众通报事件的进展，这是应对和处置好突发事件的基础性工作，它对于保障公民知情权、建立突发事件预警机制、提高突发事件应急效率等有重要的现实意义。

---

① 周葆华：《突发事件中的舆论生态及其影响：新媒体事件的视角蛇》，《中国地质大学学报》2010年第3期。

一、公务员应对突发事件的工作程序

首先,要求公务员要在第一时间识别危机、判断危机的性质,从而预测危机的破坏程度及发展状况。其次要尽快做出决策,在正确识别危机之后,就要马上做出决策及制订指挥方案。再次要有效协调资源,居于领导地位的公务员要充分利用社会资源,及时调动通讯、交通、食品、医疗等各个方面。其中,要特别注意沟通问题,包括政府与媒体的沟通、与受害人的沟通、与工作人员的沟通等。公务员在危机到来之际,要充分认识到的一点是与群众齐心协力,发扬合作精神,共同面对,解决问题,以保证正常的社会生活和经济运行。

二、公务员应对突发事件的具体措施

第一,制定完善的应对计划。领导者要按照紧急突发事件处理预案制定出详尽的应对计划,计划事件发生后的资源调配、人员调动、财政支出等。

第二,建立高效的协调机构。在突发事件发生时,由于事件的紧急性,专门的应急指挥中心必不可少,这个指挥中心在这个应对事件中起着中枢作用,领导者通过它调动各个部门,发号施令。

第三,铺开全面的应对网络。这个网络包括了地区的、国家层面上的、国际层面上的范围,同时建立一支专业队伍,构建包括交通、通讯等在内的应对的防护,形成一个强大的网络。

第四,展示成熟的社会能力。也就说此时要特别注意依靠群众,通过传媒尽可能地调动群众,形成一种有效的应对方式。

三、公务员在突发事件的处理中所承受的压力

每一次突发事件的应对和处理都是对相关公务员工作能力的

严峻考验,可以说有什么样的公务员就有什么样的应对方式。在危机到来的时刻,往往能催生一个成熟的、敢于负责任的政府,也会造就一批优秀的公务员。当然在处理突发事件时,公务员不可避免地承受着巨大压力,并在压力中经受着考验。

公务员面对的压力主要有以下几点:

第一,恐惧感。突发事件中瞬间对人民生命、国家财产造成的严重威胁,会突然对公务员的心理造成一种恐惧的压力。第二,责任感。突发事件发生的时候,处于领导地位的公务员就会感觉到重任在肩、责任重大,因为一旦处理不好,随时可能会造成更加巨大的危害。第三,失控感。由于突发事件的规模与程度往往是事先无法预料的,且事件发生急遽,一时间很难控制并把握局面。第四,紧迫感。由于在应对突发事件时会在短时间内接触到大量信息,这些信息真伪难辨,具有很大的不确定性,决策者必须在很短的时间里分辨这些信息,掌握真实有效的信息,否则,将会造成决策中的手忙脚乱,甚至会引起决策的失误。

四、公务员在面对压力时应有的素质

在应对突发事件中,公务员不可避免地要面对上述压力,此时,公务员自身的素质就显得非常重要,如果不能承受这些压力,在处理现场就会做出错误的决策,使事态的发展更加难以控制。所以说,我们要培养一支高素质的公务员队伍。平时,我们的公务员要做一些关于素质方面的训练。

首先,要注意培养公务员情绪的稳定性。要求公务员在日常工作中不能过分情绪化,悲喜不定,遇到困难就惊慌失措,失去清醒、理智;尤其在处理危机时,要保持清醒的头脑,快速理出处理问题的思路来。情绪的稳定性,决定了决策者能不能承受一定的压力。

第二,要注意培养公务员的果断决策能力和控制力。要求公务员在遇到危机时,能马上控制局面,担负起事件的责任,尽快做出对事件有利的安排、部署。

第三,要注意培养公务员的自信和勇气。要求公务员时刻要保持自信,保持一种理智的心态。自信,首先是要有相信自己有能力可以把面对的事情处理好的决心,它同时需要一种勇气来承担这个责任。

第四,要注意培养公务员谨慎、持重的心态。这就要求公务员在面对突发事件进行决策时,一定要谨慎从事,不能武断地仓促决策,否则不但不利于事件的解决,反而容易雪上加霜,扩大事态的负面影响。

综上所述,作为公务员,即使在平常的工作中,也要善于沟通,善于倾听别人的意见,善于有效地组织团队。在突发事件的处理中,更要能够团结民众来应对各种危机。而且要善于理性地分析,善于系统地思维和统筹规划,从而独立地做出决策。以上是公务员普遍应该具备的执政素养,而对于担负领导职务的公务员来说,还有更高的素质要求。首先,要求他们在处理突发事件的时候必须坚持一种符合社会主流价值观趋势的核心价值观。也就是说,当危机事件发生的时候,领导者一定要首先确定什么是最重要的,这是做出正确应对决策的前提条件。如今的社会价值观应当是以人为本,人民的生命安全始终是要摆在第一位的。所以,在处理突发事件时,作为一个领导者和决策者,要秉持的核心价值观就是尽最大可能维护人民的生命安全,而不是地方或政府的经济利益。其次,作为一个领导者,往往代表着政府的形象,在解决突发事件的时候,一定要充满社会责任感和信誉度。说的每句话、做的每件事都要向社会、向老百姓负责任。这样，才能得到群众的信任，争取到群众的协作。同时，领导者也要善于沟通，充分调动大众的信心与积极性，共同对抗危机与灾难，这样在应对突发事件时往往能够事半功倍。

第五节　突发事件中的公务员媒体应对工作

在应对突发事件时，公务员要充分重视并力图做好媒体应对工作，这对于事件的良好解决往往起到至关重要的作用。突发事件一旦发生，短时间内各方力量交集，矛盾尖锐对立，势必会引起各种新闻媒体的密切关注，如果管理不善，媒体应对和舆论引导工作失策，很可能会大幅度降低公众对公务员工作的评价，甚至会作用于事态的发展，使之脱离可控的范围。因此，公务员务必要重视突发事件处置过程中的新闻发布和媒体应对工作，以便抚慰民心，稳定社会公众情绪，并且争取舆论的配合与支持，同时可以通过各种形式的信息发布为公务员迅速有效地开展其他应对策略提供有力的支撑。

一、突发事件中公务员媒体应对常见失误

由于计划经济体制的长期运行，我国各级政府形成了依靠自上而下的行政命令来对社会事物进行控制的制度，即使到了21世纪，在遇到危机时仍然多采用“内外有别、内紧外松”的政策，总是认为危机信息会引起社会恐慌，不利于局面控制。然而如今，随着互联网、无线通讯的普及，任何信息想要完全被封锁，可能性都是微乎其微的。在处理突发事件时，不及时公开事件的发生和处理的信息，只会使流言甚至谣言满天飞，加剧公众非理性状态，最终

导致政府权威的丧失。同时,高度集中的政府管理体制,使各级政府在管理方式上习惯于层层审批,普遍存在办事手续烦琐、效率低下、责任不明等诸多弊端。信息发布也不例外,各级政府没有一个明确的信息发布管理权限,同级政府之间也没有建立一个危机信息沟通机制,使得上下信息流通迟滞、“邻里”之间消息阻塞。政府对危机信息的遮蔽非但不能有效截断公众获取信息的渠道,反而会加剧其对政府的不信任。美国危机传播专家认为,面对媒体告诉公众你知道的、承认你不知道的、坦言战胜危机的困难,是一条有效的传播方法。这就意味着,当突发事件来临时,政府公务员要让公众分担和分享,要与公众分担和分享,以政府和人民之力来共同应对。综观最近几年来突发事件爆发后地方公务员所采取的媒体应对的失策之处,主要体现在:

1. 信息发布迟缓

在事件进展中,一些普通事件之所以最终形成突发事件,或者突发事件之所以最终造成意想不到的严重危害后果,有时就与公务员未能及时公布事件发展的实情密切相关。例如,2008 年贵州瓮安“6・28”事件,之所以从一起单纯的民事案件,最终酿成严重的打、砸、烧群体性突发事件,就与事件发生伊始当地公务员没有及时通报事件实情、安抚死者家属有直接关系。又如,2010 年 2 月 21 日凌晨,山西省多个地区的民众因相信地震谣言而露宿街头,这也与当地有关政府的公务员没能及时辟谣直接相关。

2. 逃避媒体采访

在应对突发事件时,很多公务员不是想着如何积极与媒体沟通,如何赢得社会舆论和大众的支持,而是敷衍塞责,尽可能地逃避媒体的正常采访。例如,2009 年 6 月中旬,武汉媒体曝光武汉经济适用房摇号出现“六连号”事件。面对这一严重危及政府公信力的突发事件,6月22日上午,武汉市公务员新闻办专门召开新闻发布会,声称要通报“六连号”事件的具体情况,可新闻发布会仅仅开了55秒钟,没有提供任何记者提问和新闻发言人答询的时间,被网友戏称为“史上最短新闻发布会”,在群众中造成了极端恶劣的影响,使武汉市政府的公信力遭到空前的质疑。

3. 封堵信息传播

按照相关法律和政策的规定,突发事件爆发后,地方公务员有责任向上级公务员、公众和媒体通报事件的真相。但少数地方公务员第一时间想到的却是如何封堵信息传播,为此甚至贿赂或收买记者及相关知情人隐瞒事实真相。尤其是在互联网时代盲目地以为只要删除几个网帖就能平息突发事件中的舆论批评,却不知这样的处理反而会适得其反,进一步激化矛盾,直至失去舆论和大众的支持。

4. 发布虚假信息

突发事件爆发后,很多公务员出于片面的考虑,为了“维护稳定”,向公众和媒体发布虚假信息,这种行为严重影响到公务员公信力和对突发事件的顺利处理。例如,2005年11月21日,哈尔滨市公务员在一天的时间内发布了前后理由不一的停水公告,其中后一公告是对前一公告的纠正。事实表明,市公务员先前发布的虚假公告不仅没有起到稳定社会公众情绪的作用,反而引起了更大的社会恐慌。

二、突发事件中的媒体应对之策

事实证明,在应对突发事件时对媒体的态度不当,会造成恶劣的社会影响。因此,主动发布信息,在突发事件发生后,要积极应对舆论。一“不能躲”,不论是否愿意和媒体打交道,当媒体找上门时不能躲避;二“不能捂”,无论事态的发展如何,一定要主动发布,不能等媒体普遍关注起来才被动应对;三“不能推”,在面对媒体的时候,应该主动承担责任,决不能把责任随便推卸给其他部门。对于依法应当发布新闻而不发布,或未在有效时间内发布;不及时发布新闻,或有意发布虚假新闻;违反程序规定擅自发布新闻;拒绝执行上级主管部门的新闻发布指令,或延误时机,执行不力,造成不良社会影响和后果的,将按相关规定依法追究单位或有关责任人的行政责任。在突发事件发生后,假如信息不及时公开,将使政府形象很快被妖魔化。因此,不要怕记者抢发新闻,而是要占据新闻信息发布的主动权。在新闻发布的过程中,谁第一时间发布新闻,谁就占有了主动。

在突发事件中公务员应对媒体时,必须注意技巧,遵循以下5大原则:

第一,迅速快捷。突发事件一旦发生,最重要的是第一时间向媒体公开和发布相关信息。所谓“第一时间”,就是公众还没完全掌握事件真相的时间。突发事件发生后,1个小时内必须要完成新闻通稿的撰写及发布。目前又有专家提出了“黄金4小时”的概念,即突发事件发生后,数小时内媒体就可能将事件传播、发酵甚至炒作,形成有重大舆论影响的事件。所以,政府必须在4小时之内发声,要成为事件的“第一定义者”。因此,危机发生后第一时间引导舆论极其重要,一定要及时发出权威的声音,抢占舆论主动权。

第二,统一口径。口径是指在新闻发布中对事件起因、处置情况等重要问题最权威、最准确的回答。有了统一的口径,在突发事件的处理上才能赢得主动。在奥运会前期,北京副市长刘志华出了经济问题,情况很敏感,当时奥组委统一的口径是三句话:一是刘本人未在奥组委任职;二是刘的问题是个人问题、个人行为;三是奥组委一直加大对奥运各项工作的监督,坚决打击贪污行为。这三句话清楚地回答了境外媒体的采访,避免了媒体的猜疑。所以,对外发布新闻的口径必须高度一致,不能提供互相矛盾的信息;各部门在应对媒体的时候,不能为了明哲保身,把问题推给别人;在接受记者采访时要讲究艺术,做到顾全大局,避免顾此失彼;面对记者的提问,对于不清楚的,可以委婉告知,避免出现"无可奉告"之类的话。

第三,准确有据。媒体对重大事件几乎是没有不报道的,所以,就要求政府部门一开始提供的信息必须是准确的,以防止媒体抓住把柄炒作。对于某些媒体来说,坏消息才是好消息。所以,在突发事件发生后,政府部门不能一开始就一味淡化问题,或者草率定论,导致信息与事实相距太大,而是要讲究技巧,善用新闻语言,以满足记者的基本需求。在把握度的前提下,尽量把记者和公众最关心的东西发布出去,少提领导,多列数字和事实。要向公众及时告知危机的真相及可能的风险,即使情况存在不确定性,也应该告知公众,这样才能赢得公众的信任。

第四,控制现场。在确保事件顺利处置和记者人身安全的前提下,一般不得干扰、阻挠记者合法采访活动。但是,在一些比较严重的突发事件中,个别别有用心的媒体,尤其是境外反动媒体,往往会对现场的场景进行过分渲染,夸大事实报道。因此,加强对记者采访的管理,特别是事发现场的管理,是至关重要的。在事件现场保护方面,可以依法设置警戒线,警戒线内严禁记者进入采访;在警戒线外划定新闻采访区,规范媒体采访活动;设立媒体接待处,负责接待媒体来访,组织采访活动,掌握媒体到场情况。新闻发言人在现场要切实发挥作用,除协调记者采访外,还要及时通报情况。

第五,跟踪舆情。跟踪舆情是突发事件善后及舆论引导的关键。政府部门要保持所有危机信息最权威发布者的地位,一旦出现不实传言、谣言,要立即察觉,迅速作出研判,并及时回应以正视听;要主动设置议题,及时转移舆论焦点,不断向媒体及公众输入正面信息或用新的热点吸引公众关注;要关注公众及舆论关注的焦点,并及时进行引导。值得一提的是,对媒体的不实报道进行反击是无益的,恰恰又是媒体所欢迎的。因为反驳造成的对立气氛更能吸引公众眼球,为媒体提供更多的报道素材。而政府与媒体开战,公众往往更相信媒体。假如一味指责记者,只能招致公众反感。所以,对媒体的舆论引导非常重要,政府部门必须实时掌握网络舆论动态。另外,网评应对是整个网上舆论引导的核心和关键。网评的重点是把核心网评员队伍建好,提高网评工作技能,多写帖、多跟帖,多培养"意见领袖",使之成为在网民中有较高威信和影响的人。同时,要完善网评快速协同机制,重大网络舆情出来了,各部门能联手进行研究,及时了解掌握情况,随时监控网络舆情动态,主动进行引导和说明。

第六节　突发事件中网络群体性事件带来的挑战

在网络传媒日益发达的今天,往往是在某个突发事件发生后,当传统媒体尚未来得及报道或还在选择沉默时,无孔不入的网络媒体会在第一时间介入报道,及时追踪最新动态,以迅速吸引广大受众眼球。还有一种情况是当突发事件发生时,会被有些知情的网民发布到网络论坛上,而有兴趣的网民在论坛上浏览了相关信息后会采取跟帖的方式发表自己的意见和看法,有时也会在聊天区发起讨论。这些意见可能呈现出一边倒现象,或是形成观点截然相反的两方,也可能是形成百家争鸣的格局。当讨论的问题开始与广大网民利益相关时,这种争论就会越来越激烈,也越来越引起更大范围的网民的关注。这些参与讨论的网民来自社会的不同阶层、不同职业,成长背景和受教育背景也不尽相同,所以在讨论之初关于同一事件的认识与意见可能完全不一样,而参与意见的每一个网民都希望自己的主张能够影响事态的发展。这些各种各样的网络意见经过一段时间的交流、融汇、取舍、整合,往往会向着一定的方向发展并最终达到倾向性的多数认同。

同时,互联网信息的便捷性不仅能够在不同阶层的网民之间整合资源,而且使得城市之间的联动性也空前地增强,网上的发帖从一个城市的论坛转瞬可以传播到千里之外的其他城市论坛,很快就会引发该城市网民的积极参与,用"一刻千里,瞬息万变"来形容这种城市之间的网络互动毫不为过。

其实有很多群体性事件的组织过程就是在互联网上完成的,网民往往通过 MSN、QQ 等即时通讯工具或聊天网站、电子邮件、网站论坛等其他形式,确定活动的地点、时间、方式甚至口号、着装等方面的信息,除了以上途径以外,利用网络向手机群发短信功能,也可以在极短的时间内把信息发往四面八方,迅速产生滚雪球效应。网络传递信息的"一点发信,多点感知;交互传递,滚动扩展"的特点,使得它成为网络群体性事件聚合能量的重要渠道,发挥出事半功倍的效果,大大降低发起和组织群体性事件的成本。最典型的例子是厦门 PX 事件,2007 年全国两会期间,部分政协委员提案:厦门 PX 项目会影响当地环境,或可导致婴儿畸形。于是很快有网民在网络上发帖反对 PX 项目,之后有关福建省、厦门市的相关论坛相继出现大量网民发帖、转帖、跟帖,不久,这些帖子内容变成了手机短信,迅速在厦门市民中流传。短信还号召市民们去市政府"散步",公开表达对PX项目的不满。短短的几天,一个网络上的帖子,由于贴近民生,被关注度急剧升高,迅速传播到厦门的广大市民,于是一项投资108亿元、可能给一座城市带来800亿元以上GDP的"手续完备、程序合法"的化工项目,最终"暂缓建设"。这样的例子提示我们,在互联网时代,网络群体性事件将会是政府经常面临的一种新的危机形式,这种危机形式给政府治理和风险管理带来了很大的挑战,尤其表现在以下方面。

一、网上网下互动性强导致事件影响快速漫延

互联网的发展,刚开始仅仅被视为一种新兴的科学技术、信息技术。然而随着互联网的不断成熟和普及,其发展远远超出了纯技术的范畴,已逐渐渗透到社会政治、经济、科技、文化、教育、管理等各个领域,几乎成为人类生存的又一个社会。甚至于这个社会已绝不再像原来设想的"虚拟社会",而是虚拟和现实的交错、交融,这才是网络社会的本质特性。① 网络技术发展到现在,已经将虚拟空间和现实公共空间结合在一起,既改变了大众表达自我的手段,也改变了社会形态和社会关系。卡斯泰尔在《网络社会的崛起》一书中指出:作为一种历史趋势,信息时代的主要功能和方法是围绕网络构成的,网络构成了我们社会新的社会形态,是支配和改变我们社会的源泉。

无论如何,网络群体不是无根的浮萍,它是以现实群体为依托的。互联网作为人际交往的工具,为现实的人际交往提供了一个可以延展的网络空间,形成现实的网络人际关系。通过现实人际

---

① 茅亚萍:《浅析网络的匿名传播》,《当代传播》2003年第6期。

关系的网络化，进而形成网络群体，群体成员在线身份和离线身份基本上是一致的，改变的只是群体成员互动的载体和方式以及活动的空间。现在，由于网络技术的发展，不管人们身在何处，只要有相同的兴趣爱好，有相同的态度，有相同的背景，就可以组成一个群体。网络小众化趋势越来越明显，这种趋势是网络甄别作用的体现，这种甄别作用拿到现实中来就是"物以类聚，人以群分"。如2006年上海网民发起欲成立"打击新疆小偷团体"，并约定拿好武器（车链锁）集中在人民广场，然后寻找新疆小偷进行打击，最后警方及时出来干预，不然后果不堪设想。网络群体性事件已不局限在网络中发展，它通过网络的放大效应，投射在现实生活中，网络群体性事件往往直接引发现实社会的群体性事件，即使不直接引发，也会在网络运行方面造成直接损失，或是在思想文化领域、网民心理上造成一些影响。

二、网络群体性事件带来强大的政府网络舆论危机

在互联网时代，各级政府都面临着许多新的考验。作为新形式出现的政府网络舆论危机，就是网络社会中政府经常遇到的一种新考验。危机在古希腊本是一个医学用语，指的是生死转折点。在《韦氏词典》所下的定义中，危机是指变坏或变好的转折点。政府网络舆论危机是指政府在网络空间中遇到的针对政府公信力和执政地位等"一边倒"的负面舆论。从传播学角度来分析，网络群体性事件实质也是网络舆论的一种特殊表现形式，这种网络舆论带有明显的群体集化现象。群体集化使网络负面舆论极端化，负面舆论呈现一边倒的趋势，使政府面临一定的舆论危机。事实上，在网络社会里，政府某个成员或某个组织的任何一项不恰当的具体行政行为，都可以引发众多的带有明显倾向的一边倒的负面舆论，将政府置于

公众舆论的风口浪尖上，严重损害政府形象，削弱政府公信力。①

在诸如厦门PX事件等众多网络群体性事件中，公务员或政府机构往往成为舆论聚焦的对象。网络群体性事件一旦出现，便会出现一个网络舆论场，并形成巨大的舆论效应。在“躲猫猫”案中，云南晋宁警方称李荞明的死因是和狱友玩游戏时意外撞墙所致，结果遭到网民一致质疑；在南京周久耕“天价香烟”案中，周久耕被“人肉搜索”，网民称他抽高价烟、戴名贵表、开高级车，要求纪委介入；在杭州“飙车案”中，警方最初公布的调查结果招来无数指责，围绕跑车、富家子的网络热议迅速蔓延；在邓玉娇案中，网民一边倒地认为，“守贞操的弱女子”杀死“炫富、好色的坏干部”是“英雄之举”。② 这些网络舆论都表现出一边倒的倾向，舆论的目标都直接指向官员腐败或权力滥用，致使政府公信力明显受损，在一定程度上冲击了政府合法性基础。美国学者曼纽尔·卡斯特曾说过，“在遭到公共舆论强有力的反对时，任何政府都是脆弱的。”③因此，网络群体性事件的频发，给政府带来强大的舆论危机，同时考验着政府的合法性。

三、当网络群体性事件转化成现实的公共危机事件时，会严重影响社会的稳定

网络信息传播的速度和广度远远超过报纸、广播、电视等传统

① 谢金林：《网络空间政府舆论危机及其治理原则》，《公共行政》2009年第3期。

② 《邓玉娇案引发网络热议网络成民意表达渠道》，腾讯网，2009年06月23日。

③ ［美］曼纽尔·卡斯特：《认同的力量》（第1版），曹荣湘译，社会科学文献出版社2003年版，第152页。

媒体。公众只要轻点鼠标,就可以实现网民间的信息互通,负面舆论就可能在极短的时间内传播到世界的每个角落。所以说网络在组织群体性事件方面具备特殊的动员力量。网络可以迅速地将某种利益诉求个体汇聚成一个利益群体。这个利益群体的诉求聚积在一起,就能在互联网上形成一股强大的舆论力量,并对现实社会中的传统观念产生一定的冲击,影响着社会现实有着相同利益诉求的群体。再加上一些政府部门对新兴起的网络舆论危机认识不足,对网络群体性事件并未真正重视,有些政府公务员还对网络民意采取敷衍态度,致使网民的一些言论趋于非理性化。当网络群体性事件发展到一定程度,就有可能转化成现实的公共危机事件,给社会稳定带来重大冲击。

近年来,我国所发生的许多危机公关事件,不是由网络触发,就是由网络传播或放大,重庆最牛钉子户事件、陕西绥德事件、辽宁西丰事件、湖北天门事件、陕西华南虎事件都是网上的帖子引发或放大的。[①] 例如在上述的厦门 PX 项目事件中,厦门引进重大化工项目选址因环境问题未开工就遭公众质疑。反对此项目的厦门市民最先是聚集在名为“还我厦门碧水蓝天”的 QQ 群中进行交流,发表意见。同时,网上谈论此项目的帖子也成网民关注的热点。后来伴随着 QQ 群成员的扩大,“还我厦门碧水蓝天”逐渐扩展到了 1,2,3 群,而且话题也由 PX 项目的危害逐渐转移到了如何用实际行动“反对 PX,保卫厦门”上。此事最终由虚拟空间转为现实中的公共危机事件,即市民“散步”抗议。尽管此事最后因政府妥协得到平息,但仍给厦门市政府的形象带来很大的负面影响。

---

① 邹建华:《突发事件舆论引导策略》,中共中央党校出版社 2009 年版,第 4 页。

四、网络群体性事件中形成的网络舆论，对传统的舆论宣传工作形成冲击

随着互联网的崛起，网络舆论迅速发展。同时，随着社会的不断进步，改革开放的不断深入，普通公民更关心如何行使自己的社会权利，特别是知情权和表达权。然而长期以来，我国舆论宣传工作形成了以正面宣传为主的指导思想，对于反映社会阴暗面的事件，舆论宣传主管部门往往下发指令或通知，严禁报纸、广播、电视等传统媒体报道或炒作。这种传统的舆论宣传模式有利于在全社会形成和谐、稳定的氛围，鼓舞群众工作中的干劲，在我国的社会主义现代化建设中起到了一定的积极作用，但是也阻碍了大众诉求表达的渠道。于是人们选择通过网络舆论表达自己的意愿，加上网络的不可控性，常常使网络民意表达成为触发网络群体性事件的一个重要原因。面对官僚腐败、社会不公等社会现象，尽管报纸、广播、电视等传统媒体集体失语，但公众不再一味沉默，他们把网络作为自己诉求表达的主渠道。虽然政府主管部门会对网络上的帖子及时删除，但由于网络传播的便利性，网民仍可以二次发帖进行意见表达，进而众多网民再次聚集在一起。很显然，传统的舆论宣传管理模式已不再适应网络民意的传播管理。

前文已引证，截至2010年6月，我国拥有4.2亿网民，其中既有普通群众，也不乏社会精英。事实表明，在一些网络热点事件中，虽然在宣传纪律的约束下，传统媒体只能选择沉默，但网民们通过互联网的平台积极参与，几乎可以左右事件的发展方向。

在国际社会中，公众参与是民主政治的表现。面对日益壮大网络民意，我国传统的舆论宣传策略更新显然滞后于社会的发展。网络群体性事件的频发，就是对我国的舆论宣传工作传统管理模式提出的重大挑战。在网络热点事件不断出现的情况下，个别报

纸、广播、电视等传统媒体迫于受众的舆论压力，也开始介入宣传纪律中所禁止的报道领域，这对我国传统的舆论宣传工作带来更大的考验。因而，我国各级政府等有关部门公务员应当转变思想，开辟渠道，引导公民积极参与舆论监督和公共事务的决策过程，这样会在很大程度上降低网络群体事件发生的概率。

五、网络群体事件的快速传播彰显了政府信息公开不充分、不及时

一直以来，“政府信息”总是披着神秘的面纱，在大众视野里遮遮掩掩。直至2008年5月1日，我国才正式施行政府信息公开条例。虽然条例规定，行政机关应当通过政府公报、政府网站、新闻发布会以及报刊、广播、电视等便于公众知晓的方式，主动公开政府信息。但是，目前我国的政府信息公开制度在落实上并不完善，一些地方政府在政策出台、社会危机事件等信息仍然难以明朗化，这直接导致了政府与公众之间的信息不对称。同时，各级政府尽管都建立了政府门户网站，可这类网站公布的绝大多数是冗长的政府公文，对民众真正关心的实质性问题透明度并不高，公众难以从中获取自己想要的信息。2009年11月9日至12月15日，中国社会科学院法学研究所法治国情调研组对我国43个省会城市和较大市的政府门户网站进行了集中调查。调查显示，一些政府门户网站履行政府信息公开条例规定的情况不好，不少政府网站存在信息不集中、网站信息获取不方便，个别政府网站只重形式不重内容等问题，按照我们设计的测评指标，43个城市中半数以上不及格。①

① 《社科院称半数城市政府网站透明度不及格》，腾讯网，2010年2月22日，http://news.qq.com/a/20100222/000322.htma。

在网络时代,任何人都无法封锁信息。在当前众生喧哗的“麦克风时代”,政府应主动、及时发布事实真相,解决政府与公众之间的信息不对称问题。从近几年发生的一些敏感的公共突发事件来看,许多都是最先现身于网络。特别是一些突发事件发生后,由于政府对事实真相公开不及时,公众怨声载道,一些不明真相的人就有可能在网上发出质疑的声音,进而可能听信、传播不准确的信息。例如,在湖北“石首事件”中,面对一名青年厨师的非正常死亡,在长达约 80 个小时内,政府的新闻发布都语焉不详,这不能不引起公众对此事的诸多疑问,从而导致网友在网络上发布信息,探寻事实的真相。这其中就出现了许多不实信息,致使事态进一步恶化。在这一事件中,如果政府能够按照相关条例要求,及时、准确发布消息,其实可以省去很多不必要的枝节。

六、公务员或一些权力部门成为网络群体性事件舆论聚焦的重点

随着我国改革开放的不断深入,中国已经进入社会转型期,一些隐藏在体制内的深层次矛盾逐渐暴露出来:如官员腐败、分配不公等现象。对于这些问题,广大公众深恶痛绝,却又无能为力,这使人们产生了严重的失衡心理。随着网络社会的到来,这种久存心中的怨气终于找到了发泄的渠道。同时,一些公务员缺乏民主和科学决策的理念,造成政府出台的某些政策严重脱离实际,损害广大人民群众的利益,激发了公众的维权意识。在互联网逐渐普及的条件下,广大网民有了利益诉求表达的新渠道。他们面对眼前的社会不公平现象不再选择沉默,开始在网络中表达自己的利益诉求,寻求新的解决办法。网络的便捷性使有着同样利益诉求的个体,很快聚集在一起,形成共同的利益群体。与公众利益密切

相关的官员腐败、权力部门滥用职权等现象也自然成为网民极为关注的内容。

2009 年 11 月 25 日，一篇曝光内蒙古呼伦贝尔市贫困县阿荣旗县女检察长坐豪华车的帖子，引发网民热议。针对当事人刘丽洁回应车子是借的说法，仍遭到网友质疑。就在“豪车”风波尚未平息的关头，“豪楼”风波再起，阿荣旗县女检察长被推到舆论的浪尖上。在网络舆论的强大压力下，官方不得不转变态度，开始介入事件的调查。最终，呼伦贝尔市纪委等部门联合作出决定，给予当事人刘丽洁党内警告和行政警告处分，责令本人作出深刻检查，并在全市范围内进行通报。同时，对所借车辆挂蒙 O 牌照的行为，由呼伦贝尔市公安局交通管理部门作出处理，对反映刘丽洁的其他问题继续进行调查核实。刘丽洁在作出检查后，向有关部门提出引咎辞职。从 2009 年中所发生的网络群体性事件来看，在网上网下造成恶劣影响的王帅案、邓玉娇案、石首骚乱等事件中的当事官员都先后被问责。这种处理结果，也在客观上鼓励了大众通过网络反映官员贪污腐败问题。

第七节　公务员应对突发事件能力的提升

当面对突如其来的危机时，作为决策者是否能在第一时间内尽量争取更多的资源、获取更多的信息以制定、运用合理应急预案，决定着对事件的控制、解决以及事件影响的范围。应急预案是危机情境下协调行动的指导方针，内容应包括：确定事件及等级、确定目标和任务、方案的执行规划、动用资源及预算等。制定及执行合理的应急预案，是对事件施行有效控制的决定性因素，同时也是对公务员应对能力的综合考验，在这一过程中，公务员的处置能力、决策能力、沟通能力就显得尤为重要。

处置突发性事件，首先需要经验、智慧、知识和勇气。公务员在面对突发性事件时，必须具备以下处置能力：第一，要有科学的超前预测能力，也就是在事件发生之前，就要时刻关注社会动态，对一些敏感事件的发展态势进行认真的研究，找出可能导致突发事件的可预见因素和难预见因素中的可预见成分，积极有效地采取措施防范可能出现的危机事件。经验告诉我们，在突发事件出现之前，总会有一些迹象可循。这就需要领导人和决策者有透过偶然性发现深刻的必然性的能力，可以及时地抓住那些初露端倪的现象，捕捉先机，尽可能地把问题解决于萌芽状态。第二，要有准确的分析、判断和决策能力。由于突发事件往往具有发展快、规模大、影响或破坏力不可控等特点，常规的办法无法解决，所以需要一种典型的非程序化决策来处理。这就要求领导人和决策者对于意料之外的事情要有比较深刻的洞察力，抓住其意料之内的因素，做出准确和迅速的判断。要敢于打破常规，临危不惧，承担风险，当机立断，同时在处置过程中要冷静沉着，镇定自若，这样才能稳定人心，控制局面。第三，要有良好的信息沟通能力。面对突发事件，人们对信息的需求比以往任何时候都更为强烈。政府机关在这种特殊时期尤其应该注意通过有效的传播渠道把事件的发展和处置过程公开，要注意防止出现信息传播失误，更不能在此时选择沉默，放弃危机信息传播的权威渠道，那样都必将导致局面失控。第四，要有对突发事件的有效处理能力。必须认识到，在对突发事件的处理中速度是关键，各级政府部门要避免上下推诿或相互指责，应协调一致，形成合力，上下联动整合各种资源，调动所有社会力量，迅速有效地展开行动，力争在最短的时间内对事件做出处置，将其危害降到最低。

其次，在处置突发事件时，还要求公务员具备良好的心理素质。在应对突发事件的关键时刻，每一个参与其中的公务员，无论是领导者、决策者还是执行者，都会承受巨大的心理压力，面对这种巨大压力，公务员的心理素质就显得非常重要。积极培养有序应对突发事件的心理素质，是包括领导人和决策者在内的所有公务员必须重视和加强的功课，应在日常的工作、生活和学习中，有意识地培养自身过硬的心理素质：首先是注意培养情绪的稳定性。当危机来临的时候，公务员必须要有清醒的头脑，能够清醒地、理智地面对难以承受的打击和挫折，并迅速理出处理问题的思路来。其次是要培养敢于负责的气魄。在遇到危急时刻，尤其是承担领导和决策工作的公务员，必须具有处变不惊、临危不惧的能力和气魄，敢于担负起事件的责任，积极应变，果断决策。再次是要具备处理问题的自信与决心。面对突发的危机，公务员要有一种理智的心态，能够把信心转化为妥善处理事件的勇气与决心。

最为重要的是，在处置突发事件时，公务员要充分认识并且善于发挥媒体的作用。

突发事件往往发生于出乎人们意料的时候，并会迅速产生巨大的冲击力和震撼力，在极短的时间内随着信息的大量传播成为社会舆论关注的焦点和热点，也是新闻媒体关注的重点。如果政府不能有效扼制不良信息的传播，会导致谣言四起，人心动荡，很可能会危害社会秩序。所以在突发事件中，政府一定要注意正确引导舆论，掌握舆论的主导权，抑制谣言，稳定人心。要达到对媒体的有效运用，使其在突发事件的处理中发挥积极作用，主要应从以下几方面入手：

第一，要利用媒体，实现群众的知情权。

在突发事件中普通群众有时会受到财产或人身的损失，因此他们是受害者，与此同时，我们也需要普通群众的团结力量来抗御灾害，所以，他们拥有对事件的知情权。在突发事件，尤其是灾害性事件发生后，及时让群众了解事件的相关情况，能够有效避免谣言的传播，也有利于稳定社会秩序，有利于群众组织起来积极自救，以此将事件的危害尽量降低，促使事件朝着正确有利的方向发展。

第二，要利用媒体，实现其特殊的社会作用。

传媒是政府与公众之间的桥梁，善用传媒，可以在公众与政府之间构筑一个畅通的信息交流平台，政府可以通过新闻媒体在公众视野中塑造在突发事件应急处置中的良好形象，并在满足公众信息需求的过程中保持社会正常运转，在正确引导中实现维护社会稳定的功能。

第三，要利用媒体，对群众的情绪进行有利疏导。

突发事件发生后，政府应利用媒体，积极引导相关群众的情绪，朝着有利于事件处置的方向发展。在突发事件的处置中，事件波及范围内的群众如果能多一点冷静，少一些冲动，多一点理智，少一些盲目，是非常有益于事件的解决的。所以正确引导群众情绪，形成政府与舆论的良性互动，是媒体的又一个重要作用。

要有效发挥媒体在突发事件处置中的作用，还要注意把握以下几点原则：首先是要确保信息的时效性，做到快速反应，报道及时。也就是说在事件发生的第一时间政府就应该发布公开、准确、全面、权威的信息，尤其在事件处理的早期，要坚持“快讲事实、慎讲原因”的策略，尽快公布事件的相关信息，最大限度地避免或减少公众疑虑、猜测和境内外媒体、互联网站不准确的报道，赢得舆论引导和媒体管理的主导权，并于其后的事件处理过程中分阶段、分步骤地滚动发布新闻信息，以持续稳定公众情绪。其次是发布信息必须做到真实准确，客观公正，政府通过媒体所发布的信息的权威性和可信度,有益于提升舆论的引导能力。第三是政府公务员应该按照相关法规政策的要求,进一步完善新闻发布制度和新闻发言人建设制度,严格执行新闻发布工作规程,按照突发事件的性质分类,确定新闻发布的层级公务员和组织机构。最后就是把握节奏,保持理智,在认真了解情况、分析事件的基础上确定事件发展的不同阶段,采取不同的报道策略,在确保信息客观性的基础上均衡各种信息的发布,以期达到最佳的效果。

第八节　政府应对突发事件必须重视信息公开

各种突发事件一旦发生,所有事件的最新消息会很快聚集到各级政府机关,政府也是依靠对信息的有效掌握来研究、制定处理方案的。所以说,政府是公共信息最大的拥有者和控制者,这样就使得政府具备了在突发事件中实现信息公开的可能性。

大量信息通过各种渠道汇集到政府手中(即“信息输入”),经过加工、处理等工序再扩散至社会(即“信息输出”),故政府的所有公务活动都可以微缩为一个“信息输入——输出”的过程。① 在这一过程中,信息的输出是不可缺少的重要环节。如果公共信息不透明、不流动,就会造成信息传播的严重扭曲,其结果必然会增加市场主体的交易成本、抑制公民个人的发展、诱使政府利用所掌握的公共信息进行寻租,甚至还会危及政府自身的形象与发展。尤其是在应对突发事件的过程中,只有政府才是“内幕消息”的拥有者,只有政府才是事件应对进程、方案的控制者。因此,基于政

① 杨海坤、章志远:《中国行政法基本理论研究》,北京大学出版社 2004 年版。

府是公共信息最大的拥有者和控制者，政府在应对突发事件过程中，尤其是在信息披露与公开方面，处于核心地位。

一、处置突发事件时政府实现信息公开的意义

很多突发事件一旦发生，就会立刻成为社会公众关注的焦点，尤其当政府介入对突发事件的处置后，就更容易成为公众关注的核心。在这个时候，考虑到突发事件具有不可预知性、过程的震撼性、后果的严重性以及可能危及公共安全和利益等特征，再加上在我国的现行体制下，只有政府具备实现信息公开的可能性，因此在处置突发事件时政府实现信息公开是具有十分重要的意义的：

首先，政府信息公开可以使政府处于主动地位，有利于将事态发展控制在有序的范围内。

上文已经论及，在突发事件应对中掌握事件信息最多、最全面的往往是各级政府，而备受舆论关注的也往往是各级政府。因此，增强突发事件信息的透明度，主要责任在政府。从我国这方面的情况来看，还需要继续强化政府在这方面的义务，促使政府及时准确发布信息。尤其现在已经进入以互联网为主要传播工具的信息时代，突发事件一旦爆发，相关信息量就会猛增，各种信息都会按照各自的渠道迅速传递，会有很多虚假或不负责任的信息掺杂其中，进入公众视野。在这样的时刻，如果政府还想通过隐瞒和沉默的方式来控制负面事件和舆论以应对突发事件的话，复杂的舆论环境会误导公众的情绪，影响政府的公信力，就会使政府处于完全被动的地位，结果可能使危机更加难以应对。因此，政府统一、及时、准确发布权威可信的相关信息，有利于政府充分把握舆论主动权，把事态的发展控制在有序的范围内。

其次，政府信息公开可以提高公众对政府行为的理解和配合，

从而提高政府应对突发事件的行政效率。

在突发事件应对中，政府承担核心责任，所以说政府行政效率是控制事态发展的关键性因素。而政府行政效率的决定性因素则是社会公众的理解和配合。当政府部门出台一项政策，却缺乏公众的支持，那么它的行政效率必然是低下的。在突发事件应急中，政府为有效地防止危害的扩大和事态的升级，可能会行使紧急权力，采取紧急处置措施，如强制疏散、强制隔离、交通管制等，这些紧急措施暂时中止了公民的一些权利，限制了公民的某些自由，给公民的生活带来某些不便，如果在此状态下，公众没有相关信息，不了解特殊紧急措施的必要性，则肯定会对政府应急行为缺乏认可。一个对政府行为缺乏认同感的群体，是不可能有效地配合政府行动的。比如在应对突发事件时，政府要求部分公众做出隔离、迁移，或者暂时中止公民的一些其他权利，如果在发布这些决策之前，公众没有从政府部门得到相关的信息和情况说明，他们很容易对政策的必要性产生怀疑，甚至基于维护自身利益而对政策的执行进行某种程度的对抗。就像在台风来临之前，政府如果不充分提供相关台风信息，就要求居民集体迁移，那么这种政策的执行成本就会非常高，无形中会加重对突发事件应对的难度。因此要想得到社会公众的理解和配合，政府就必须进行权威的信息发布，告知公众政府正在采取哪些政策和措施，采取此项措施的必要性，要求公众如何配合以达到什么目的，引导广大群众积极参与，主动配合政府实施应对措施，避免出现小道消息满天飞的不正常现象，从而提高应对突发事件的行政效率以尽快解决危机。

第三，政府信息公开有利于维护社会公共安全，消除不安定因素。

在应对社会突发事件中，政府信息公开对维护公共安全和社会稳定具有重大意义。不管哪一种突发事件,它们的共同特点都是可能在极短的时间内大规模地影响公众利益,危害公众的人身和财产安全,甚至于带来社会灾难。因此当突发事件发生时,公众就会普遍缺乏安全感,在此时他们很难顾及大局利益,就只能依照个人的意志去行动。与此同时,我们政府公务员也总认为突发事件是负面消息,更倾向于将其“淡化处理”,认为这些信息不出现在公众视野中就不会影响社会稳定。这种观点恰恰是极其错误的,这样做的结果就会使公众无法通过正常的、权威的渠道得到客观真实的信息,而此时虚假、不负责任的信息就会经过短暂的孵化迅速膨胀,无边地传播,有时甚至会使整个社会秩序处于失控状态。因此,政府必须理性看待突发事件的影响,很多事件严重侵害了公共安全和社会公共利益,尽管没有人愿意看到这类事件发生,但就人类社会现有的防灾御害水平而言,尚难以完全避免。在这种特殊时刻,如果政府还是一味封锁信息,公众无法获知事实真相,也就无从感知威胁到自身生存和安全的危险因素的逼近,从而造成更多的不安定隐患。相反,如果政府及时发布真实、客观的信息来源,正确引导公众情绪,那么社会中的不安定的因素自然就会得到缓解,甚至消除。我们应当看到,公众的理性以及充足的准备和良好的预防措施是成功应对突发事件的重要保障。成功应对突发事件的机制与突发事件本身的特点、社会组织化程度、公众知识、政府效率等很多因素有关,而其中信息通畅显然是至关重要的。

例如在美国“9·11”事件、莫斯科被绑架人质事件等重大危机事件的处理中,美国和俄罗斯政府就做到了有效积极的信息披露,有利于事态得到有效控制,有效降低了危机事件的负面影响。因此,面对突发事件,只要政府能及时地把真相告知公众,增加信息透明度,使社会公众全面、准确了解突发事件信息,就能有效消除社会不安定因素。

第四,政府信息公开有利于避免政府隐瞒事件真相,有效遏制政府权力滥用。

在应对突发事件的过程中,鉴于突发事件具有后果严重性以及可能危及公共利益的特殊特征,为了大局利益考虑,政府往往会行使较平时更多、更广泛和更具强制性的权力。这些权力的行使,对于有效整合各种社会资源,及时采取强有力的应急措施,尽快消除危险、度过危机的作用无疑是巨大的。但与此同时,这种权力也可能会对一部分社会公众的基本人权,甚至是一定范围内的社会法治构成威胁。如何才能保障政府行使上述权力的合理性呢?一是靠法制对紧急权力进行规范,二是靠社会公众对政府紧急权力的行使进行直接的监督。公众监督的最好办法就是将权力的行使过程置于阳光之下。① 尤其是在应对突发事件的特殊时刻,就更要求我们的政府要突破传统的政府管理模式,建立一个公开、透明的"阳光政府",即要求政府必须将其在从事管理或提供服务的过程中所制作、获取或者拥有的信息及时向公众公布。因此完善政府信息公开制度,促进政务公开,能有效地约束政府行使各种权力,尤其在特殊时期防止政府紧急权力的滥用。

第五,政府信息公开是突发事件中提高政府与公众预防与应对效率的重要保障。

突发事件的特殊特征是其在极短的时间内就能大规模地影响公众利益,带来社会灾难。在这样的情况下,社会自身的预防与准备程度以及有效的应对机制将是减轻灾害的重要因素。社会这种

① 杨辉解、刘武阳:《论突发事件信息公开机制的构建》,《湖南公安高等专科学校学报》2006 年第 6 期。

应对机制与很多因素相关,而其中最重要的因素则是信息的完备程度。只有把突发事件的信息,及时准确地向社会公布,公众乃至整个社会才可能在最短的时间内整合尽可能多的资源积极参与到事件的应对中,把事件带来的生命财产损失降至最低。同时完善政府信息公开制度,可以最大限度地减少公众与政府的冲突。这种冲突包括思想方面和行为方面,降低了这方面的内耗,才能有效提高应急效率。传播学认为,隔阂产生偏见,偏见产生冲突。政府信息公开可以使冲突降低到最低限度。就信息公开的效果而言,政府的权威信息公开得越早、越多、越准确,就越有利于维护社会的稳定和政府的威信。因此,政府信息公开是突发事件中提高政府与公众预防与应对效率的重要保障。

二、突发事件应对中政府信息公开的方式

在突发事件应对中,政府所采取的信息公开方式是政府信息公开的重要环节,决定了信息公开的程度和范围。以报刊、广播、电视等传统媒介为主的信息发布方式,在现今社会已经远远不能适应社会公众希望及时、广泛地了解政府信息的现实需要。政府对依法应予公开的信息应该采取符合该信息特点的一种或多种方式予以公开,为了保证信息渠道的权威性,政府信息应主要通过以下几种方式予以公开:

1. 政府官方网站

如今网络已经成为人们获取信息必不可少的渠道,谣言可能利用互联网传播,但互联网互动性的传播特征也有助于消除谣言。① 因此,在应对突发事件时,政府要充分利用网络覆盖面广、

① 孙立平:《如何利用互联网应对危机》,《决策咨询》2003 年第 6 期。

传播速度快、传播效果好的优势，及时为公众提供各种权威、全面的信息。当然网络的开放性也导致了网络信息的良莠不齐，为保证公开信息的权威性、可靠性，避免一些不法分子利用互联网散布谣言，政府应该通过政府官方网站向社会及时、准确地传递各种信息。比如美国政府，在多次危机事件应对中的表现有口皆碑，其危机管理机制之所以能够有机协调、高效运作，关键在于它拥有全面的突发事件应对网络。在突发事件发生时，危机管理办公室充分利用政府网站发布信息，提高公众对当前和潜在的各种突发事件的认识，并且告诉公众怎样才能有效应对这些危机，引导他们共同努力，尽可能地降低危机事件的负面影响。

2. 政府新闻发言人

由于突发事件发生后，事态时时刻刻都在变化，这就要求政府新闻发言人应当根据事件发展情况随时举行新闻发布会，向公众和媒体公布信息，在使公众的知情权获得最大限度满足的同时，将公众的想法反馈给政府，在政府与公众之间起到桥梁作用。我国的新闻发言人制度是从1983年建立的，但在国内各种事件中很少见到新闻发言人的踪影。从2003年开始，我国加快了新闻发言人制度的建立。目前，我国部分省市甚至已开始尝试网络新闻发言人制度。贵阳市自2009年9月1日起，正式启动了政府系统网络新闻发言人工作，由网络新闻发言人代表贵阳市政府对外发布网络新闻和政务信息，并就网络媒体和公众关心的相关问题进行答复。同时，贵阳市还要求各区、市、县及市政府各部门也要建立相应的网络新闻发布机构，建立政府群众之间快捷的信息沟通渠道。2009年11月，南京市政府也推出了网络新闻发言人制度，对涉及面广、社会影响大的热点问题，各单位区县要在信息生成后的24小时之内发布；对涉及本地区、本单位的网帖，网络发言人要在网帖首发后24小时内以网络发言人名义予以答复，提高应对网上舆论的速度。截至目前，广东、安徽、陕西、云南等省部分政府部门也相应地设立了网络新闻发言人。据国务院新闻办有关人士透露，中国将建立国务院新闻办公室、中央各部委、省级人民政府的三级新闻发言人制度。截至2004年6月，我国已有多个省级政府建立了新闻发言人制度，覆盖了全国近一半的省级行政区。①

为了进一步完善政府新闻发言人在突发事件中的作用，政府在新闻发言工作中应遵循以下原则：首先，第一时间快速反应原则。政府有责任在突发事件发生后第一时间内通过新闻发布会的形式向媒体和公众发布事件的有关情况，以拥有舆论的主导权。其次，连续报道原则。由于事件紧迫，政府发布的信息不一定全面，也不一定全部正确，这就意味着政府应当采取连续召开新闻发布会的方式，将最新获得的信息和情况及时传达给媒体和公众。再次，真实客观原则。有些政府公务员出于某种不正当目的，往往在发布信息时把事态缩小。事实上，这更不利于事态的稳定。因此，政府在新闻发布会发布新闻时应该坦诚地面对媒体和公众，对媒体的提问要如实、详尽地回答。不要只报喜，不报忧。最后，口径一致原则。无论是政府发言人、政府最高首脑、事件的主要负责人还是可以接触到媒体的人，对外口径必须保持一致，提供的信息更不能矛盾。否则，就会导致信息混乱，使公众无所适从。②

同时在人员配置上，应由一名熟悉本地区情况的主要领导人

---

① 孙湘源：《从SARS报道看信息公开的"双刃剑"作用》，《湖南文理学院学报（社会科学版）》2004年第5期。

② 余芳梅：《完善政府处理突发事件的新闻发布机制》，《文教资料》2006年第14期。

担任新闻发言人。因为由高官出任发言人,可以保证政府信息的权威性。在人员要求上,要对政府新闻发言人的综合素质、沟通能力进行严格考核,做到言辞要坚定清晰,态度要诚恳从容,该正面应对的回答要斩钉截铁,该回避的应礼貌得体。同时还要明确发言人的责任追究,保证公民的知情权真正得到实现。

3. 大众媒体

随着大众媒体逐渐走入社会生活的角角落落,政府信息的公开似乎很难绕过这一渠道。大众媒体是政府与公众之间进行沟通的媒介和桥梁。政府要充分认识到媒体既不是朋友也不是敌人,要敢于公开、公正地面对媒体;媒体也要本着对社会负责的精神,公正地引导舆论走向,在满足公众对信息需求的同时动员社会力量配合政府解决好危机。比如 2003 年的 SARS 事件,让我们的政府充分认识到信息公开和新闻自由对于突发事件的应对是尤为重要的。尤其在信息技术高度发达的今天,信息发布的滞后可能会带来的影响和社会危害是无法估量的。因此,在突发事件的处理中,政府更应该第一时间通过与媒体合作,把真实、全面的信息及时传递给公众,以避免事态向无法控制的方向发展。

4. 散发通俗易懂的宣传单、手册和设置热线电话

如果在小范围的区域,或者是在偏远的农村或交通不便利的山区等信息不顺畅的地区,发生了特别重大的灾情、疫情和公共卫生事件,需要群众自救,可以通过散发通俗易懂的宣传单和手册等方式进行信息传递。这里值得一提的案例是 1999 年西尼罗病毒袭击美国纽约,卫生部在对地区进行喷洒杀虫剂时,在宣传方面做得很到位,挨家挨户发放宣传单和手册,提醒居民某个地区在某个日期某个时间进行喷洒工作。事后纽约政府官员甚至还遗憾道:"我们需要不断地向公众提供信息,我认为我们已经做到,但是它

还可以做得更好。”①当然在更大的范围内或者信息便利的地区，设置统一、便捷的热线电话，也是一种行之有效的信息公开方式。如1967年，美国联邦通信委员会与AT&T电话公司进行磋商，并经美国国会同意设立了一个全国统一的紧急电话号码911，作为帮助处于危机事态中的市民获得及时救助的统一和唯一的号码。联邦政府、民间社团、志愿者、国际力量也正是通过这种有效的危机通讯体系进行沟通协作，快速反应应对突发事件。因此，设置热线电话也是公众直接向政府了解突发事件信息的一种直接、有效的方式。

5. 领导人物出面，做客会客厅

在应对突发事件的特殊时刻，政府重要领导者、决策者的言语和行动，在稳定公众情绪、控制事态发展等方面有着不可忽视的效果。在“非典”期间，中央电视台《面对面》节目以每天一期的速度，连续8天对钟南山、王岐山、吕厚山、张积慧等焦点人物进行专访，不仅时效性强，而且颇具警示性和影响力，对成功应对“非典”危机，起到了不可忽视的作用。

6. 其他信息发布渠道

当然，除了上述权威的传媒机构之外，政府还可以利用固定的信息公开厅、公开栏、电子大屏幕、电子触摸屏等多种便民的信息发布渠道，公众通过这些渠道就可以及时了解到突发事件的相关信息。对老年人、残疾人较多的地方以及学校等特殊场所和预警盲区也应当采取有针对性的公告方式以便于这些特殊人群及时了解到突发事件的相关信息，并按照政府要求采取一致行动。

---

① 孙玉红、王永、周卫民：《直面危机——世界经典安全剖析》，中信出版社2004年版，第110页。

在采用这些信息发布渠道时应当特别注意的是，在信息公布的表达用语上应该尽量做到科普化、大众化，使其能够被广大群众所接受。有研究表明，那些对信息背景知识知道的越少的人，越容易在危急关头受模糊信息的影响，导致有害的从众行为。因此政府在公布信息时，应尽量让语言接近大众化的理解水平，还可以用公众比较熟悉的突发事件进行对比说明，或者让事件当事人现身说法，以降低人们对危机的陌生感和紧张感。

三、突发事件应对中政府信息公开的时限

面对突发性危机事件，公众都有一种本能的获取信息的欲望，如果政府不能及时发布权威信息，就会导致传言、流言乃至谣言大行其道。等到政府再突然发布消息时，这些舆论已经先入为主地引导了公众的恐慌情绪，反而显得政府的公信力不足。因此，政府在危机信息被确认之际，就应在第一时间向社会发布事件发生的信息，随后发布初步核实情况，并根据事件处置情况，做好后续发布工作，①以避免信息异化。例如东京针对地震灾害，规定灾害发生 3 小时之内收集损失信息，向市民通报和披露信息，请求媒体播放和报道，进行救助急救，收集和传达医疗信息。② 再比如 2008 年汶川地震时，很多西部省市和地区都有强烈震感，政府在第一时间报道了汶川发生地震的信息，及时杜绝了猜测，稳定了人心。虽然第一时间发布的信息不一定全面、确切，但是也不能等到定性时

---

① 何心展、王毓袱、楼茵：《中国沿海城市突发公共事件应急机制》，经济科学出版社 2006 年版，第 76 页。

② 赵成根：《国外大城市危机管理模式研究》，北京大学出版社 2006 年版，第 165 页。

再一次性发布。应该在法律允许的范围之内采取“滚动发布”的方式,随时发布信息。对先前发布的与事态发展有出入的信息要做到及时更正和说明,这样的信息发布方式更容易赢得公众的信任和支持。

第六章　公务员网络舆论引导

随着现代信息技术的飞速发展，互联网已不再是一个陌生的概念，网络介入生活并逐渐改变了我们的生活方式。随着中国互联网用户的迅速增加，网民的年龄层次、社会阶层日益丰富，网络对社会的影响力越来越不可忽视。截至2010年6月，我国网民规模已达4.2亿，互联网普及率进一步提升，达到31.8%。在《未来之路》中，比尔·盖茨描述了未来世界互联网制造出的富有魅力的生活：先进的通信系统穿越了国界，民族性和地域性将逐渐淡化；信息高速公路对政治产生独特影响，政治家可以立即看到公众意见的调查，可以增进一个国家的人民对邻国的了解，因此缓和紧张的国际关系。

随着网络用户的与日俱增，网络已成为普通大众话语表达的重要窗口，网络舆论成为了一股不可忽视的力量。网络舆论是伴随着网络媒体产生的一种新的舆论形式，作为整个社会舆论的重要组成部分，网络舆论已成为一种不可忽视的力量，渐渐显示出不可替代的社会作用。网络舆论的影响已全面而深刻地渗入到人们的政治、经济、文化、生活等各个方面，成为人类生活不可须臾离弃的新手段和新方式。网络舆论所具有的广泛性、即时性、开放性、共享性、互动性等优势，也为党和政府提供了向国内外人民宣传和展示自己的窗口，开辟了一个重大的政治宣传阵地。引导和规范网络舆论成为整个舆论引导工作的一个重要组成部分。

2008年6月20日，胡锦涛总书记通过人民网与网友在线交流，并发表了重要讲话。2009年2月28日，温家宝总理又与网民“零距离”对话并接受了中国政府网和新华网的联合专访。党和国家领导人用“心”触网，舆论反响空前强烈，深刻表明了公务员网上舆论引导的重要性。公务员是网络舆论的重要把关人，承载着引导网络舆论的重要使命，因此，提高公务员的网络舆论引导能力，特别是把握网络舆论引导规律的能力势在必行。

当然，正如任何一种执政能力一样，舆论引导能力也不是凭空产生的。公务员要想把握网络舆论引导规律，首先就要具备较高的传媒素养能力。公务员传媒素养与一般受众的传媒素养有所不同，它是指公务员对各种媒介信息的解读和批判能力以及使用媒介信息为国家、为社会、为人民发展服务的能力。其内涵有两个层次：一是公务员对大众传媒有一定的了解，能够批判性的解读媒介信息；二是掌握与媒介的交往，懂得合理地运用媒介、应对媒介舆论、直至引导媒介舆论。具体到公务员网络舆论引导素养的问题上，主要是第二个层次。也就是说，公务员网络舆论引导素养所要求的传媒素养，不仅涉及公务员应对网络舆论的能力，而且也涉及了如何引导、应用网络舆论的重要问题。它从更深层面反映了公务员的传媒素养的特殊内涵，既包含公务员对网络舆论的一种影响力，又包含对网络舆论的一种引导力。这种影响力和引导力恰恰是公务员传媒素养能力的具体体现。

因此，探讨公务员传媒素养对网络舆论引导的关系与影响，不仅是有必要的，而且是非常重要的。它是提高公务员执政能力与执政素养的重要体现，也是推进民主政治的客观需要，是优化政府形象的必备条件，是适应传媒发展的必然选择。

第一节　网络舆论的形式和特点

一、网络舆论是舆论表达的新形式

通常意义上,舆论是公众关于现实社会及社会中各种现象、问题表达的信念、态度、意见和情绪表现的总和,具有相对的一致性、强烈程度和持续性,对社会发展及有关事态的进程产生影响,其中混杂着理智和非理智的成分。① 按照这一定义,可以把网络舆论定义为借助网络传播技术,在互联网上形成或传播的公众对各种社会现象、问题所表达出的多数人的有一定影响力的意见或言论。

作为社会舆论的一种特殊的表现形态,网络舆论具有舆论的一般特性,如:公开性、公共性、急迫性、广泛性和评价性等。② 除此之外,由于网络舆论借助网络作为特殊的传播介质,更由于高新技术在网络中的支持与使用,使网络舆论在因特网传播中更是呈现出海量信息、独特的交流性、开放性、及时性和更强的针对性等特点。

当然,网络舆论也有区别于其他社会舆论的表达方式。网络舆论的表达是通过网络媒体提供的各种平台实现的。目前的主要实现方式有虚拟社区、BBS 论坛、公共聊天室、博客日志(Blog)、播客和新闻跟帖等。任何人通过登录、注册,就可以在网络媒体的虚拟社区、论坛、公共聊天室针对不同的主题在不同的时间发表各自的看法。网络论坛、博客、新闻跟帖等由于其自由的讨论方式、开

---

① 陈力丹:《舆论学——舆论导向研究》,北京广播学院出版社 2002 年版,第 11 页。

② 李良荣:《新闻学概论》,复旦大学出版社 2000 年版,第 50 页。

放的人际交流、反应的敏捷迅速，在民众表达意见的传统渠道之外，开辟了另一条体现公众舆论的通道。当网络媒体刊发一条新闻后，网友即可发表自己的看法。通过网友上帖、跟帖、转帖和点击，即可以聚集人气，迅速集中地反映公众的意见和言论，使民间舆论或者民意得以展现，打破大众传播时代的表达控制，赋予大众在互联网这个公共传播媒介上一个表达意见的机会，并在一定程度上使个人言论自由得到展现。网络论坛、博客、新闻跟帖等由于其自由的讨论方式、开放的人际交流、反应的敏捷迅速，在民众表达意见的传统渠道之外，开辟了另一条体现公众舆论的通道。

二、网络舆论的特点

网络舆论的形式彰显出网络舆论的独特特点，那就是互联网是一个言论自由的平台。言论自由引导人们敢说真话实话。互联网为所有人创造了一个言论自由的平台，话语权不再专属政府，人人都可以独立思考，并不断深入调查研究，发表自己的想法和意见。同时，互联网提供的言论自由的平台，有利于网民的交流。在这个虚拟空间里，所有成员都能平等自由地发表自己的意见，交流彼此的想法。网络为舆论监督的群众性和民主性提供了条件。网民之所以接受这些形式也正是因为网络舆论具备的特点符合民众发表舆论的需要。从上述描写中，我们可归纳出网络舆论的以下特点：

第一，网络舆论主体的交互性、匿名性和平等性

网络区别于传统媒体，不仅仅在其信息的海量和传播的实时性，也体现在它的交互性上。这也是网络舆论公众性和开放性的根本保证。任何人拥有一台联网的个人电脑，就能在网上发表个人言论了，这有别于媒体舆论选择性的发表部分言论；互联网的这

种自由性导致网络舆论监督力量强大,越来越多的人把互联网作为舆论监督的首要渠道。网民已不再是被动的接受者,而是能够像传统媒体中的传播者一样主动传播信息、发表观点。每一个网民都可以把自己知道的信息或发表的意见传播给别人,也可以针对别人的观点发表自己的见解。这一点在聊天室和论坛(简称BBS)里体现得更为突出。在聊天室里,网民可以与室内其他网民就任何话题进行交谈;在论坛里,网民可以选择到自己感兴趣的专区去发表意见,还可以针对别人的论述阐释自己的看法。当然这种交流也体现在其他网络平台上。互联网为舆论监督提供了很好的互动空间和广泛的网民基础,促使人们在网络交流中形成强大的舆论力量,形成民主意见。

另外,网络舆论参与者可以自由发表言论的促进作用来自于言论的匿名性,网络的匿名性使言论的发表者获得了更高的安全感和自由度。"网络使个人表达自由与言论自由第一次真正地实现了,每个人都可以成为自己的出版商,不受任何政治、意识形态、技术、文字和逻辑能力的审查,经济能力的限制与以往相比可以说是微不足道。"①因此,网络的匿名性实现了个人言论的真正自由,而另一方面也继而实现了交流的平等性。

网络传播的匿名性,使每一个网络用户在互联网上均可以以自己所设计的任何一种身份出现。公众在理论上都不知道与其持相同意见的是什么人,持反对意见的又是什么人,他们的身份是什么,他们的地位是高是低,因此,任何一位参与网络舆论之中的舆论者都处于一种理论上平等的地位。由此可见,网络的匿名性更

---

① 马海燕:《一个真正自由的言论——网络论坛》, http://news. zijin. net, 2004年9月15日。

深入地促进了网络的交互性，并且使每一个在网络上交流的个体都具有平等的身份和话语权。

第二，网络舆论内容的丰富性、多元性、难控性

网络舆论的丰富性体现在网络舆论内容无所不包、无所不及。中国庞大的网民数量和由于网络匿名性带来的无所顾忌，使得网络上的内容异常丰富。同时，我们也要看到，由于缺乏相应的管理机制和措施，以及网络信息的共享性和快捷性等原因，以致网络舆论内容五花八门，其中既有积极建设性的观点意见，也有消极偏激性的漫骂攻击。

透过网络舆论的丰富性，我们可以看到网络舆论的多元性的表现：网络舆论所表达的价值观念和意识形态呈多元化态势。现实世界中原先存在着的对立的社会政治制度和意识形态等，随着网络传播的发展，已经跨越了天然的地域屏障，借着网络信息的传播，可以从地球任何一个地方无限量地向另一个地方传输，使网络舆论的意识形态和观点呈现出多元化的特点。

由于网络舆论内容的丰富性、多元性，导致网络舆论体现出难控性的特点。在网络媒体上要对所有舆论进行控制是不太现实的。由于互联网用户数量庞大，对舆论生成阶段以及传播的控制是很难把握的，我们不可能在“信息高速公路”上检查每一言论，更不可能对其作出全面的评价，这就使得网络舆论控制变得复杂和难以操作。①

第三，网络舆论形成的快捷性、原生性、易变性

与传统舆论相比，网络舆论的形成过程更加迅速，这也是网络舆论不同于一般舆论的重要特点。网络传播的高容量、交互特征，

---

① 谭伟：《网络舆论概念及特征》，《湖南社会科学》2003 年第 5 期。

以及分层分组的能力,使得网络传播打破了时间和空间的界限,缩小了人们信息传播的距离,加快了舆论形成的速度,任何人可以依托网络在第一时间接收、捕捉到所关注的新闻焦点并通过发帖和跟帖表明自己的立场和观点,产生互动。这种传播互动方式一旦成为大众普遍关注的焦点时,即会很快引发、形成舆论。事实证明网络舆论形成的快捷性对舆论传播具有巨大的感染力和影响力。

网络舆论的形成还具有原生性。网络舆论形成的动力来自网民自己对日常生活的直接接触或间接接触,舆论产生的最初阶段几乎是一种自发状态。人们按照职业、身份、兴趣爱好、所关注问题等,以登录BBS,网络论坛、网上社区等多种方式在网上自由发表意见,自由聚集组合。传递信息的方便快捷使得网络具有非常号召力,有时一个陌生人在网上发个帖子,就能迅即集合起成百上千的网友。

同时,网络舆论还具有主题的易变性。在网络媒体上,可以有多个舆论焦点同时存在,也可以由一个舆论焦点迅速地跳转到另一个焦点,这种情况在传统媒介中是很难实现的。网络是虚拟社会,网民行为不受约束,具有非理性特征,这很容易使一些敏感性强的社会矛盾和问题,一旦在网上露头就迅速形成舆论热点,引发大范围的社会关注,加剧社会矛盾,影响社会稳定。

第四,网络舆论具有广泛性、自发性、及时性

网络的广泛性表现有二:一是具有广泛传播的性质。由于互联网通达全球,地球上任何一个角落都可以通过电脑、手机等通信终端设备,浏览网络信息,并发表自己的看法。使网络舆论没有地域限制,任何人发布的信息在瞬间即可以到达全球任何一台联网的计算机的终端,同时通过超链接的技术手段,信息能编织成一张大网,致使舆论也成为一张无限扩展的大网。它不但拓展了民众

信息交往的空间,也大大扩展了舆论的影响力。二是网络舆论监督的主体具有广泛性。互联网提供给人们一个言论自由的“场所”,广大网民在发表观点时普遍采用匿名方式,网民自觉不自觉地就会加入到舆论讨论活动中来,使网络舆论监督成为广大网民真实想法的体现。

网络舆论一般都是自发性的,没有经过精心的组织,绝大部分是通过新闻跟帖、BBS、博客等个人与个人或个人与群体之间的传播而扩散开来的。这是其表现之一。此外,网络舆论不像媒体舆论那样有明确的舆论导向,网络舆论大多是由你一言、我一语的帖子所组成,是无数个网民个人观点的汇集。虽然缺乏导向性,但网络舆论提供的是相对而言最真实、最自然、最符合民众心声的舆论真相。

网络舆论监督具有及时性。网络传播不受时间和空间的影响,世界上任何一个地方一旦发生新的情况,不必等待印刷,也不必等待发行,立即就可在网上发布,世界每个角落的人们可以立即获悉。受众只需打开页面,就可获得充分的新闻信息,并且互联网的传播无须经过其他中转设备,所以大大加速了其传播的高效性和及时性,人们足不出户就可以在网络上直接参与讨论中,网友的发帖、看帖、转帖几乎可以同时进行,信息的反馈十分及时。

第二节　公务员引导和规范网络舆论的紧迫性

由于传统媒介和网络媒介有着很大的不同,网络舆论与传统舆论相比就有着广泛性、复杂性等特点;随着互联网的普及,网络已成为各种意识形态交锋、各种思想文化相互激荡、舆论环境复杂多变的重要平台,谁能让自己的信息最大限度地进入网民的头脑,谁就掌握话语主导权并引导网民的价值取向。从另一方面看，“舆论引导归根结底是种政治行为，这种行为主要是为执政者巩固其执政地位服务的。”①因此，“能否有效调控网络舆论，正确引导网络舆论，做到在多元中立主导、在多样中谋共识，是对公务员执政素养的重大考验。”②对此，作为多元复合系统的引导主体——公务员就必须具有一定的传媒素养，才有可能对网络舆论产生深刻的影响力，最终具备网络舆论的引导能力。

公务员在新的网络环境下将面临大量具有复杂性、尖锐性、交错性、变动性的社会矛盾和问题，执政环境的复杂性与执政对象的利益格局多元性，使得公务员舆论引导工作面临着严峻的挑战。

第一，网络技术的成熟，使“人人成为记者编辑”的理想成为现实，导致信息源头更多、更广。尤其是“自媒体”时代信息发布不再是传统媒体的专利，任何地方、任何时间发生的事件，都可能被无处不在的网民及时捕捉发现，然后通过播客、论坛等进行发布，致使“把关人”的作用削弱，最终呈现给网民的是一个资源无法控制的局面，突发公共事件更是如此。

第二，网络媒体从根本上改变了传统信息传播渠道单一、受众只能被动接受的局面，为网民搭建了一个自由、平等、开放的对话空间。网民既是信息消费者，又是信息的生产者和传播者。网民的这种双重身份，最终使网络对现实社会产生广泛的影响，甚至能决定网络对社会影响的方向，使舆论环境呈现复杂化、多元化

---

①　丁和根:《对舆论引导主体引导能力的多维观照》,《当代传播》2009 年第 3 期。

②　苏荣:《牢牢把握正确的舆论导向，着力提高舆论引导能力》,《当代江西》2009 年第 6 期。

趋势。

第三,网络信息传播由单一传输变为互动共享。但是网络是一把“双刃剑”,它在展示巨大优势的同时,也无可避免地带来了一个负面效果,即虚假信息的泛滥,使得网络信息传播更加隐匿、信息甄别更加困难。由此产生了众多的信息污染,导致网络社会的信任危机和网络负面舆论影响力的增大。负面舆论即片面、怪诞、过激的社会意见,不仅影响人们对舆论信息的正确判断,还会削弱网络舆论监督的力量,从而给网络监管提出了新的挑战。

第四,网络舆论引导更加被动艰巨。传统媒体报道什么、怎样报道,受众无法干预和决定;但在网络上,网民不仅仅是被动接受,还能自我选择、主动发布,且信息发布的内容和时间都可由网民自己把握。如果主流媒体不及时发出声音,往往会被网上的信息“海洋”所淹没,而对网络舆情的过度干预会妨碍网民话语权的自由实现,从而对网络舆论监督造成负面影响,致使网络舆论引导更加被动、艰巨,难度更大。

由于网络传播的上述特点以及网络舆论特有的聚合、扩大以及催化作用,使得信息流的聚合起落和运动方向完全超出了公务员的控制能力。“社会矛盾网络化、个别问题社会化,任何一个个案都可能成为影响社会稳定的导火索。”①这是构成公务员网络舆论引导的缘由。

当代公务员必须清醒地认识到:现代传播较之传统传播最显著的差异即在于舆论的“难控性”,即网络舆论比传统媒介舆论更加难以引导也更加需要引导。因为在网络时代,重大事件的进展与解决呈现出与传统媒体时期完全不同的特点。对于突发事件及

---

① 王珉:《提高领导干部引导舆论能力》,《吉林日报》2009年7月31日。

由此引发的强势网络舆论，公务员“尤其是地方政府的公务员往往不能立刻形成正确有效的应对策略，导致在网民的质疑与斥责中，丧失舆论主动权，最终只能在网民的强力关注下采取相对被动的回应策略，致使政府和公务员行政能力被质疑，形象被破坏。”①

网络舆论为执政党提供了向国内外人民宣传和展示自己的窗口，开辟了一个重大的政治宣传阵地。引导和规范网络舆论成为整个舆论引导工作的一个重要组成部分。如何因势利导，保证正确的舆论导向，以发挥网络舆论的积极社会效应，抑制其消极社会效应，成为我党掌握舆论工作主导权所面临的一个全新的课题和挑战。1996 年江泽民总书记莅临人民日报社视察，提出了“舆论导向正确，是党和人民之福；舆论导向错误，是党和人民之祸。”的重要论断。2008 年 6 月 20 日，胡锦涛总书记在强国论坛上发表讲话：“要高度重视互联网的舆论，积极发展、充分利用、加强管理、趋利避害，不断增强网上宣传的影响力和战斗力，使之成为思想工作的新阵地，对外宣传的新渠道。”

面对网络给舆论引导工作带来的发展机遇和严峻挑战，执政党别无选择，只有积极主动地认识网络、驾驭网络、运用网络，突破传统观念的束缚，以创新促发展、促巩固、促提高，牢牢掌握舆论引导工作的主动权，进一步增强舆论引导工作的战斗力、凝聚力和影响力。

网络时代，信息发达，传播效应大，社会渗透力强，网络的发展为执政党扩大自身影响力、展示自身形象，提供了一个前所未有的便捷通道；然而，网络是一柄“双刃剑”，一旦把握不好，就会对社会的主流意识形态构成威胁，极大影响人们的思想、信念和基本的

① 谭萍：《中国网络舆论现状及引导方略》，郑州大学 2005 年硕士生论文。

价值观念,影响社会的发展和稳定。正确估量形势,找准工作着力点,积极把握网络条件下舆论引导工作的主动权,对于推进我国社会的全面进步、和谐发展十分重要。

从现实情况来看,我们应该看到网络舆论对执政党舆论引导工作产生的积极有力的推进作用还是占到主要方面的。

首先,网络舆论给新时期舆论引导工作带来了新机遇。网络成为对外、对内的重要舆论阵地,成为执政党把握国际动态、了解舆情信息的新渠道。网络结构的无边无际,极大地拓展了舆论引导工作的空间,提高了宣传覆盖面。网络使受众人数从传统的有限变成了无限,对于新时期舆论引导工作的开放性发展是一个难得的机遇,为执政党向外界展示自身形象和文化传统提供了便利。

其次,网络通讯技术广泛应用,使得网络媒体的功能不断增多,给新闻事业和舆论引导工作的开展创造了前所未有的条件,使宣传功能多样化。丰富的共享信息资源和多姿多彩的信息形式,有利于增强舆论引导工作的辐射力、吸引力、感染力,使宣传形式综合化。

再次,网络舆论的多重特性为执政党开展舆论引导工作创造了新的形势,丰富了宣传手段。网络的交互性可以及时根据受众反馈的意见和思想动态,进行有针对性的解答和引导,从而实现舆论引导工作由传统的单向传播向双向交流拓展,可大大提高教育的实际效果。网络的虚拟性可以使我们最真切地感知网民的内心世界,为真诚交流创造了条件,舆论引导工作者在网上可以脱去职业装,与网民平等交流,削弱受众的逆反心理,从而增强舆论引导工作的针对性、说服力和感染力。同时,网络所具有的信息可复制性、共享性、实时传输性,扩大了宣传范围,使全社会网络用户同时接受教育成为可能,为舆论引导工作以最经济合理的投入来充分利用网络资源提供了新的机遇，实现宣传效果最大化。

可见，网络的飞速发展，给舆论引导工作带来了许多有利因素。它为舆论引导工作科学化、现代化提供了前提条件。运用互联网络，可以直接面向世界宣传我们的观点、立场、主张，扩大了舆论引导工作的受众范围，丰富了舆论引导工作的方法和手段，增强了舆论引导工作的渗透力和影响力。通过网络进行舆论引导工作，可以大大提高舆论引导工作的及时性和针对性，有利于舆论引导工作的经常化。

在众多新的机遇之下，我们还应该看到网络舆论对执政党舆论引导工作带来的新挑战：

1. 网络舆论对执政理念和意识形态管理工作提出了挑战

在当今世界上还存在着对立的社会政治制度和意识形态。在传统媒体时代，由于地理位置的自然屏障作用，交通和通讯技术相对落后以及传统媒体的“把关人”的存在，恶意的政治信息难以入侵。但随着网络传播技术的发展，数字化的信息网络可以把任何信息转化为二进制的数字语言，从地球任何一个地方无限量地向另一个地方传输，这种传播是任何一个国家和政党都无法完全控制的。

我国正处于社会主义初级阶段，马克思主义作为我党的根本指导思想和中华民族的主体社会意识，在社会主义革命和建设中发挥了巨大的作用，但却面临严峻的考验。西方敌对势力把互联网作为对我进行意识形态渗透的重要渠道，不仅在境外办中文网站，而且在国内互联网站论坛、聊天室贴发文章，不断进行思想渗透，使用心理战策反、蛊惑、煽动、招募非法组织成员，传播犯罪技术等。

2003 年美国国会通过《全球互联网自由法》，目的无非是加紧通过互联网向包括我国在内的社会主义国家进行思想渗透。在我国国内,少数别有用心的人又遥相呼应,借助论坛、聊天室等多种方式兜售错误思想观点,传播落后腐朽的文化,严重地损害了社会主义精神文明建设,威胁着我国的社会文化安全。如"法轮功"和民运组织纷纷建立网站,非常猖獗,采用普发电子邮件等形式,对我党恶毒攻击,混淆视听。

网络时代的信息霸权和强势文化的冲击使网络文化失去了平等。我们在接受西方信息的同时,西方的意识形态、价值观念、政治模式和生活方式也自然地渗透进来,直接威胁到社会稳定和国家安全。网络媒体常常表现出传统媒体没有的激烈的舆论交锋与舆论斗争,成为重要的思想舆论阵地和国际舆论斗争的新领域,对此我们必须保持清醒的头脑,自觉抵制这些不良信息。

2. 网络舆论对网络传播秩序和社会治安秩序产生了威胁

网络技术的广泛应用,网络媒体的发展壮大,开拓了人们的生活空间,使网络越来越成为人们生活的一部分。但随之而来的网上传播秩序的混乱和网络技术的滥用,又给社会带来新的问题。如网上盗版、网上欺诈、专利剽窃、泄密等等,正如法律专家所指出的:凡是不以有形事物和人身为对象的违法行为都可以在网上出现,甚至因游戏中的武器被盗卖、被对手"杀死"都有可能引发现实的血案。网上传播秩序的混乱还体现在信息垃圾、虚假新闻信息及色情信息的泛滥等。

网络报道和传播的事件失实失真、对一些重大事件的激烈网络舆论、虚假及色情信息的泛滥、网络舆论监督不当等,都容易引发负面效应,使网民将网络作为宣泄不满和失望情绪,甚至是违法犯罪的平台,加大了社会治安管理的难度。目前,网上的一些社会组织行为潜藏着组织管理群体效应危机,而上海、深圳更是出现了

“快闪族”现象，即通过网上联络和手机短信相结合，约定集合时间、地点、见面暗号，以指定形式迅速集结、迅速分散，极具爆发性、高效性和危险性。前段时间表现突出的就是通过网络和短信号召群众抵制家乐福超市，有些人就是收到这么一条短信或在网上听别人那么一说，就来参加抵制活动了，其实自己可能根本还没有了解事情的来龙去脉。

网络时代，一些普通百姓因生活遇到挫折，越来越注意借用网络来引起社会关注，少数别有用心的人还千方百计利用网络进行造谣煽动、恶意炒作，致使网上舆论错综复杂，一些局部问题极易扩大为全局性问题，一般问题极易演变为社会政治问题，网络舆论引起的社会安全问题给和谐社会建设带来挑战。

3. 网络舆论中不良信息的充斥使人们对道德价值观产生了困惑

道德是一种社会意识形态，是人们共同生产及其行为准则的规范，是调节人的相互关系的一种准则，道德对社会生活起着约束和调节的作用。现实社会中人们受到道德框架的约束，对于真善美有一个公共评判的标准，道德约束是每一个社会人所必备的。可反映到互联网世界就变得脆弱和模糊，人们变得异常随意。网络舆论因传播主体隐匿、虚假、没有社会约束力和信息把关控制而繁杂无序，真伪难辨。网络资讯言论突破了传统媒体信息生产和制作的模式和约束，其道德伦理、信息的准确性、公信力和责任感都面临挑战和质疑。网络道德缺失、藐视道德、反感道德规范甚至随意攻击、发泄、恶作剧的个性特征，淡化了人们在现实生活中尚有所约束的道德感，甚至失去羞耻感，扭曲了一些人的心灵。在网上和网下迥然不同的道德表现，使人们对网络舆论许多健康向上的积极影响产生困惑。尤其要注意的是目前网民绝大部分是青年，自律性较弱，一旦冲动，就容易失去社会责任感和自我控制能力，在网上任意宣泄，甚至披露隐私、造谣、漫骂等，认为网络舆论可以不遵循现实社会的规则，可以为所欲为，进而影响到正确价值观的形成。

其实网络并不是不需要约束的虚拟空间，而是现实社会的延伸，是现实社会的一个组成部分，网络上反映出的现象许多都是现实社会现象的一种反照。网上的不道德行为、不良文化对现实生活会起一种反作用，现实生活中一些失范的现象又影响网络。根据中国社科院的最新调查显示，超过80%的网民赞成对网络舆论进行必要的管理和控制，以塑造一个良好的上网环境和道德氛围。可见网络道德价值规范已经越来越引起人们的重视。

4. 网络舆论对舆论引导工作队伍自身素质提出了新的要求

在传统媒体模式下，在长期的革命和建设实践中，我党锻炼和培养了一支能征善战的舆论引导工作队伍。但随着网络时代的来临，面对全新的工作环境、工作对象和工作手段，宣传战线的许多公务员显得不太适应。首先是观念不适应。有的公务员在知识经济初露端倪的现代社会，思维方式仍停留在传统的定式上，习惯于用经验主义眼光看待网络所带来的变化。面对网络给舆论引导工作带来的新情况、新问题，或避而不“见”，或熟视无睹，缺乏迎接挑战的主动性。其次是技术水平不适应。开展网络舆论引导工作，要求熟悉信息网络技术，并能够为我所用。但当前相当部分公务员对电脑的操作尚处于“初级阶段”，对网络知识更是十分陌生。还有是理论水平不适应。要夺取网络条件下意识形态领域斗争的胜利，必须以科学的理论为指导。目前我国在网络宣传方面的研究还相当薄弱，其成果极其有限，从而严重制约着我们在网络空间开拓舆论引导工作的新局面。总之，人是推动社会变革的决定性因素，能否打赢网络条件下这场意识形态领域的“信息战”，对广大舆论引导工作者的自身素质是一大挑战。①

第三节　公务员引导网络舆论新路径

对于舆论引导，学者杜骏飞指出：“所谓的网络舆论引导是指在网络传播中促进、推动健康而理性的正向网络舆论的形成和扩散，抑制负向舆论在网络中的形成和影响，引导公众从谬误中摆脱出来”。喻国明教授认为：“目前，网上的舆论引导，应当是寓引导于服务之中。首先要提供全方位的信息，其次要优化信息结构，有创意地提供信息。当然这并不是发明信息，更不是杜撰信息，而是以一种更专业的精神将既有的信息进行系统集成，让信息的结构渗透出更多的文化含量，智慧含量，使信息实现更大的社会价值”。② 把以上学者的观点加以延伸，我们不难发现：党政干部引导网络舆论能力实质上体现的是其执政素养，而党政干部的执政素养又是由传媒素养构成的，它体现为党政干部运用大众媒体以舆论的形式倡导主流价值观的方法、策略。这就必然要求各级党政干部必须具备一种复合能力，一种包含了主动有效利用大众媒体的舆论引导能力——执政素养能力。这种能力的提高应该从以下几个方面入手：

---

① 熊绍辉、张继良：《牢牢掌握网络条件下宣传思想工作的主动权》，《江西社会科学》2000 年第 11 期。

② 喻国明：《舆论学原理方法与应用》，中国传媒大学出版社 2005 年版，第 118—119 页。

一、党中央高度重视网络舆论，积极引导利用，创造民主氛围

随着影响范围越来越广，网络舆论日益受到各国政府的重视和肯定。在我国，以胡锦涛为总书记的党中央就对网络舆论给予了高度的重视。党的十六届四中全会在《中共中央关于加强党的执政能力建设的决定》中强调："要高度重视互联网等新型媒体对社会舆论的影响"。十六届六中全会通过的中共中央关于和谐社会建设的文件提出："通过因特网，拓宽社情民意表达渠道，搭建快速广泛的沟通平台，政府建立社会舆情汇集和分析机制，引导社会热点、疏导公众情绪、搞好舆论监督"。党的十七大报告强调要"加强网络文化建设和管理，营造良好网络环境"、"加强网络文化建设和管理，当务之急是加强网络舆论宣传管理。"胡锦涛先后视察东方网、中国军网，审定过人民网的"强国论坛"网友管理条例。2003 年，胡锦涛在视察广东时，对一位参与"非典"防治工作的医生说："你的建议非常好，我在网上已经看到了。"2008 年 6 月 20 日，胡锦涛视察人民日报社时来到人民网强国论坛，通过视频直播同广大网友进行了在线交流，在社会上尤其是广大网友中引起了极其热烈的反响。

除了胡锦涛总书记之外，我国其他高层领导人在重视网络舆论方面也做了很多工作。2004 年 11 月，温家宝总理依据因特网信息，对建筑商拖欠农民工的工资问题作出批示。2005 年两会期间，新华网在温总理中外记者会之前推出"总理记者招待会，你有何问题问总理?"，网民踊跃发表意见，提出几百个问题，温总理一一浏览，并且表示对他们的许多建议和意见，政府将认真考虑。2007 年 1 月 23 日，中共中央政治局新年第一次集体学习，主题就是网络文化建设与管理。强调必须加强网上思想舆论阵地建设，掌握网上舆论主导权，提高网上引导水平，讲求引导艺术，积极运

用新技术,加大正面宣传力度,形成积极向上的主流舆论。值得注意的是近几年两会期间,开博客的代表和委员越来越多,甚至民主党派也开了博客群,在社会上引起了巨大反响。这些信息强烈地反映出国家最高层对于网络时代的战略认识,说明国家领导人是以欢迎的姿态迎接信息时代到来的。

正如胡锦涛总书记 2008 年 6 月 20 日通过人民网强国论坛同网友在线交流时所说的:"我们强调以人为本、执政为民,因此想问题、作决策、办事情都要广泛听取人民群众意见,集中人民群众智慧。通过互联网了解民情、汇聚民智,也是一个重要的渠道。"

在党中央和国家高层领导人的带动下,一些地方党政领导也开始重视因特网的作用和网络舆论。不少官员对网络舆情表现出清醒的认识,遇到网上议论声起,不是急于封、删、堵,而是重在及早澄清事实、表明立场、引导舆论。2007 年 7 月 23 日,时任山西省长的于幼军在山西省政府第九次全体(扩大)会议上说:"一定要高度重视互联网的民意表达"。他要求宣传新闻部门研究建立完善新闻发布和加强网络建设,在敏感和热点问题上及时回应公众、反馈信息,受理新闻线索和群众反映的问题。

二、加强执政党对网民的思想道德引导

"正确引导网上舆论,不只是网络机构和网络工作者的责任,也是每个网民的责任。"①网民作为网络舆论的主体,是网络媒体与网络舆论影响力提升的重要一极。提高网民的素质,不仅可以促进网络媒体的繁荣,也可以使网络媒体在彰显民意与形成舆论

---

① 徐学江:《引导舆论是网络和网民的共同责任》,新华网 http://www.news.cn/,2007 年 2 月 5 日。

方面，担负起别的媒体不可替代的作用。若不采取措施提高这两种素养，网络舆论引导工作将面临很多困难。因此，必须通过各种途径着力提高网民网络道德水平，增强自律意识和社会责任感。尤其是媒介素养教育，在我国还需从头做起。

1. 提高网民网络道德水平，增强自律意识和社会责任感

道德是一种非强制性的社会控制方式，它是以善恶荣辱等观念来评价和约束人们的社行为，调整人们之间以及个人和社会之间关系的社会行为规范。道德是从习俗中演化而来的，它通过社会舆论和人们的内心信念来发挥社会控制作用。① 我国网民的网络道德水准已受到不少非议，甚至其中一部分被人称为“网络暴民”。所谓“网络暴民”是指在一些引起网民反感的事件中，网民群体性地聚集，自以为怀着正义之心，对当事人实施“网络暴力”，包括公布当事人隐私、电话骚扰、现场骚扰等，出现一种奇特的“集体无宽容”现象。在我国，有一部分网民，思想认识水平的局限性使得他们对各种信息缺乏基本的理性认识和批判意识，容易被媒介所利用，卷入大众文化的旋涡中。这些人习惯于用简单粗暴的方式惩罚他们认定的“坏人”。他们很难对自己在“善良动机”下所导致的行为后果做出全面客观的估计等等。在网上讨论某一事件时，极端、辱骂、非理性的声音容易占据主导地位，相反，网上那些理性、客观的声音得不到支持，其他网民的响应度低，显得势单力薄，甚至还招致批评和攻击。这种非正常的情况如果要改善，就需要道德的力量来规范和引导。

中国作为一个已拥有 4 亿多网民的文明古国和负责任的大

① 卜卫：《互联网与青少年：网络影响因人而异》，《中国青年报》2001 年 8 月 9 日。

国，对网民进行道德引导，培育和塑造与自己的文明和国家地位相匹配的大国网民形象是全社会义不容辞的责任。党和政府相关部门应该积极开展网络道德教育，培养人民正确的价值观、道德观和判断力，唤起自觉维护科学价值观和道德观的责任感，构筑起一道稳固的道德防线，并与信息立法形成良性互动，使网络空间最终成为既高度开放、又高度文明的网络社会。首先，执政党要通过政府相关部门制定网络规范，引导“网民”加强自我修养，提高慎独、自律、共存意识；其次，在宣传中要强化舆论的道德评价，利用传统的新闻媒体，对网络信息中的不道德现象进行谴责，形成舆论压力；再次，要在全社会加强道德教育，形成道德良心，使文明上网成为“网民”的自觉行为；最后，执政党应该发挥行业协会的作用，积极建构起舆论主体的自我意识，认识到自身在网络媒体中的地位，积极参加网络自律活动，为网络媒体的健康发展和网络舆论影响力的提升担负起自身应尽的责任。如 2006 年北京网络媒体协会面向社会公开征集 200 名网络监督员。网络监督员定期接受北京网络媒体协会的指导，利用业余时间监察北京属地网站出现的不文明行为、违法和不良信息，及时通过电话、电子邮件、不定期参加会议等方式向北京网络媒体协会提出监察意见。

2. 加强媒介素养教育，提高媒介道德素养

除了网络道德、社会责任，网民的责任涉及网民的“媒介素养”，“媒介素养是指人们面对媒介的各种讯息的选择能力、理解能力、质疑能力、评估能力、思辨应变能力，以及创造和制造媒介讯息能力。也可简化为获取、分析、传播和运用各种形式媒介讯息能力。”①而我国现阶段的媒介素养状况需要全民补课。如两会博客

---

① 张开：《媒介素养概论》，中国传媒大学出版社 2006 年版，第 99 页。

从访问人次上看"取得了巨大的成功,第一天就达20多万人次",但比起我国庞大的社会总体,或者说我国巨大的网民基数来说,却是微不足道的;在网民的反馈信息中,宝贵的建设性的意见毕竟不多,更多的是一些主观感性的粗浅想法。这也与媒体本身的宣传不够有关系,人民网总裁何加正曾说过这是他们的不足之一。①

媒介素养不仅仅是对公务员的要求,而且是全体公民都应该具有的基本品质,加强媒介素养教育对于提高国民的整体素养、对于社会的健康良性发展具有重要意义。执政党应该以媒体和学校为中心,进行全民的终身的媒介素养教育,从技术、思想理念上进行改变,在鼓励人们接近媒介、使用媒介的同时,对媒介及其提供的信息能够批判地看待。

首先,执政党可以通过自身所控制的传媒对公众进行媒介素养教育,使社会成员也对传媒的职业规范有充分的了解,帮助群众形成对媒体的正确认知,例如,传媒的信息怎样采集又如何制作和传播,传媒的公益性和商业性应否分开又如何区分,从而增强社会公众对传媒信息及传播方式的判断能力,学会选择、识别良莠,形成拒斥不健康的媒体信息的自觉。

其次,在媒介素养教育的推广中,执政党可以通过政府相关部门将其纳入正规教育体系。当前,我国中小学虽然开设了媒体课程,但主要侧重于多媒体网络技术的应用,较为忽视关于各类现代媒体信息的接受、鉴别能力的培养。与互联网发达国家的网民年龄相比,青少年是网民的主力军,25岁以下网民占51.2%,30岁以下占70.6%。青少年好奇心强,求知欲旺,人生价值观还未完

---

① 詹新慧:《强势真强优势真优是全面战略转型——人民网总裁何加正谈未来的发展》,《新闻战线》2008年第2期。

全形成,将内涵更为全面的媒体素养教育纳入正规教育体系之中,对于青少年学生的健康成长将起到积极的促进作用。在当前现代网络迅猛发展的情况下,我们不但要积极倡导“青少年远离黄色网站”,更要从根本上培养青少年形成健全人格的能力,在加强思考力的训练中养育人文精神,培养他们的文化自省、选择、判断能力和批判意识,从而使正确的价值观、世界观真正确立起来。①

3. 改善“把关”方式,加强网络“把关”机制

网络传播的特点注定了它与传统媒体的不同,广大网民也拥有了信息采集和发布的权利,成为一支特殊的“记者”队伍。而网民本身的多样性、复杂性和广泛性不仅让讯息变得各具特色,五彩斑斓,而且,网民本身带有的主观意识既是难以避免的也是无法避免的,对信息的解读更是五花八门,通过网络再传播,很可能会以讹传讹,这种以一传百万、千万的速度,后果就可想而知了。对此以往的新闻“把关”方式就无法应对了。

面对新的形势,“把关人”的引导方式应有所变化:“从过去的‘严把关’发展为‘巧指路’;从过去的让人们‘看什么’发展到教人们‘怎么看’;从过去对错误的舆论采取堵塞和封杀的方式,发展到允许各种不同观点和意见发表的同时进行积极的疏导”。②

另一方面,随着网络中信息传播者和信息传受模式的转变,网络“把关人”也由单一转向了多元。在这多元的“把关人”队伍中,政府的把关是最重要的。学者彭兰认为:“在网络传播中,被削弱

① 谭泓:《媒介素养教育——培养公众对传媒信息的选择能力》,《学习时报》2007年10月30日。

② 孙宜山:《网络传播中舆论引导的特点分析与实施》,《青年记者》2007年第4期。

的主要是政府的把关功能而不是专业新闻机构的把关功能。”①因此,加强党政干部对网站的把关,是网站把关工作的第一步。

除此之外,政府还要注意引导媒体对新闻信息内容精心优选,寓舆论引导于信息传播和服务之中。要通过精心选择和有效梳理,整合出契合网民需要的信息。进而严格做好网络信息编辑工作,合理编排及时反应,把握引导的主动权。写好网络信息评论,增加评论深度,用评论引导舆论。做好网络信息的策划,积极巧妙地引导网络舆论。

4. 加强主流媒体网站建设,用主流的声音来影响引导舆论

虽然网络中传播主体多元化,然而人们对主流媒体的信赖感是不会轻易改变的,而国家与地方的重点网站无疑具有这种让大众信赖的权威性与品牌优势。主流的网络媒体一般具有很高的权威性,在面对不断涌现出来的信息和纷至沓来的意见时,越来越理性的网民们通常会选择主流网站进行信息的筛选和意见的表达。在这种情况下,主流网络媒体就可以发挥其理性的舆论引导力,在适当的时候对已经形成的网络舆论进行有效引导,将网民的注意力引导至既定的方向,形成积极稳定的舆论气候,让受众在潜移默化中获得启示。具体而言,一是建立健全网络舆情研判制度,提高准确判断网络舆论态势和舆情走势的水平。二是进一步提高应对重大突发性、群体性事件的网络舆论引导水平,形成强大且正面的舆论声势。三是进一步推动网络与传统媒体的互动,及时与传统媒体进行沟通协调,发挥其优势,增强主流舆论的影响力。事实证明,主流声音特别是在主流论坛上适时发表的指导性的言论或点评,是引导网络舆论的重要途径。如人民网的“强国论坛”、新华

---

① 彭兰:《网络传播概论》,中国人民大学出版社 2001 年版,第 338 页。

网的“发展论坛”、“统一论坛”等,“这些网站作为主流媒体出现,既是时代的呼唤和历史的要求,同时也是引导网络舆论最根本的方式。总之,要充分发挥媒体的各自优势,形成理性的舆论合力,推动事件的有效解决。”①

5. 建立网络舆论快速反应的引导机制

由于互联网具有传统媒体无可比拟的时效性,在提供信息的及时性方面,互联网早已超过任何传统媒体。因此,能不能在第一时间及时地发现舆情,对网络舆论引导起着至关重要的作用。发现舆情的速度与引导舆论的难度成正相关的关系:发现得越早,引导得越及时,引导的效果就越好。与传统媒体的舆论引导相比,网络舆论引导既要讲究正确的导向,又要强调快速,一旦错过时机,网民先入为主,将大大增加舆论引导的难度。因此,首先党政干部要随时把握网络舆论发展趋势,善于发现重要舆情苗头。其次,建立舆论收集平台,党政干部要充分利用网民的力量收集舆情。即主动协调主要网站,为网民提供发表意见的平台,以便了解民情民意,并利用这些平台,收集整理舆情信息,协助有关部门解决网民反映的问题,满足网民的诉求愿望,使之成为舆论引导的重要平台。再次,建立网络发言人制度,以引导网络舆论。网络发言人的设立是政府网络问政的方式之一,是政府及时引导网民、披露真相、解决问题的积极尝试,是我国民主政治发展在网络上的新体现。建立网络发言人的前提就是要让党政干部意识到互联网在政府问政于民、问需于民、问计于民方面的巨大优势,意识到网上听民声、集民智、解民忧是一个公务员提高执政能力和水平的迫切需

① 张爽:《浅析突发事件中网络舆论的理性化引导》,《安阳师范学院学报》2009 年第 4 期。

要，唯有如此，才能与广大网民产生良性互动。

6. 平衡商业利益与舆论导向，提升网络媒体的社会公信力

在市场经济体制下，媒体的社会影响力与其市场影响力在绝大多数时候是正相关的，即社会影响力越大，市场影响力就越大，但二者有时也存在矛盾和冲突。尤其是在市场经济条件下，媒体的市场影响力愈来愈显重要，媒体本身对市场影响力的追求也越来越积极，对社会影响力的追求却日渐淡化。目前网络上仍存在着虚假新闻多、炒作跟风多、有害信息多等问题，这反映了不少网络媒体还缺乏作为大众媒体所应具备的社会责任。

如何达到网络媒体社会责任与商业利益的平衡是一个亟待解决的问题。一些网络媒体为了追求商业利益而枉顾社会责任的现象时有发生，如“纸馅包子”事件：2007 年 7 月 8 日，北京电视台生活频道《透明度》栏目播出“纸做的包子”的新闻报道被披露为“制假”之后，互联网上对虚假新闻掀起了一片谴责声。这一事件使媒体的公信力受到影响，党和政府的形象受到影响，老百姓对媒体产生信任危机。虽然“纸馅包子”事件发生在电视媒体，但是网民的声音已经向所有的网络新闻工作者发出了警示：杜绝网络虚假新闻，已经刻不容缓，否则，网络媒体的公信力会随着虚假新闻的传播而滑坡。虚假新闻如果屡禁不绝，不仅损坏媒体形象，也有损于社会形象。

7. 探索网络宣传规律，提高舆论引导艺术

网络舆论来源于网络媒体，网络媒体对网上舆论的导向起着主导作用。努力创造一个和谐的网络舆论环境，是每一个网络媒体义不容辞的社会责任。网络媒体要坚持政治家办网，网上报道什么、不报道什么、突出什么、不突出什么，提倡什么、反对什么，都有一个导向问题。从事网络媒体工作与以往的其他媒体工作一

样，也必须有政治意识、大局意识和责任意识，有政治敏锐性和政治鉴别力，保持清醒的政治头脑，保持同党中央高度一致，坚持新闻工作的党性原则，坚持团结稳定鼓劲、正面宣传为主，牢牢把握正确导向，以科学的理论武装人，以正确的舆论引导人，以高尚的精神塑造人，以优秀的作品鼓舞人。

首先，要强化“网络把关人”的角色意识。

面对网络上如此浩瀚的“信息海洋”，面对大部分网民在网络信息选择中的无主状态，“网络把关人”就显得尤为重要。网络把关人应该同时是信息提供者、信息引路人、信息规范者和监督人，设置好有关的话题或者议题，吸引终端上的个人参与到公共话语空间，通过自由热烈的网络交互，及时的新闻报道，再加上详尽的事实背景材料，对不同空间的话语进行整合，在交流中引导大众舆论，促成正确舆论的形成，并培养受众对网站的忠诚度和好感度。①

执政党所控制的网络媒体是网络传播的最大“把关人”，对网络传播进行宏观上的规范、引导和管理。如 2004 年底，中纪委、监察部对来自全国的 127 名网络评论员完成了培训，并专门组建了网络宣传工作领导小组，名为“反腐倡廉网络宣传工作领导小组”，并且和中宣部、中央外宣办，以及人民网、新华网等组成了网络宣传工作联席会议制度，统一管理和调控网络新闻和言论，采用网络评论员监督网络言论。

网络把关人不仅要具有高度的社会责任意识，同时也要重视引导艺术：变“严把关”为“巧指路”，变让人们“看什么”为教人们“如何看”，变以“堵”为主为以“导”为主，更多地依赖于所要表达

① 沈刘红：《网络舆论的形成与立体化引导》，《新闻前沿》2004 年第 1 期。

意见本身的说服力，以及“说服”的技巧来把握和引导舆论的走向，善于从多元分散的舆论中寻求共同点，对舆论信息进行分析和整合。运用理性力量和情感因素来进行舆论引导，晓之以理，动之以情，通过所报道的事实和评论来引导网民思考，以清醒的分析、负责任的指点和充满睿智的预示，带领网民一起走出暂时存在的“视觉白区”和“认识误区”，感染网民的情绪，使之产生认同与共鸣。

其次，要培养“意见领袖”，发挥引领功能。

在网络空间，虽然网络群体对个人意见的压力作用的程度和强度相对减弱，但“沉默的螺旋”的从众心理并未从网际消失，而且在交互开放的网络中，由于每个人处理信息的能力不同，人们主动选择信息的行为仍会满足一种“权威法则”。[①] 当网络上出现大量虚假信息和极端言论，受众无所适从时，他们仍需要“意见领袖”为自己解疑释惑。

“意见领袖”本身也是网民，他们对网民的需求、心理、关注点，都有一个比较好的把握，而且这些人都是愿意积极参与到其中的，他们有心理需求方面的基础。另外，他们对网络和新媒体传播的方式是比较熟悉的。基于这两点，他们的言论就很有权威性，就形成了自身的特点，能够在网民中产生很大的影响。因此，执政党应该利用网络媒体这个资源平台，加强对“意见领袖”的引导，积极组织起来，引导他们理解党和政府的方针政策，理解党和政府解决种种复杂问题的基本思路和实际操作，加强信息发布和引导工作中的协调，确保信息的畅通，让互联网中的“意见领袖”成为网

---

① 刘海龙：《沉默的螺旋是否会在互联网上消失》，《国际新闻界》2001 年第 5 期。

络舆论引导的有效补充。如在一些重大的事件发生之前或之后，及时邀请有关人士包括政府官员、专家学者或事件当事人、随访记者等来网络论坛做客，同网民对话，阐明党和政府立场，澄清事实真相，分析问题要害，对于平息不满情绪，用主流、权威及真实可信的声音占领论坛，会起到很好的作用。

再次，要建立传媒联动机制，立体引导网络舆论。

目前，网络媒体与传统媒体之间表现的是一种并存、互补、融合、创新的状态。很多网络媒体产生于传统媒体母体之中，是传统媒体事业扩大的一部分，报刊、广播、电视等传统媒体可以通过网络媒体扩大舆论的影响力。与此同时，传统媒体也可以有选择地对网络媒体中的信息、言论、论坛、新闻跟帖中的具有建设性的观点给予报道，总结、归纳、提升其中的一些观点，二者之间相互结合，相互作用，最终形成强势舆论。如重庆“最牛钉子户”事件就是始于网络，“最牛钉子户”的照片是由网络论坛率先披露的，然后才是传统媒体的跟进报道，如《南方都市报》的独家报道，《南方周末》的内幕调查，中央电视台的法治报道，等等。

执政党要发挥好传统媒体和网络媒体各自的优势，在两者的结合上下工夫。报纸、广播、电视等传统媒体在受众人群类型的广泛性、信息的权威性等方面，具有网络媒体无法比拟的优势。网络媒体可以以传统媒体的新闻来源为依托，凭借自身的亲和性、迅捷性、互动性等优势扩大传统媒体的影响力。例如人民网依托《人民日报》的权威性，不断将日报的权威性、公信力优势转化为自己的优势，并根据自身的特点，在网上把这种优势放大。借助日报的评论力量和人才资源，坚持人民网的立场，形成自身的声音。同时，网络媒体可以利用传统媒体中一些栏目的影响力打造自己的品牌栏目。

最后，要注意研究网民心理特征，强化引导艺术。

新闻媒体在多大程度上满足公众的心理需求，就能在多大程度上影响后者的态度，也就能在多大程度上引导舆论。网络时代，受众的差异性更加突出，形成了不同的网民群体和网上虚拟社区，网络媒体应该分析抓住网民上网的不同心理特征和心理需求，从尊重网民主体需求的角度出发来安排传播内容和形式。例如，有的高校根据大学生的心理特征，将思想政治课搬上网络论坛，通过网上平等交流与对话，拉近了彼此的心理和思想距离，既能反映大学生的真实想法和心理状况，又能给予及时有效的疏导和解答，收效显著。

第四节　提升执政党对网络舆论的引导艺术

中国共产党作为我国的执政党，在网络舆论引导方面负有重大责任。党的各级组织在加强和改进党的舆论引导工作中，理当与时俱进，主动地去运用网络，努力研究并提高网络时代引导舆论的思想水平、知识修养和相关技术，积极探索新条件下做好群众工作的新途径、新方法，切实改进舆论引导工作，正面引导社会热点，及时化解社会矛盾，将网络时代的话语主导权掌握在执政党的手中，保证改革、发展大业健康有序进行。

一、科学的传媒管理与控制

以往党管媒体，主要以控制为手段。然而实践证明，网络舆论作为公众表达民意的一种新方式，执政党既不能对其放任自流不加任何约束，也不能只看到它的弊端而因噎废食。在当今开放的时代，采取“堵截”、“封杀”的方法，实质上就是把自己排除在整个网络世界之外，就是将自己完全封闭起来，闭目塞听，既有损于自身的形象，也难以求得发展和进步。况且随着信息技术的飞速发展，依托卫星传输的无线互联网的出现，使“堵截”、“封杀”更是难上加难。面对这些新的情况，执政党应该转变观念，用全新的开放的理念进行舆论引导，调整管理思路，变刚性的传媒控制为科学的传播管理。

执政党应采取合理、有效的方式对网络言论进行合理的规范和引导，使其以一种有序、合理和公正的方式表达民意。关键一点是转变思想观念，调整控制方式，正视网络在社会生活中的重要影响，承认其存在的合理性，同时，根据其技术特点有针对性地采取相应策略，顺应潮流，因势利导，充分释放和进一步激发网络媒体的活力，使其随时都能成为最有效的舆论引导力量。

要做到这一点，执政党宣传管理部门和网络媒体必须对自身角色进行定位。执政党宣传管理部门的公务员是宏观制度的制定者、监督者，制定出切实可行的调控制度；网络媒体是具体的运行者，在遵守国家利益和人民的利益框架下，应具有对业务处理的自主权利。① 在宣传管理中，处理好网络管理与言论自由的关系，避免网络管制过度造成网民利益及自由的缺失、避免网络空间失控等，为公众营造一个和谐、多元、民主且充满活力的舆论空间。

二、建立针对突发事件的网络舆情预警机制

党的十六届四中全会从构建社会主义和谐社会的高度，明确提出：“建立社会舆情汇集和分析机制，畅通社情民意反映渠道，使人民群众的意见能够充分表达出来，以便能够依法及时合理地

---

① 张洪忠：《变刚性的传媒控制为科学的传播管理》，www. MediaUndo. com。

解决群众关注的问题。”

网络舆情是网民社会政治态度的集中体现，是公众对现实生活中某些热点、焦点问题所持的有较强影响力、倾向性的言论和观点，主要通过 BBS 论坛、博客、新闻跟帖、转帖等实现并加以强化。建立网络舆情预警的意义在于，及早发现危机的苗头，及早对可能产生的现实危机的走向、规模进行判断，及早通知各有关职能部门共同做好应对危机的准备。舆情预警的制度化，将构筑起更强大的舆情信息和预警网络，将触角深入到社会的各个角落和群众中去。

党和政府应建立一个舆情反馈系统，针对常态事件和突发性事件开展工作。对公众关注的与自身利益密切相关、政策性很强的常态公共事务，实施舆情规划、舆情收集、分析处理、舆情预警等措施，有的放矢地观察民意走向。要特别重视对电子公告板和各类网络“论坛”的监控，密切关注损害我们国家、社会、人民安全和可能诱发社会动乱的信息源，切实担当起网络信息传播“监管人”的责任。面对种种不良信息，需辟谣的，应立即用事实澄清，并运用自己的网站开展有力的正面宣传教育；需消除的，应及时向上级汇报，并果断采取技术措施予以删除，防止进一步扩散。

三、重视解决实际中的难点、热点问题，重视网上网下思想工作的联动

长期从事网络问题研究的中国社科院哲学研究所郭良副研究员认为，网络空间的思想舆论问题，归根结底源于现实生活。这些问题在实质上是社会本身的问题，网络本身什么也做不来，没有网络，这些问题在现实社会中也同样存在，网络只是提供了一个讨论的空间。

热点、难点问题，是改革开放过程中一些深层次矛盾的显露，解决这些问题有相当难度，但它们又是社会经济生活中普遍存在的现象，有的还涉及群众的切身利益，因而引起了社会各方面广泛关注，成为网络舆论的焦点和关注点所在。有人形象地说，社会上刮什么风，网络上就会下什么雨。如现实中的官员腐败、下岗失业、贫富差距、司法不公等大量社会问题，长时间得不到有效解决，一旦遇到某种重大事件和突发事件爆发，民众的失望、不满和愤恨之情便会通过互联网这一匿名、自由的渠道来宣泄。一旦处理不好，很容易引起社会心理的失衡，影响社会的和谐稳定。

对待网上反响强烈的热点难点问题，我们不能采取回避的态度，不能让它们成为舆论引导的空白点，造成舆论引导的失衡。相反，要通过社会热点、难点问题的报道，加强党和政府与人民的沟通与联系，增强报道与群众的“贴近性”，在舆论引导上发挥重要作用。针对网上舆论扩散速度极快的特点，对网上反响强烈、易于引导炒作的热点难点问题，发现要快，处理也要快，管理和引导要相结合。措施既要把握得当，也要果断迅速，否则一旦形成规模、气候，不但会造成极大震荡，而且也会给处理工作带来极大的困难。“孙志刚事件”、“刘涌改判案”、“宝马撞人案”、“史上最牛钉子户”等等便是如此。“史上最牛钉子户”之所以得到众多网民的认同、支持和声援，就是因为在现实中社会公正缺位、贫富分化严重、中下层上升的道路受阻，特别是城建中的暴力拆迁、不公平补偿等现象让民众深恶痛绝。这就在客观上让“最牛钉子户”成为一种社会底层顽强地寻求生存与发展的精神寄托，一遇时机便在网上爆发，随即又传递到现实空间，从而引发更大范围的波动。近年来，类似这些事件尽管得到了处理，但客观地说，一些地方、一些部门处理这类问题时，往往采取遮遮掩掩甚至文过饰非的做法，引起群众的不满，虽然事件得以最终平息，却是以消耗党和政府的公信力为沉重代价。可以想见，如果经常这样，执政党就会处处显得被动，更不用说主导网络舆论。在网络时代，对网络舆情尽快做出反应，不被互联网牵着鼻子走，响应舆论又引导舆论，是一种明智的态度。所以，今后对于已形成强大网络舆论的热点、难点问题，党和政府相关部门要迅速行动起来，采取有效措施，给民众一个满意的答复和处理结果，这样才能尽快平息民愤，赢得主动，主导舆论。

在互联网上，执政党应当高度重视对网上舆情的跟踪和分析，把网上舆情分析作为把握社会思想动态的重要渠道，注意网上出现的带倾向性的思想苗头。这些思想苗头一旦出现，就要利用网络论坛、在线访谈、BBS 等手段，及时进行对话和交流，疏导情绪，引领舆论。而在现实中，执政党须注意解决好从网民思想情绪中反映出来的实际问题，从根本上消除思想问题带来的不和谐、不安定隐患。其中包含把党和政府在实际工作中做出的努力、取得的成绩，及时通过网络传递给网民。因为，实际生活中总会存在这样那样的问题，解决实际问题是需要时间和过程的。如果我们面对的是一个具体问题，可能很快就能解决；但如果是一个社会性问题，就需要经过一个较长时间、通过一系列改造社会的行动才能求得解决。但只要我们在行动，我们就应当利用网络快速传递出“行动”讯息，用“行动”缓解群众的情绪，引导群众的思想，帮助群众树立起信心。这是现阶段网络舆论引导工作的重要任务。①

---

① 刘阳：《积极把握网络条件下意识形态工作的主动权》，《前线》2007 年第 7 期。

四、第一时间发布权威的真实信息，把握舆论引导主导权

认知心理学有关注意信息选择性原理告诉我们，人们更愿意接受第一时间得到的信息。这就要求在网络高速更新的信息流中，信息发布部门要及时发布相关信息。如果事件发生后，信息发布者失语或信息延迟，就很容易为各种负面的、不负责任的信息传播创造条件，为以后扭转网络舆论方向增加困难。

网络舆论之所以能够快速形成并扩散，在很大程度上是因为网民掌握的信息不对称，如果党和政府有关部门能够在第一时间及时发布并不断更新信息，让网民及时了解事情真相，了解有关部门的态度和正在采取的措施，网民就不会胡乱猜疑。因此，最好的舆论引导，就是及时发布权威的真实信息。在重大事件的反应上，我们自己的声音特别重要。特别是在那些事关中国形象的重大问题上，如危害大、影响面广的自然灾害、事故灾难、公共卫生突发事件以及涉及国际关系、民族政策、两岸统战的新闻等，中国必须主动出击，把真实的声音传播到国际社会中去，掌握舆论引导的主导权。近年来，中国大力推动新闻发言人制度，是一个十分可喜的举动。执政党新闻发言人制度的建立，有利于执政党占领舆论引导的主动权和制高点，调动媒体的兴奋点，使媒体自觉自愿地围绕党所发布的新闻事件和议题来进行报道和追踪。

第五节　网络论坛中的舆论引导

网络论坛是一个和网络技术有关的网上交流场所。一般就是大家口中常提的 BBS。BBS 的英文全称是 Bulletin Board System，翻译为中文就是“电子公告板”。BBS 最早是用来公布股市价格等类信息的，当时 BBS 连文件传输的功能都没有，而且只能在苹

果计算机上运行。但是随着互联网技术的不断发展，网络论坛在互联网上渐渐显示出其不可忽视的舆论作用，网络论坛的便利性使其成为舆论的主要集散地。这种新的舆论表达形式，尽管刚刚兴起，却已显示出巨大的能量。网络论坛使得网民们即时开展评论，并彼此交流对热点、焦点事件的看法，在瞬息之间就可以形成广泛而强大的舆论力量。但是由于目前的管理手段还未跟上技术的发展，网络论坛缺乏有效的规范，有时呈现无序状态。这不可避免地会带来相应的社会问题，分散了舆论的社会整合性。因此丝毫不能忽视发生在网络上的这种带有突发性和自发性的舆论，不能忽视其可能产生的巨大社会影响和客观效应。国务院新闻办公室网络新闻管理负责人王庆存曾经指出：网络媒体也要用正确的舆论引导人。

实际上，舆论的自由与控制或者说引导，永远是矛和盾的关系。现时的自由只意味着权力组织缺乏控制经验，而不是没有控制能力。“舆论是社会的皮肤”。① 舆论过于分散，并不利于社会的整合。网络论坛舆论作为整个社会舆论的重要组成部分，更需要控制与引导。其实，传统的舆论引导方式在网络论坛中依然适用，再加上适当的法律法规的管理，实践证明了网络论坛舆论引导的可行性和有效性。

一、网络论坛中的“沉默的螺旋”效应

根据德国学者 E. 诺埃尔的“沉默的螺旋”的假设，人们在表达自己的想法和观点的时候，如果看到自己赞同的观点受到了广泛的欢迎，就会积极地参与进来，那么，这类观点就越会被大胆地

① 程世寿：《公共舆论学》，华中科技大学出版社 2003 年版，第 124 页。

发表和传播，而发觉某一观点无人或很少有人理会，即使自己赞同它，也会保持沉默。意见一方的沉默造成了另一方的增势，如此反复循环，便形成了一方的声音越来越强大，而另一方越来越沉默下去的螺旋式的发展过程。

由此可见，舆论的形成与大众传播媒介营造的意见气候有直接关系。因为大众传播有三个特点：多数传播媒介报道内容的类似性——由此产生共鸣性；同类信息传播的连续性和重复性——由此产生累积效果；信息到达范围的广泛性——由此产生遍在效果。这三个特点使大众传媒为公众营造出一个意见气候。

网友对于新闻事件的讨论，是一种自发式的、群言式的解读新闻的方式。从自发性看，网友讨论的话题，必然是他们内在的兴趣的体现，因此，这些话题也会给做网络新闻的人建立起一个风向标。从群言性看，网友的讨论，并不完全公平理性，也不全是个体意见的表达。在此中，“沉默的螺旋”的力量、集体无意识的控制，也都会或多或少发生作用。因此，网民的解读是在某种力量所影响下的集体解读，它的过程比结果更加重要，而网民由此受到的影响也会更加深刻，也就是说“沉默的螺旋”效应一旦在网络论坛中发生作用，将产生比传统媒体更大的效果。

在网络的传播中，各个成员虽然是匿名的，但是代表他们身份的 ID 却仍然是身份的象征，在网络论坛中，舆论的压力不是指向现实中的个人，而是指向 ID。因此，ID 也就成了人的主体性的载体，每个人在确认的 ID 面前，都有强烈的身份认同。有些网络论坛还形成了不成文的群体意识和规范，在必要的时候，成员可以采取某种一致行动，如果一个人做出了违背大家意愿的事情，就可能被冷落，批判，甚至封杀。网络空间的群体意识和群体规范同样会使其成员产生与现实类似的压力和社会恐惧感。另外，网络媒体具有管理规则的约束和评论员的引导,引导网民向意见的多数发展,致使少数派的观点将越发沉默,适应了舆论生成规律,也再次说明了沉默螺旋的作用。

二、主流论坛引导

2000 年 9 月 10 日至 13 日,新华社网络新闻宣传工作会议在北京举行,会议号召动员和组织全社会力量,迅速提高网络新闻宣传工作水平,正确引导网上舆论;建立全社会一体化的网络新闻事业管理体制,集中全社会资源优势,主动出击,迅速占领网上舆论阵地。主流论坛的舆论引导有两个方面,一是对本论坛的舆论进行引导,还有一个方面是对其他兄弟论坛进行引导,以突出其主流地位。

实践证明,以主流的声音特别是主流论坛的政论、时评来影响和统理"分众"舆论非常有效。东方网是上海市的主流网站,从 2000 年就设立了"今日眉批"评论专栏,并不断突出其原创性,约请上海市政协主席、杂文家江曾培等 9 人为特约评论员,同时又欢迎广大网友来稿,成为网站引导 BBS 论坛的一只有力的拳头,权威的时评及时地帮助网友把对舆论客体的感性认识向理性认识转化,也充分发挥了主流论坛的舆论引导作用。

三、网络论坛中的舆论领袖

大众传播学中有一种"二级"传播的理论。该理论认为大众传播中的信息和舆论并不是直接"流"向一般受众,而要经过"舆论领袖"这个中间环节,即经过一个从"大众传播——舆论领袖——一般受众"的过程。"舆论领袖"除了他们的知识面、责任感、人际交往能力等个人因素外,他们对大众传媒的忠诚度和接触量都远远高于和大于一般人，因此，他们作为大众传媒的“二级传播”者在一般受众中有较强的活动力和影响力。① 网络论坛中也有一大批这样的“舆论领袖”。

就目前我国一些较有影响力的论坛的参与情况看，每个论坛都有自己较为稳定的参与群体，而在这些参与群体中，一些文字表达能力强、分析问题深刻、有独特见解的网民的发言往往影响甚至左右其他网民的看法，并由此引导、控制着整个论坛的舆论方向。培养论坛的“意见领袖”，利用这些“意见领袖”来引导网上舆论，已成为一些大型论坛的普遍做法。在虚拟空间里，群体的压力方式与现实中不同，虽然看似不明显，但实际是仍然存在的。人与人之间的意见总是在互相交流中形成相对集中的情绪方向和意志方向的，而舆论领袖只要利用自己的独特身份，在互动交流中影响和感染其他群体，那么就能很好地对论坛中的舆论进行引导。版主可将“意见领袖”的有见地、有代表性的发言用醒目的字号和色彩加以强调，并放在网页的突出位置，以强化主流言论，孤立非主流言论。

在网络论坛中，精英或权威人士的言论总是有着明显的引导作用，而网络论坛中的主持人也在一定程度上充当了舆论领袖的角色。选择一个主题，邀请相关专家参与网民的讨论，并在线回答网民提出的问题，已成为一些大型论坛的特色，人民网的“强国论坛”、新华网的“发展论坛”等都非常重视此项工作。央视国际的“在线主持”在“新闻频道”试播期间，推出网上大型互动系列——新闻频道主持人在线，每天晚上网民都可以和自己喜欢的节目主

---

① ［美］斯蒂文·小约翰：《传播理论》，陈德民等译，中国社会科学出版社1999年版，第505—533页。

持人在线交流。这种“专家在线”的方式,是网络媒体进行舆论引导,争取更多网民的支持、理解和参与的重要手段。

运用嘉宾言论进行引导也是一项有力举措,强国论坛在这方面的引导做得比较出色,2004 年 1 月 8 日强国论坛还揭晓出了 2003 年最受网友欢迎的十位嘉宾,其中有全国人大常委会副委员长成思危、日军细菌战诉讼原告团团长王选、北京大学法学院教授贺卫方、全国十大杰出青年志愿者陈春晓、欧盟贸易委员帕斯卡尔·拉米等,①这些杰出或权威人士作为嘉宾参与网络论坛的讨论,就是扮演了舆论领袖的角色,并起到了舆论引导的作用。

① 《互联网络发展年鉴》(电子公告版 BBS),人民日报社网络中心,2001 年。

下篇　公务员传媒素养实证研究

第七章 公务员传媒素养与执政能力实证研究——以陕西省为例

第一节 绪 论

政治是伴随着人类阶级社会的产生而产生并一直如影随形的一种古老的社会现象。在现代社会,政治已经发展出了多种不同的内容和形式,其中,最为主流的政治当属于政党政治,而顾名思义,政党政治的核心内容必然是执政能力的高低与优劣。由此可见,公务员的执政能力对于自身的生死存亡有着十分重要的关系,除此之外,也关系着社会的发展进步和整个国家与民族的前途。因此,如何提自身的执政能力是每一个有觉悟的公务员应该而且是必须认真思考并加以解决的严肃问题。

自古以来,传播和政治就有着密不可分的关系。大众传媒从诞生伊始自然而然地与政治结下了不解之缘。无论是在资本主义国家还是社会主义国家,大众传媒都被作为宣传政府执政思想与执政理念的重要而不可或缺的工具。我们的党和政府一贯重视大众传媒,一直将媒体视为党的耳目喉舌。

回顾大众传媒与政治的发展史,两者之间密不可分的关系渗透在彼此发展过程的每一步当中。“一部现代新闻传播史,处处写着执政党与大众传媒密不可分的互存、互动关系。执政党能不能在遵循社会发展规律和新闻传播规律的前提下有效使用和正确驾驭大众传媒，是衡量其执政能力高低优劣的重要标示。"①

随着社会的不断发展与科技的不断进步，我国的媒介生态环境发生了重大变化，公民的参政议政意识不断增强，每个公民都想拥有属于自己的话语权，公共舆论已成为公务员执政过程中的一个不可忽视的因素，近年来发生的许许多多社会事件表明，公共舆论的地位在公务员的执政过程中正在得到不断强化，比如重庆的钉子户事件、贵州的瓮安事件、杭州的"70码"事件以及云南的"躲猫猫"事件等等。"现代传媒是将先进技术与丰富信息进行完美结合的传播载体，它是公众与政府间进行信息沟通的重要桥梁和纽带。"②因此，公务员怎样在认识媒介的基础上更好地利用媒介或者说公务员传媒素养的高低，直接影响着党和政府的执政能力，从而进一步影响着党和政府在人民群众心目中的形象。在当前的社会环境之下，只有不断提高公务员的传媒素养，才能使政府与大众媒介之间的博弈有一个共赢的结果，才能使政府有效利用媒体与公众进行沟通，使政府在对公共舆论的引导上赢得主动权，从而进一步使自身的执政能力得到提高，行政的权威性得到加强。

近年来，社会上发生的许多公共舆论事件时时刻刻在考验着公务员的执政能力，也时刻提醒着广大公务员要不断提高自身的传媒素养。起初，在一些地方一旦出现引发社会高度关注的恶性公共事件，有些地方的公务员第一反应就是"捂"、"压"、"盖"，相关部门一直遮遮掩掩、拖拖沓沓。殊不知在当今这个信息化社会，特别是在互联网得到普及和应用的时代，"捂"、"压"、"盖"只会让社会公众觉得政府心里有鬼，让真相变得扑朔迷离，并会给谣言

---

① 骆正林:《公务员的传媒素养与执政能力建设》,《岭南学刊》2010 年第 2 期。

② 骆正林:《公务员的传媒素养与执政能力建设》,《岭南学刊》2010 年第 2 期。

满天飞创造滋生的土壤。最典型的例子莫过于贵州省的瓮安事件以及陕西的“周老虎”事件，这两起事件严重损害了当地政府的形象，已经给各级执政者带来了深刻的教训。因此，从这一意义上说，公务员只有不断提高自身的传媒素养，加强应对及处理公共舆论事件的能力，争取到公共舆论引导的主动权，防止公共舆论事件进一步发酵、升级，才能有效提升政府的公信力，才能进一步促进社会的和谐进步，才是顺应时代发展潮流的正确做法。

党的十七大报告指出，党的执政能力建设关系党的建设和中国特色社会主义事业的全局，必须把提高领导水平和执政能力作为各级领导班子建设的核心内容抓紧抓好。党的十六届四中全会通过的《中共中央关于加强党的执政能力建设的决定》中明确要求：“增强引导舆论的本领，掌握舆论工作的主动权”、“重视对社会热点问题的引导，积极开展舆论监督，完善新闻发布制度和重大突发事件新闻报道快速反应机制”、“高度重视互联网等新型传媒对社会舆论的影响”、“努力探索新方式新方法，加强和改进思想政治工作”，这些都与公务员有密切联系，也是加强公务员执政能力的题中应有之义。因此，在新的时期新的形势下，各级公务员应及时加强自身的传媒素养教育，才能达到党和政府的要求，才能顺利完成各项工作任务，顺应时代和社会发展的要求。

美国学者 David Shenk 曾说过：在历史的长河中，每当新的信息出现，人都有能力对此进行检测和思考。在过去的几十年中信息量以每年翻番的速度急剧增长，而人的处理信息的能力并没有变化，于是人就长期处在信息处理能力缺乏的状态中。① 那么，在

① 蔡国芬、张开、刘笑盈主编：《传媒素养》，中国传媒大学出版社 2005 年版，第 143 页。

当前的媒介环境下，我国公务员的传媒素养情况究竟是怎样的？他们通常是如何认识、接触与使用媒体的？他们接触使用媒介的目的通常有哪些？他们的传媒素养受教育情况怎样？面对信息社会与互联网时代的挑战，他们又是如何应对的？基于对以上问题的探讨，探究究竟该怎样提高公务员的传媒素养。上述一系列的问题的研究都有着很高的理论意义和现实意义，为此，笔者选择了公务员的传媒素养对其执政能力的影响这样一个课题进行研究。

第二节　文献综述

由于各个国家的政治环境、文化传统、社会制度、人口因素等方面存在着很大差别，各个国家的学者对传媒素养的内涵历来各持己见，传媒素养的理论研究和实践模式必然带有意识形态、地域文化、个体差异等方面的特色和差异。

历史是了解现实的出发点。1933 年，英国学者富兰克·雷蒙德·李维斯和丹尼斯·托马森发表了《文化和环境：批判意识的培养》（Culture and Environment：the Training of Critical Awareness），首次提出了“传媒素养”（Media Literacy）这个概念，“目的是在面对以电影为首的大众传媒所带来的流行文化的时候，唤醒人们的批判意识，呼吁维护传统价值观念和精英文化”。

传媒素养起源于英国，成长于加拿大、美国以及其他欧美发达国家。1986 年，英国教育和科学部与英国电影学院合作成立了全国初级传媒素养教育工作小组委员会。1988 年，该委员会在一份名为“面向 5 岁至 11 岁学生的英语教育”的文件中明确指出，传媒素养教育“对于英语教学的传统目的和关注问题是至关重要的”。1990 年，这个委员会在其提交的“11 至 16 岁的学生英语课程设置”报告中,提出同样的建议。到1997年,英国已经有将近三分之二的学校开设进阶式媒介研究课程,并有三分之一的中学毕业生参加了媒介研究学科的中学教育证书考试。

澳大利亚被认为是当代西方最重视传媒素养教育的国家。在澳大利亚,几乎所有的州都将传媒素养教育单独或放在英语课中作为学生的必修内容。国家的教育改革促使本课程的迅速发展和媒体技术在教育中的广泛运用,也促进了澳大利亚传媒素养教育的发展。

加拿大是另一个传媒素养教育广为普及的国家,由于传媒素养教育协会(the Association for Media Literacy)的努力,安大略省最先将传媒素养教育引入课堂教育,安大略教育部定义传媒素养“是学生理解和运用大众媒介方法,对大众媒介本质、媒介常用的技巧和手段以及这些技巧和手段所产生的效应的认知力和判断力”。

美国的传媒素养教育起步较晚,20世纪60年代末,美国掀起了“视觉素养运动”,这个时期虽出现了几个儿童观看电视的课程计划,但并未普遍推广。70年代末80年代初,美国教育学家和社会学家在研究有效干预技巧对儿童理解电视节目的影响时,进一步萌发了对传媒素养的兴趣。此后,传媒素养教育在美国逐步获得重视。1980年后,具有示范性的电视教育课程陆续推出。1989年,美国成立了“媒体素养研究中心”。1992年12月,有志于传媒素养教育的美国学者召开了一次“传媒素养全国领导会议”。在这次会议上,学者们对传媒素养的概念达成了共识,认为传媒素养“是人们面对媒介各种信息时的选择能力、理解能力、质疑能力、评估能力、创造能力以及思辨的反应能力”。

亚洲开展传媒素养教育较早的国家是日本。20世纪60年代以后，日本国内开始有学校试行“屏幕教育”，内容包括电影评析和电视评析，60 年代中期，“儿童与公民电视论坛”等民间团体通过筹办会议、组织专题研究等形式大力倡导传媒素养教育，并将加拿大的《安大略传媒素养教育资源指南》译成日文，介绍给国内从事教育和媒介研究的各方人士。

由以上内容得出，虽然国外的传媒素养教育已经发展得比较完善，但把传媒素养与公务员的执政能力结合起来研究的还是比较少的。

香港的传媒素养教育在 20 世纪 80 年代已经酝酿，但真正发展是 90 年代末香港回归祖国以后。香港基督教服务处认为，传媒素养是对各种媒介的认识，用批判的态度去接受及分析多种媒介的信息，能够解读信息背后的意识形态，了解媒介在日常生活中扮演的角色。

台湾政治大学媒体识读研究中心认为传媒素养是指公民能解读媒体、思辨媒体、欣赏媒体进而利用媒体来发声，重新建立社区的媒体文化品位，并了解公民的传播权利和责任等。学者鲁宾就通过对不同传媒素养概念的分析，总结出三种传媒素养定义模式，即“知识模式”、“能力模式”和“理解模式”。

传媒素养研究在 20 世纪 90 年代末导入中国大陆，经过国内学者多年的引进与吸收，中国传媒素养研究在 2004 年开始热化，研究人员及成果迅速激增，成为多视角、跨专业、交叉学科的学术领域。

1994 年，中国社科院新闻研究所的夏商周首次把传媒素养教育介绍到中国。1997 年，卜卫发表《论媒介教育的意义、内容和方法》，成为我国传媒素养研究的发端。2003 年国内学术界开始广泛关注传媒素养，2004 年被称为传媒素养的学术研究年，多个学术主题会议召开并开始确立有关组织机构。比如2004年10月1日,中国首家传媒素养专业网站传媒素养研究由复旦大学传媒素养小组建立和开通;2004年10月8日至11日,在中国传媒大学召开了以“创新、沟通、发展”为主旨的首届传媒素养国际研讨会,国内外专家学者以“传媒素养及传媒素养教育”为题探讨适合我国国情的传媒素养教育理论建设问题,并将大会论文集结出版为《传媒素养》一书。同年,中国传媒大学的《媒介研究》杂志出版了《传媒素养教育》论文专辑;复旦大学主办的《新闻记者》杂志也开辟了《媒介素养教育》专栏。随后,南京师范大学视觉文化网也设置了专门的传媒素养专栏。同年12月11日至13日,由团中央、教育部等国家7部委联合主办、上海团市委等承办的“中国公务员社会教育论坛——2004媒体与未成年人发展”主题会议在上海举行,旨在深入研究现代媒体的发展对未成年人的影响,并呼吁全社会关注与研究,以引导未成年人更好地对待和使用媒体。2005年和2006年有更多的学者进行传媒素养问题的研究,使传媒素养研究持续升温。2005年6月,中国人民大学新闻学院通过了我国首篇传媒素养教育博士论文《信息社会传媒素养研究:兼论中国媒介教育的必要性与可行性》;2005年9月,中国传媒大学正式开设了面对本科生和研究生的传媒素养课程。2007年4月,我国首家传媒素养课程研究中心——东北师范大学传媒素养课程研究中心举行揭牌仪式,该中心借鉴香港、美国等地区和国家的经验研究传媒素养课程理论。同年12月,主题为“传媒素养与公民素养”的国内首届“传播与中国”复旦论坛在复旦大学举办,来自国内外及港澳台地区的学者围绕传媒素养的国际发展与本土经验教育、课程研究与公众参与等议题进行研究讨论,形成了几十篇学术文章。

纵观我国传媒素养研究的历史，我们可以得出以下结论，2003年以后，我国的传媒素养研究进入了黄金阶段，许多新的领域和问题逐渐被纳入研究范围，取得了一定的成果。但也存在着一些问题，比如，就研究对象来说，大部分的传媒素养研究集中在大学生和青少年这两类主体方面，其他对象的传媒素养研究明显过少，尤其是针对公务员这个特殊受众群体的传媒素养的研究很少见，虽说有《危机事件考验公务员的传媒素养》等研究成果，但总体研究不够，我省到目前为止还未见到这一方面的研究成果。现实中公务员所必备的传媒素养，未能引起政府有关部门的重视，我国目前的公务员教育培训系统中，对此问题至今无人问津。由于我国传媒素养教育的实践尚未有序启动，因此对信息时代下公务员传媒素养研究很欠缺，也很薄弱，具体体现在以下几个方面：

(1)有关公务员传媒素养的研究基本停留于定性分析和主观评述，只是作宏观层面比较宽泛的研究，对于具体某一省份或者地区公务员传媒素养的研究则比较缺乏，对于互联网等新型传媒对社会舆论的影响，如何利用丰富的网络媒介资料并结合当地实际更好地发展公务员的网络素养方面的研究相对薄弱。

(2)由于我国传媒素养教育研究的实践尚未有序启动，对于公务员传媒素养的研究起步较晚，相关资料也较少。公务员的传媒素养对其执政能力的影响，仅仅局限在理论探讨的范畴。总的来说，大多数公务员对传媒的认识比较肤浅、片面，而且重视程度不够，运用传媒的意识也不强，必然导致对其执政能力的影响。

(3)如何有效提升公务员的传媒素养？如何将传媒素养纳入公务员素质考核机制？以往的研究在这一方面探讨极少，仅仅是在理论层面做一宽泛性的描述，很少有具体的、可操作的措施研究。

目前中国正处在社会环境的变革和媒介角色多元化的现实之中,社会各部分对象正在发生切身的观念变化,传媒素养研究应该在国家政治、经济、文化的大环境背景下去考虑矛盾日益突出的对象,比如农民、网民、少数民族的传媒素养问题,以及教育者、党政领导部门的传媒素养问题,虽然也有学者提及,但仍不够详尽。在"周老虎"事件中,一位农民、一台相机和一些"虎照"被策划成21世纪以来最大的假新闻,误导了社会舆论,这不仅浪费了紧缺的行政资源,而且损害了政府的形象和公信力,我们的一些基层公务员似乎还未认识到信息、媒体、舆论的重要性,遇到社会突发事件,不能够合理利用媒体化解矛盾。在一个媒介高度发达的时代,知晓如何合理地运用传媒塑造良好的个人形象、阐释自己的政治主张与见解,与人民群众进行有效的沟通,是公务员必备的政治素养与传媒素养,也是其化解社会矛盾应具备的新品质和新能力。传媒业界观念的转变是催生中国批判型受众的重要机制,因此有关方面的指导策略必不可少,这也是国内传媒素养研究应加强的研究内容。本课题正是针对公务员传媒素养情况的研究,力求对这些存在的问题取得有所突破性的进展。

第三节 研究内容和框架

一、相关概念和理论

(一)相关概念

由于各个国家的政治环境、文化传统、社会制度、人口因素等方面存在着很大差别,各个国家的学者对传媒素养的内涵历来各持己见。

加拿大 Media Awareness Network 的传媒素养学者 Jane Tallim

认为,传媒素养是筛选、分析那些每天由各种媒体传递的各种媒介信息的能力;传媒素养也指受众的批判性思维反作用于媒介的能力。①

Elizabeth Thoman,美国洛杉矶传媒素养中心主席,这样说过:传媒素养是媒体赋权三个阶段的总称。他认为,第一阶段是认识到个人对媒介及媒介内容选择的重要性;第二阶段是学习并掌握具体结构媒介内容的技巧,成为一个面对媒介信息不迷失、有分辨、质疑和判断能力的人;第三阶段是进入媒介信息更深层次的阶段,即挖掘谁制作了供我们消费的信息、谁从中获益、谁受损、谁主宰着这一切、媒介信息对不同个体如何产生影响、大众传媒如何驱动全球消费者等经济问题。

美国的一位传媒素养学者——Wally Bowen 认为,传媒素养是赋予公民时代所需求的能力,能将以前公民和媒介之间的被动关系变为主动关系。

任职于英国电影学院的传媒素养家 Cary Bazalgette 通过 email 接受中国传媒大学教授蔡国芬采访时说:"传媒素养教育关注媒介的特性,媒介的运作,以及媒介传输信息、娱乐大众的功效。传媒素养旨在帮助人们学会和掌握有效使用媒介表达自己思想的能力。在大众媒介(电视、广播、电影、报纸、杂志、流行音乐、互联网)成为我们生活一部分的今天,发展传媒素养教育对社会进步和发展尤为重要。"

依据国内外专家的研究以及笔者一段时间以来对传媒素养的关注,本书所采用的是中国传媒大学教授蔡国芬和张开提出的传媒素养的定义,即传媒素养是传统素养(听、说、读、写)能力的延

---

① 喻国明:《解析传媒变局》,南方日报出版社 2002 年版,第 9 页。

伸，它包括人们对各种形式的媒介信息的解读能力、思辨能力、反应能力和利用能力。传媒素养无疑是一个全新的素质概念，它的宗旨是使大众成为能积极地善用媒体、制作媒体产品、对无所不在的媒介信息有主体意识和独立思考的优质公民，它与提高社会文化品质和健全公民社会息息相关。①

那么，何为公务员的传媒素养？广大党政干部除了作为普通公民之外，他们还是党政部门的一员，代表着党政部门的形象，他们既是现代传媒的受众，又是媒介报道和监督的对象，还是媒介的领导者、使用者与管理者。因此，公务员的传媒素养与一般受众相比就有了特殊性。

公务员本身身份的特殊性决定了公务员的传媒素养与一般受众的传媒素养有所不同，它是指公务员对各种媒介信息的解读和批判能力以及使用媒介信息为社会发展服务的能力。其内涵有两个层次：一是增加公务员对大众传媒的了解，学会以批判的意识接触媒介信息；二是掌握与媒介的交往，懂得合理地运用媒介、引导媒介舆论。进一步说，公务员是一个特殊的群体，公务员的传媒素养不仅涉及其自身对大众传媒的接触、理解、评判、使用和管理，而且还会在相当程度上影响他人对大众传媒的接触、理解、评判和使用，甚至有时还会直接左右大众传媒的运行。总而言之，公务员的传媒素养，不仅在处理与大众传媒的关系时发挥着关键性的作用，而且是其执政能力的重要构成成分之一。

执政能力是指执政者利用国家权力管理国家和军队，维护社会稳定，提高执政权威，巩固执政地位的能力。中国共产党的执政

---

① 蔡国芬、张开、刘笑盈主编：《传媒素养》，中国传媒大学出版社 2005 年版，第 144 页。

能力是指中国共产党治党、治国、治军能力的总和,它包括确保党的核心领导地位的能力,驾驭国家机构和社会力量建设国家的能力,协调社会矛盾、化解社会风险、维护社会稳定的能力,处理外交事务、改善国际关系、提升国家形象的能力等。① 十一届三中全会以来,党的执政方式转变为"建设性执政",强调民主与法制,强调集体领导,反对个人崇拜,领导干部走向年轻化、知识化、专业化。在党的十六届四中全会上出台的《中共中央关于加强党的执政能力建设的决定》中,更是把加强党的执政能力建设作为近一阶段的中心工作来抓。

(二)相关理论

1. 媒介培养理论,大众传媒会在长时间内对受众产生潜移默化的影响。格伯纳等人认为,在现代社会,传播媒介提示的"象征性现实"对人们认识和理解现实世界发挥着巨大的影响,这种影响不是短期的,而是一个长期的、潜移默化的、培养的过程,它在不知不觉当中制约着人们的现实观。

2. 知沟理论,20 世纪 70 年代初,提契纳等人提出"知沟理论",其核心议题是,信息在不同社会阶层间扩散的差异,以及影响其扩散速度的主要因素,近期的知沟理论把造成知沟的原因加入了对社会系统因素的考察,就受众而言,不同社会阶层的受教育程度、社会地位的不同,以及是否属于某特殊社会团体、是否经常使用媒介、对议题的关切程度、对背景的了解程度等等的差异,都会导致传播效果的差异。②

---

① 王金红:《转变执政方式提高执政能力》,http://www.ycwb.com/gb/content/2004—09/23/content_766535.htm。

② 张国良:《传播学原理》,复旦大学出版社 2007 年版,第 226 页。

3. 个人差异论，以“刺激——反应”为基础，从行为主义的角度阐述受众特征，认为根本不存在统一不变的大众传播的受众。由于每个人所处社会环境和经历不同，造成了个人的种种差异。最有价值的是，选择性注意和选择性理解的观点。①

4. 社会参与论，即获知权和接近权理论。这一理论认为，受众有参与和使用传播媒介的权利。即受众有权要求媒介对事物作客观、公正的报道，又有权利用媒介反映自己欲反映的情况和意见。②

二、研究目的和意义

（一）选题的理论意义

政府和传播有着密不可分的关系，政府传播研究历时已久，而公务员的传媒素养研究就属于政府传播的范畴。回顾传播学的历史，被称为传播学奠基人之一的拉斯维尔就是美国著名的政治学家，他曾经从政治学或者实际政治的角度研究传播学，对政治传播进行过比较系统的分析。那么，在当今信息化高度发达的媒介环境下，公务员究竟该怎样把握与大众媒介之间的关系？怎样利用大众媒介有效地与公众沟通以达到一个令人满意的结果？怎样应对媒体突发事件？怎样引导大众舆论导向？怎样利用媒体树立政府良好形象？什么是政府传播的最佳模式？对于这些问题的分析与探讨，实际上可以为政府传播的理论体系建设提供一定的依据。

（二）选题的应用价值

W. 兰斯 · 班尼特在《新闻：政治的幻象》一书中写道，“从政

① 张国良：《传播学原理》，复旦大学出版社 2007 年版，第 195 页。

② 张国良：《传播学原理》，复旦大学出版社 2007 年版，第 196 页。

治家的角度来说，有一点是明确的，那就是，在民主社会中，权利和影响力的大小，取决于对信息的掌握和策略的运用”。对于公务员来讲，其传媒素养水平决定了其执政能力水平的高低，因为具备了传媒素养的人，一方面可以增加对媒介的了解，正确地享用大众传媒传播的资源，以健康的媒介批判意识接触媒介的信息；另一方面，可以掌握与媒介交往的方式，懂得合理地利用媒介资源，运用媒介完善自我、服务自我和参与社会的发展。

公务员是一个特殊的群体，既是广大公民的一部分，又是国家的领导者、政务的执行者，同时对媒体有领导、监督、控制的权利。公务员是否具有良好的传媒素养直接影响到政府形象、执政能力、社会的稳定。①

因此，本书的探讨，以求达到能够提出切实可行、具有实际操作性的理论指导方法的目的。本书运用实证研究的方法，对收集到的数据进行认真比对分析并且结合个人访谈法，力求得出最原始最真实的数据结果，用事实说话，以求更加具有说服力，从而为其他课题的研究提供一定的数据结果支持，为广大公务员寻找一条能够准确把握与大众传媒的关系从而合理利用大众传媒与人民群众沟通的出路，一条可以走得通、走得远、走得合理并最终取得双赢的出路，为公务员究竟该怎样提高执政水平提出建议和意见。

理清传媒素养水平与公务员执政能力的关系，可以使广大公务员认识到传媒素养的重要性，从而自觉地加强自身综合素质，提高与媒体打交道的能力，有效地与公众进行沟通，把握舆论发展动态，掌握公共舆论的引导权，进一步有利于社会主义和谐社会的建设。

---

① 李菲：《新媒体环境下西安市公务员传媒素养调查研究》，《新闻知识》2010 年第 8 期。

三、研究内容和方案

（一）研究内容

在理论叙述以及前人研究的基础上，首先介绍何谓传媒素养以及何谓公务员的传媒素养，其次，阐明公务员的传媒素养与其执政能力之间的关系。重点分析问卷调查收回的数据，在此基础上得出陕西省公务员的传媒素养现状及存在的问题，分析这些问题对其执政能力的影响，并最终提出提高公务员传媒素养的方法和途径。具体研究内容包括以下几个方面：

1. 本研究将本着实事求是和理论联系实际的原则，通过调查问卷等科学研究方法来分析论证公务员传媒素养现状及其对执政能力有什么影响，影响机制是什么？以及在面对媒体环境时，公务员对信息的处理模式和决策方向如何进行理性把握？

2. 结合陕西省公务员传媒素养的具体实际调研，分析其传媒素养的现状、问题；研究陕西省政府公务员当下是否能够适应信息时代的迫切需要？是否具有调控舆论导向和影响力的能力，是否具有面对公关危机处理时的媒介应对能力？并在此基础上，提出提高公务员执政能力的传媒素养教育对策和策略。

3. 问卷调查分析。列举调查对象、调查实施情况、调查内容及数据处理、样本特征，通过数据分析出陕西省公务员认识、利用媒介的能力，以及应对媒介处理日常工作和突发事件的能力，并最终得出调查研究发现的问题。由调查数据分析得出的结论，有针对性地提出提高公务员传媒素养的方法和途径，以解决公务员传媒素养现状中存在的问题。

（二）研究方案

本课题有清晰完整的研究思路，将多种课题研究方法有效地结合在一起。采用问卷调查，对陕西省公务员进行实证调研。采用文献分析法，搜集、鉴别、整理已经发表过的类似课题的文献，得出客观、全面的对本课题研究的认识。采用定量研究(数据分析)法，通过对收集到的数据进行科学的分析，使用 Excel、Spss16.0 数据处理软件分析数据，得出调查研究的比较精确的结果。采用个别人物访谈法，通过与其面对面地交谈来了解受访人的传媒素养现状，根据受访人的回答得出有关本课题研究的客观的、不带偏见的事实材料。采用定性研究的方法，通过以上多种方法的分析，总结出陕西省公务员传媒素养的现状及问题，联系这些问题对执政能力的影响，最终提出提高公务员传媒素养的方法和途径。

四、研究设计

为了能够正确掌握陕西省公务员的传媒素养情况，以便有针对性地提出提高公务员传媒素养水平的策略，对公务员展开传媒素养教育，笔者以陕西省各个不同的政府机关与部门、陕南陕北的地方性政府机关与部门以及一批 MPA 学员为对象，结合陕西省的特点设计了调查问卷，问卷具有一定的代表性。调查共发放问卷 900 份，回收问卷 821 份，剔除其中信度不高或资料不全者，有效问卷共 784 份，有效率为 87.1%，符合统计要求，最终 784 份问卷进入统计分析。调查问卷采用传播学抽样调查方法，采取系统抽样方式，随机选取各个部门的部分公务员进行抽样，匿名答卷。为了保证问卷的科学性、客观性和准确性，遵循传播学调查问卷设计的基本原则，问卷设计经过几轮修改，最后确定从以下 8 个方面设定指标，设计选题。

1. 被调查公务员的基本情况：包括被调查公务员的性别、年龄、学历、职级、工作岗位、所在单位等基本情况。

2. 被调查公务员对媒体与公务员关系的认知情况：本部分涉

及9个小问题,即新闻媒体是党和公务员的喉舌、新闻媒体是社会舆论的晴雨表、新闻媒体是和谐社会的促进者、新闻媒体是公务员形象的塑造者与传递者、新闻媒体是公务员与公众之间的桥梁、公务员与新闻媒体打交道需要沟通和理解、主动发布信息是打造“阳光政府”的表现、媒体既是公务员的监督者又是公务员的合作者、善于与媒体相处是公务员的重要能力。要求被调查者选出对这几个问题的认识,即非常同意、比较同意、说不清、不太同意、非常不同意。

3. 被调查公务员的媒介接触动机情况:包括看报纸和杂志的主要动机、看电视的主要动机、参与互联网的主要动机等。选项主要包括了解新闻、学习新知识、消遣娱乐、工作需要、获得社会话题等。考虑到有些人接触媒介并不只抱有一种动机,本部分问题设计为多选。

4. 被调查公务员的实际媒体使用情况:包括最喜欢看的报纸、最喜欢的电视栏目类型、认为哪种媒介提供的媒介信息最可靠、对西安市政府推出的“网络问政”的举措如何看以及对其效果和影响的看法、对“周老虎事件”中陕西省林业厅的应对方法如何看等。通过这些来了解陕西省公务员实际的媒体使用情况。

5. 被调查公务员应对媒体的情况:包括是否接受过媒体采访、本人或本人所在的部门有无通过新闻策划对工作做过正面宣传、在哪些情况下可以接受记者的采访(可多选问题)、认为公务员是否有权拒绝媒体或记者的采访、对于与媒体的合作持怎样的态度等。

6. 被调查公务员应对突发事件的情况:包括是否有过危机处置经历、是否同意应对突发事件的能力应成为现代公务员必备的重要能力这种说法、在突发事件或危机面前公务员应该具备怎样的危机应对能力等。

7. 被调查公务员应对互联网的情况:包括是否赞成“互联网的兴起与介入使媒体的舆论导向变得不可控制,因此会给公务员带来麻烦”这种说法、对有害信息应该采取怎样的处理手段、是否同意互联网对公务员的形象和公众舆论有着巨大的影响、认为自己利用网络获取信息的能力怎么样、使用网络的主要目的是什么、如何看待网络舆论、对网络舆论采取什么态度、每天接触网络的时间是多长、网络使用时间(即网龄)多长等。

8. 被调查公务员的传媒素养教育情况:包括有无学习或阅读过有关新闻基础知识的课程或书籍、认为导致我国新闻职业道德水平低下的根本原因是什么、认为媒体必须具备哪些特点才能成为工作中必要的工具、接触或者运用新闻媒体的经历有哪些、获取新闻媒介知识的途径有哪些、是否学习或参加过有关传媒素养教育的知识或培训、对媒介所反映的信息的真实性是如何看待的、对媒介信息影响的认识、对媒介信息的解读是否具有批判意识等。

对于本次问卷的数据分析,主要用到了 Excel、spss16.0 数据处理软件等数据分析处理工具,使用 Excel 主要进行简单的各项数据结果比重的统计,而 spss16.0 数据处理软件却可以分析出不同变量之间的相关性,多种工具相结合,使得到的结果更加准确,更加具有说服力。

第四节　调查结果分析:陕西省公务员传媒素养现状

一、调查对象的基本情况

首先,我们先了解一下调查对象的基本情况,在有效的 784 份

调查问卷中,调查对象的构成情况如下:

从性别上看(见图7－1),男性为416人,占53.1%,女生为368人,占46.9%,由此看出,这次的调查对象男性多于女性,这与实际的公务员任职性别情况是相符的。

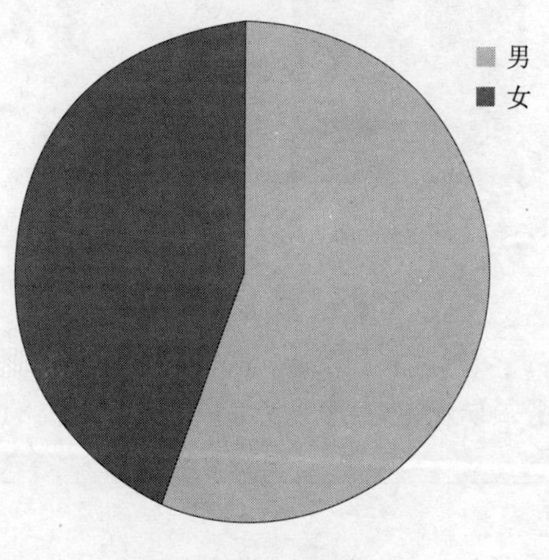

图7－1　性别

从年龄上看(见图7－2),20—29岁的338人,占43.1%,30—39岁的260人,占33.2%,40—49岁的126人,占16.1%,50—60岁的60人,占7.7%,数据显示,接受此次调查的公务员年龄多分布于20—29岁这一区间,说明陕西省的公务员年龄构成正趋向于年轻化,而这正好符合我们国家现在提倡的要建设年轻有为的干部队伍的目标。

从学历上看(见图7－3),学历为中专的90人,占11.5%,学历为大专的178人,占22.7%,学历为本科的424人,占54.1%,学历为研究生的90人,占11.5%,学历为博士的2人,占0.3%,统计结果显示,接受本次调查的公务员学历以本科为主,总体上说

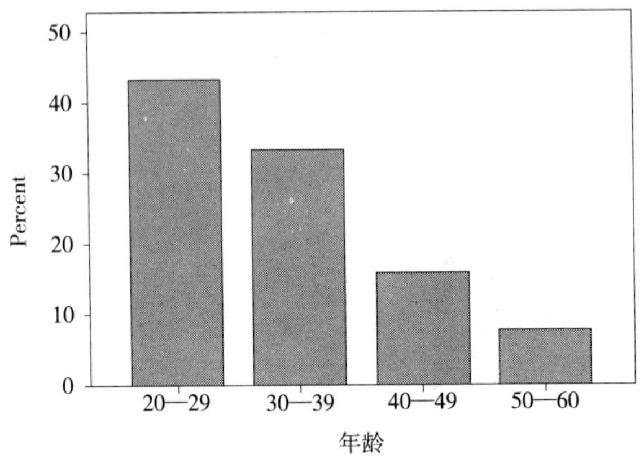

图 7－2　年龄

明了陕西省公务员队伍的学历构成水平还是比较高的。

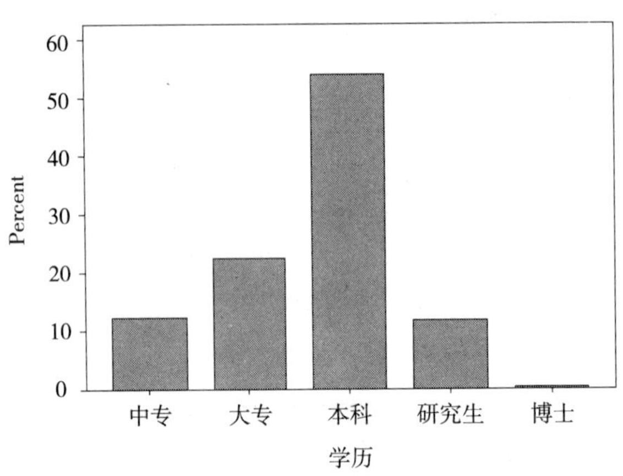

图 7－3　学历

从职级上看（见图 7－4），普通公务员 426 人，占 54.3%，科级 300 人，占 38.3%，处级 56 人，占 7.1%，局级 2 人，占 0.3%，由以上数据可以看出，从单位级别分布来看，普通公务员、科级公务员的比例非常高，二者占据了被调查对象的绝大多数。普通公务员处于整个国家机关体系的末梢，是与民众联系最广泛也是承担职能最多的单位，他们的传媒素养往往影响着民众对整个国家机关的评价与印象。而科级单位在公务员之中占据中枢位置，是国家机关顺利运转的关键，往往也承担着最为重要的职能，发挥着极其重要的作用。因此，这两级机关中的公务员大致反映出整个公务员群体的传媒素养。

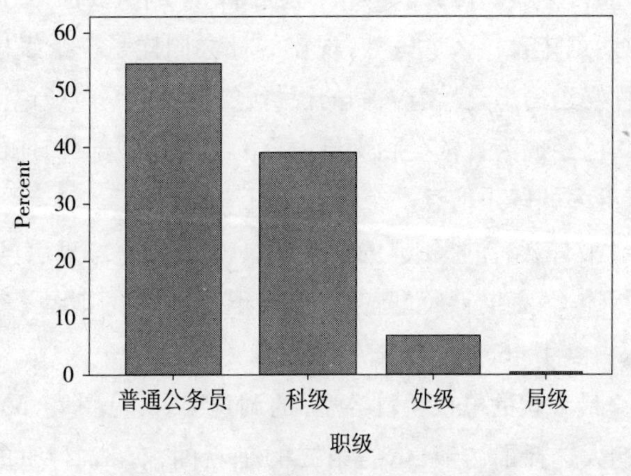

图7-4　职级

二、媒介的接触和使用情况

通过调查，我们对陕西省公务员接触和使用媒介的基本情况有了一定的了解，包括他们接触不同媒介的动机、途径及其喜好等内容，并且总结出了三个方面的特点，而这些是通过我们设置的一系列问题得出的。

1. 公务员接触媒介呈现出“信息化”和“娱乐化”的特点

拉斯韦尔在《传播在社会中的结构和功能》一文中提出传播的功能包括:监视环境、协调社会各部分和传递社会遗产,后来又由 C. 赖特添加上了提供娱乐一项。这与大众传播的思想内容是密切相关的,即新闻、宣传、教育、娱乐。这一理论同样适用于现代社会。

现代社会早已是信息化社会,进入现代社会后,信息化的发展特别是网络技术的进步,使地球变成了一个“地球村”,这种开放的技术状态直接导致了相应开放的社会状态,因此,在这种社会状态中存在的公务员队伍,理所当然地懂得信息的重要性,知道掌握信息对他们意味着什么。另外,现在的社会同样是一个娱乐化的社会,各种娱乐信息充斥着人们的视野,成为人们平时谈论话题的主要内容,已经成为日常交际交流内容的重要组成部分,使他们愿意去了解更多的娱乐信息。

关于“最喜欢看的报纸”的调查结果(见图 7 -5)显示:49. 5% 的人选择了《华商报》,而被选率同样很高的报纸则是《参考消息》,数据占到了 46. 7% ,紧随《华商报》之后。

关于“最喜欢的电视栏目类型”的调查结果(见图 7 -6)显示:33. 16% 的人选择了访谈,位居第二的是新闻,有 32. 14% 的人选择了这一项,10. 46% 的人选择了体育,而有 9. 95% 的人选择了娱乐。

以上数据说明媒介的信息功能和娱乐功能在公务员身上得到了充分体现:作为以处理公务做出决策为主的一个特殊的社会群体,仅从信息占有决定决策质量来看,使得公务员在正常情况下做出的决策一定要优于其他群体,这就使得他们必须时刻关注各种信息。因此,在报纸的阅读方面,具有高度严谨性和政治色彩的《参考消息》正好满足了他们的这一需求。

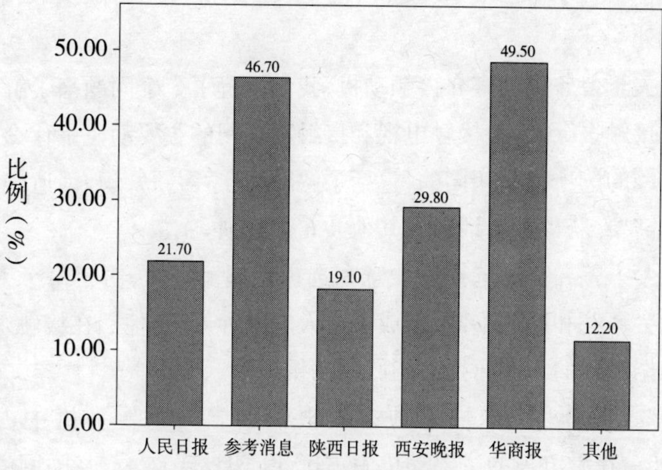

图 7－5　最喜欢看的报纸

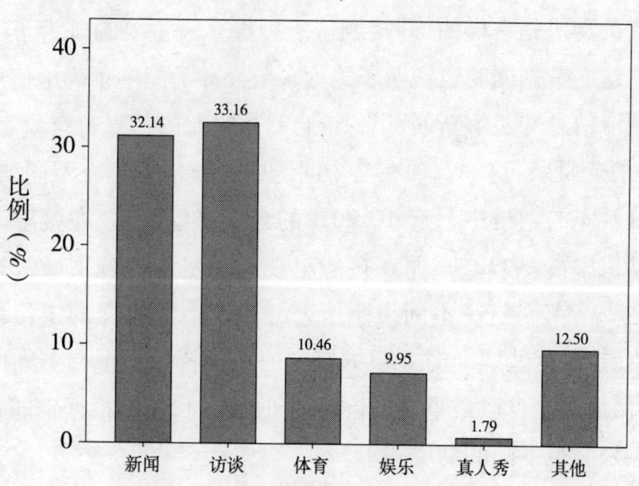

图 7－6　最喜欢的电视栏目类型

2. 公务员接触不同媒介时的主要动机既有相同之处又有不同之处

关于公务员的媒介接触动机，我们设置了3个问题来了解，分别是接触报纸杂志、接触电视和接触互联网的主要动机是什么，每个问题的选项都是相同的，包括了解新闻、学习新知识、消遣娱乐、工作需要、获得社会话题和其他共6个选项。

个人差异论的选择性注意和选择性理解认为，由于每个人所处社会环境和经历不同，造成了个人的种种差异，他们在接触媒介时根据自己的意愿而抱有不同的动机。

“了解新闻”这一选项在看报纸杂志的主要动机中占了52.3%，在看电视的主要动机中占了40.31%，在参与互联网的主要动机中占了33.42%，由图我们可以清楚地看到，这一选项在三个问题中的被选率都是最高的，说明公务员在接触这三种媒介时最主要的动机是一样的，即接触这三种媒介最主要的是为了了解新闻。这一数据同时也说明了绝大多数公务员能够正确地使用媒体来获取信息和了解新闻，以保证自己所需要的信息占有量。

“消遣娱乐”这一选项在三个问题中的被选率却有不同，在接触报纸杂志的动机中只有10.20%的人选择了该项，在接触互联网的动机中占19.13%，而在接触电视的动机这一选项的被选率却高达29.34%，这一不同说明了公务员对不同媒介的定位是不同的，在接触这些媒介时会根据媒介的不同特点而抱有不同的动机，在保证满足自己最重要的接触动机的同时，又能根据不同媒介的特点来满足不同的动机需求。

3. 公务员跟新闻媒体实际打交道的经历非常少

在新媒体快速发展的信息时代，使得现在的很多时候，政府的许多执政理念需要通过媒体来传达给公众，媒体既是公务员的监督者，又是公务员的合作者，善于与媒体打交道已成为现代公务员执政能力的重要组成部分。这就对广大公务员提出了新的要求，公务员应该加强对媒体的主动权、舆论的监督进行正确的引导。然而实际的情况却是，虽然公务员在平时的工作和生活中都会接触到不同的媒介，但是他们实际使用媒介或者说跟媒体打交道的经历却非常少甚至大部分人都没有过。

对于“是否接受过媒体采访”的调查结果显示(见图7－7)，41.33%的人选择了从来没有，这已经接近总体样本的一半，这一数据占的比例还是非常大的。这一现象是非常不利于提高公务员传媒素养的，我们常说“实践是检验真理的唯一标准”，公务员虽然平常都在通过不同的媒介来获取海量信息，了解社会舆情，也能够了解到媒体的一些运行情况，但是实际与媒体打交道的经历如此之少，就很难把自己学习到的知识运用到实际生活和工作中去，在跟媒体实际打交道时难免就显得比较生疏，不知该如何准确完整地跟媒体交流，就难以把媒体作为公务员或者说政府与公众之间的桥梁，就难以把媒体作为公务员或者说政府形象的传播者与塑造者，因此就难以通过媒体来传达自己的执政思想和执政理念。

三、媒介认识与分析评价情况

衡量传媒素养程度的标准，除了接触和使用媒介的能力、解读和认知媒介的能力外，还有对媒介的分析和批判能力，即在知晓媒介特征、类型和了解媒介历史、体制、影响力(包括对自身价值观、生活态度和生活方式等影响)的基础上，做出客观合理的综合价值评判。如果传媒素养水平高的话，则会对媒介的真实准确性、权威性及其负面内容、文化价值等进行批判性思考和大胆质疑。

那么，陕西省公务员对媒介的认识、分析和评价能力又如

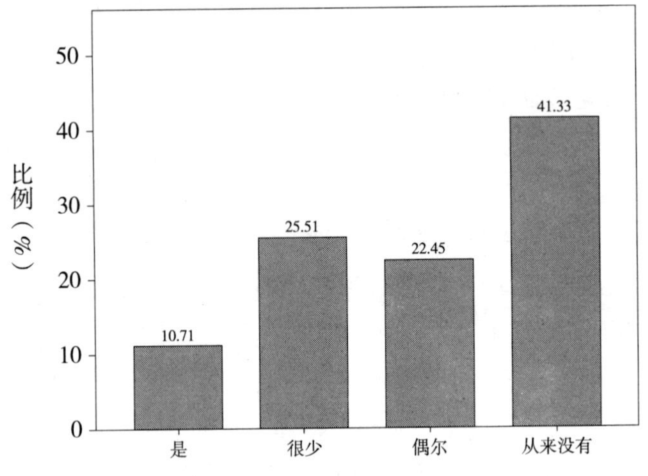

图 7－7　是否接受过媒体采访

何呢？

1. 公务员对媒体在现代社会中的作用的认识比较理性

进入现代信息社会以后，特别是随着新媒体的出现，打破了原有的信息传递格局，媒体在现代政府工作以及社会生活中的作用越来越重要，俨然已经成为现代社会生活中不可或缺的一部分。对于媒体在现代社会中的作用我们主要设置了以下三个问题来调查。

新闻媒体是党和人民的喉舌，这是大多数媒体从业者的常识之一，但是对于非专业人士却未必。但是，图 7－8 显示，对于“新闻媒体是党和公务员的喉舌”，43.62% 的人选择了比较同意。

图 7－9 显示，对于“新闻媒体是社会舆论的晴雨表”，53.83% 的人选择了比较同意。

图 7－10 显示，对于“新闻媒体是社会和谐的促进者”，

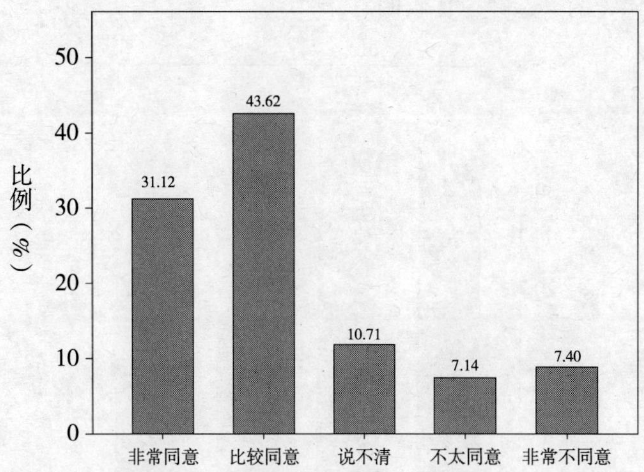

图7－8 新闻媒体是党和公务员的喉舌

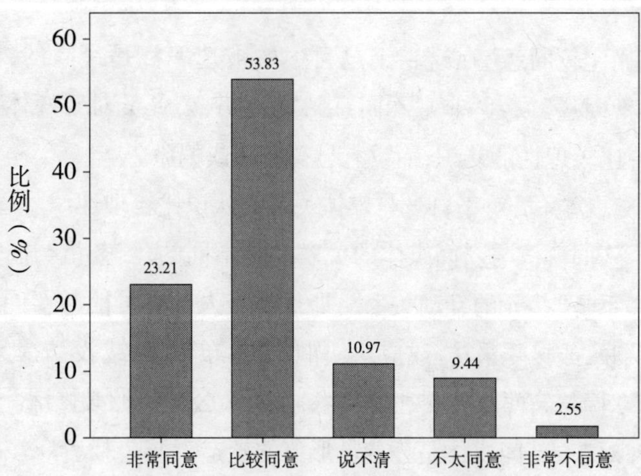

图7－9 新闻媒体是社会舆论的晴雨表

39.54%的人选择了比较同意。

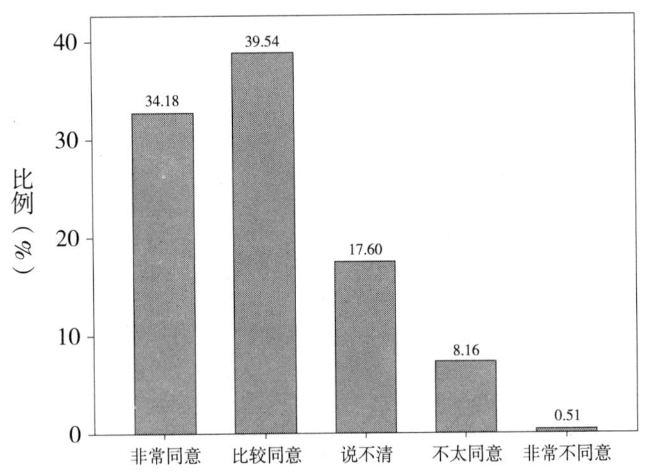

图7－10　新闻媒体是社会和谐的促进者

“比较同意”在这三个题目中的被选率都是最高的，而不是“非常同意”或者“非常不同意”，这说明，公务员对于媒体的作用有着比较理性的认识，而没有显得极端或偏激。

2. 公务员对于自身与媒体关系的认识比较理性

不同群体与新闻媒体的关联度是不同的，公务员与新闻媒体的关系是“多元的互动关系”，即每一个人都有可能与新闻媒体发生关联，或接受采访、或应对质询、或发布信息、或投稿撰文，应该说，掌握与新闻媒体交往的艺术，是每个公务员的必修课。

对于“新闻媒体是公务员形象的塑造者与传播者”这一说法，41.07%的人选择了“比较同意”；对于“新闻媒体是公务员与公众之间的桥梁”这一说法，43.88%的人选择了“比较同意”；有44.64%的人选择了“比较同意”“媒体既是公务员的监督者，又是公务员的合作者”这种说法；对于“善于与媒体相处是公务员的重要能力”这一说法，40.82%的人选择了“比较同意”。

以上数据表明，陕西省公务员对于自身与媒体关系的认识是比较理性的，认识到了媒体对于自身工作的重要性，承认善于与媒体打交道已成为公务员执政能力的重要表现。

3. 在媒体提供的信息可信度方面，公务员更趋向于相信传统媒体

如前文所说，以网络为代表的新媒体的出现，信息的发布机制远远没有传统媒体严格，这些新媒体在信息的传播中缺少了“把关人”，使得信息中有真实的、客观的，也有虚假的、夸大的，往往会呈现出良莠不齐的现象，这就打破了原有的信息传递格局，使信息的传递更为快捷、方便，真实与虚假的信息能够同时进行传播，虚假信息可能伴随着真相在第一时间内产生。因此，对于媒体提供的信息的可信度而言，人们往往更趋向于相信传统媒体。

此次对于这一问题的调查结果，如图7－11所示，本题同样设定为多项选择题，统计结果中有61.50%的人选择了报纸，44.60%的人选择了电视，两大传统媒体的被选率均在5成左右，占的比重非常高。这与实际情况是相符合的。

4. 公务员对媒介信息的认识具有批判性

现代社会，媒体无时无刻不传递着海量信息，丰富着人们的生活与工作，使得人们足不出户便可知天下事，给人们的生活生产带来了极大的方便。但是，海量信息并不代表着都是正确或准确的信息，以互联网为代表的新媒体的出现，使得信息的传递变得快捷方便，相应地也使得信息的可信度越来越低。因此，公众尤其是作为决策者的公务员队伍，在接触媒体提供的信息时一定要有批判意识，不可全盘接受，亦不可全盘否定。

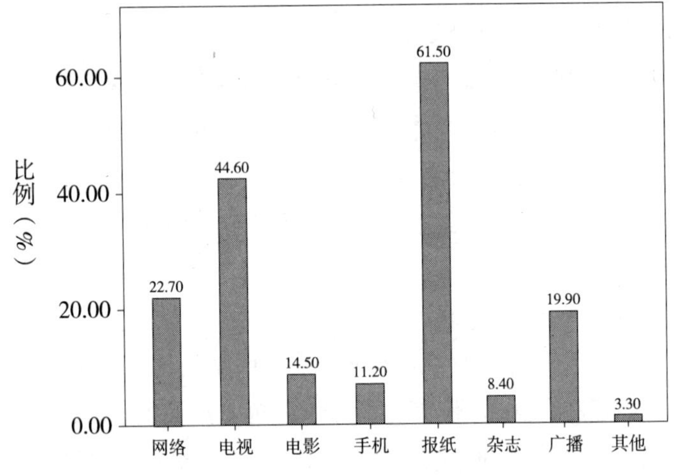

图 7－11　哪种媒介提供的信息最可靠

对于“对媒体所反映的信息的真实性的看法”的调查结果显示(见图 7－12),53. 57%的人选择了“比较真实”,28. 06%的人选择了“不够真实”,说明公务员对于媒体提供的信息的认识还是比较理性的。6. 12%的人选择了“不真实”,2. 81%的人选择了“很真实”,显然,具有这种极端绝对化想法的公务员是占少数的。

对于“对媒介信息的解读是否具有批判意识”的调查结果显示(见图 7－13),60. 46%的人选择了“有一定的批判意识”,这一结果是比较符合公务员应该具备的传媒素养水平要求的,是符合当今社会人们对媒介信息应该具有批判意识这一潮流的。

四、媒介应对情况

1. 公务员在媒体应对过程中存在抵触心理

2009 年的新版记者证中明确增加了“各级人民政府应为持本

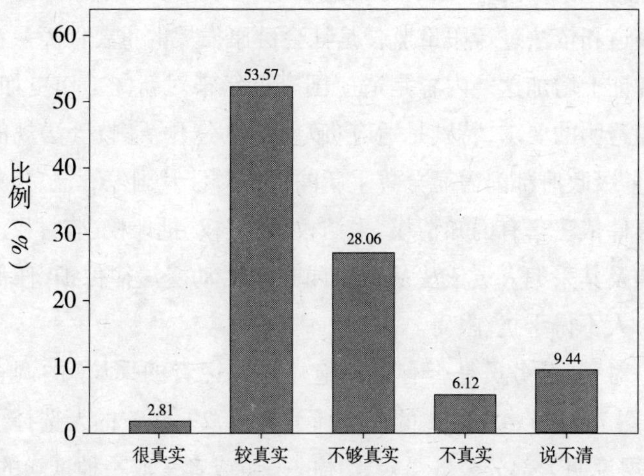

图 7－12　对媒体所反映的信息的真实性的看法

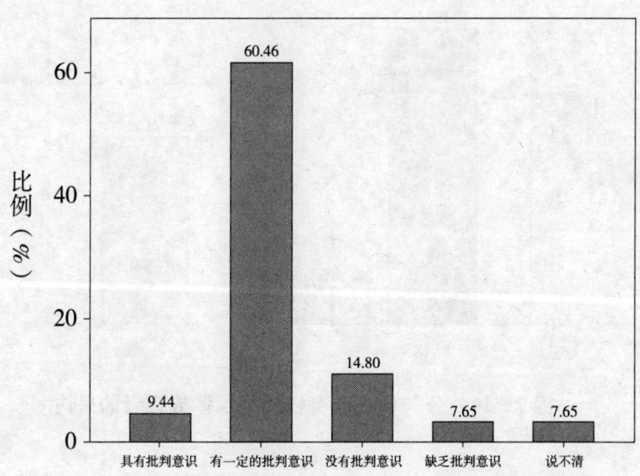

图 7－13　对媒介信息的解读是否具有批判意识

证进行采访的新闻工作者提供便利和必要保障”的内容，之所以增加这样一条内容,主要考虑到了以下原因。媒体客观公正的采访报道和依法进行舆论监督是社会健康发展的重要保障。在新闻记者证上增加这一内容是适应国家近年来对新闻工作更加公开、更加透明的要求,特别是适应《政府信息公开条例》等法规的要求的,各级政府部门需充分尊重新闻机构对涉及国家利益、公共利益的事件依法享有的知情权、采访权、发表权、批评权、监督权。新闻机构及其采编人员依法从事新闻采访活动受法律保护,任何组织和个人不得干扰、阻碍。

对于“公务员是否有权拒绝媒体或记者的采访”的调查显示(见图7－14),45.41%的人选择了有权,29.59%的人选择了不明确,这说明大部分公务员对媒体的采访或者采取一种抵触的心理,或者抱有一种不明确的态度。

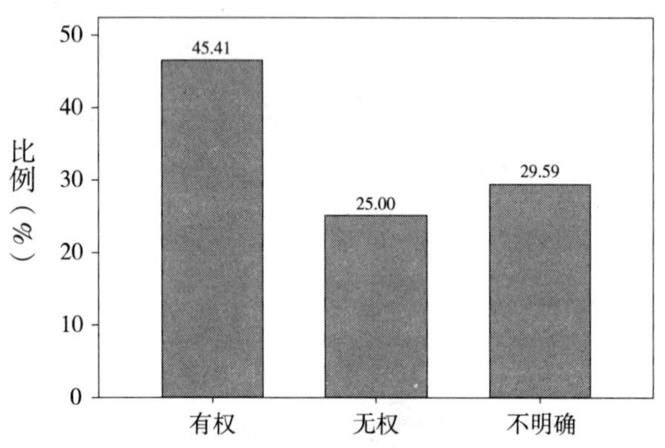

图7－14　公务员是否有权拒绝媒体或记者的采访

基于以上原因,陕西省各政府部门及公务员在今后的执政工作中,应该自觉做到为合法的新闻采访活动提供便利和必要保障,及时主动地公开信息或向采访记者提供涉及采访事件的真实信息，不得对已经核实的合法新闻机构及其采编人员封锁消息、隐瞒事实，没有正当理由，公务员不得拒绝采访。

2. 公务员十分注重自身应对突发事件的能力

2003 年以来的 SARS、禽流感及 2008 年的南方罕见特大雪灾和汶川地震等危机事件近年来在我国频繁发生，危机的不可预见性、普遍性和严重性已经引起政府的高度重视，公共危机的出现，会严重危害社会公众的共同利益和生命安全，造成社会混乱和恐慌。

图 7－15 显示，在此次调查中，有 39.54% 的人和 33.16% 的人分别选择了“比较同意”和“非常同意”应对突发事件的能力已经成为现代公务员必备的重要能力，两项加起来人数超过 7 成以上，说明陕西省大部分公务员已经认识到应对突发事件能力的重要性，已经把应对突发事件的能力作为执政能力的一部分。

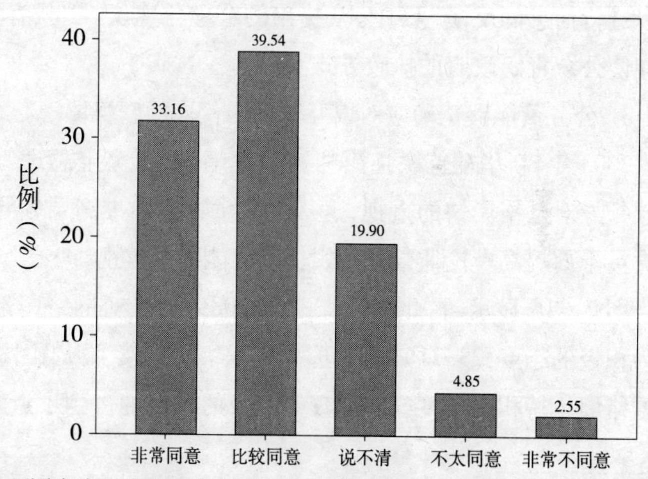

图 7－15　应对突发事件的能力

在传统社会,信息的传递从高层到低层或者从低层到高层逐级传达,执政者比较容易出台“放之四海皆准”的政策,即使有一到两个地区或群体有不同甚至反对的意见,但由于相互之间缺乏有效的沟通和联络,也无关大局,影响不了既定政策,即使社会上出现了突发事件,也较容易封锁消息,把影响控制在尽可能小的范围内,然后慢慢寻找对策。①

然而进入信息时代后,特别是新媒体的出现,打破了原有的信息传递格局,使信息的传递更为快捷、方便,真实与虚假的信息能够同时进行传播,谣言可能伴随着真相在第一时间内产生,新兴媒体的发展要求执政者具有迅速处理公共危机等突发事件的能力,在公共危机发生的第一时间里,政府应通过最有效的传播途径,真实地公布有关危机的一切消息,让公众了解事实,分析事实,同时可以进行信息的反馈,采纳公众提出的合理化建议。② 只有这样,才能使公众肯定政府的执政方式。

3. 公务员能够正确应对以互联网为代表的新媒体

2003 年,新华社首次披露胡锦涛总书记、温家宝总理等中央高层领导对网络舆情的重视,这一现象意味着中央高层领导对广大党员干部提高舆论监督及新媒体驾驭能力的重视。③

图 7 - 16 显示,在此次调查中,54.08% 的人对网络舆论采取较为积极的态度,23.21% 的人选择了积极的态度。从图中看出,对网络舆论持积极态度或者是较为积极的态度的占到了近 80% ,

---

① 《共同建设网络时代的政治文明》,《半月谈》2010 年第 18 期。

② 李菲:《新媒体环境下西安市公务员传媒素养调查研究》,《新闻知识》2010 年第 8 期。

③ 张丽红:《试论舆情在公共决策中的作用》,《理论月刊》2007 年第 1 期。

说明绝大多数的公务员对网络舆论是抱有肯定态度和具有认同感的，但我们还要看到有 3 成多的公务员对网络舆论监督还是抱有一定消极态度和说不清的。这说明还有相当一部分公务员对网络舆论监督认识上还是一定局限性的，他们不知如何认识、如何应对网络舆论，他们对网络舆论是既爱又怕，这种情况是符合目前公务员现状的。

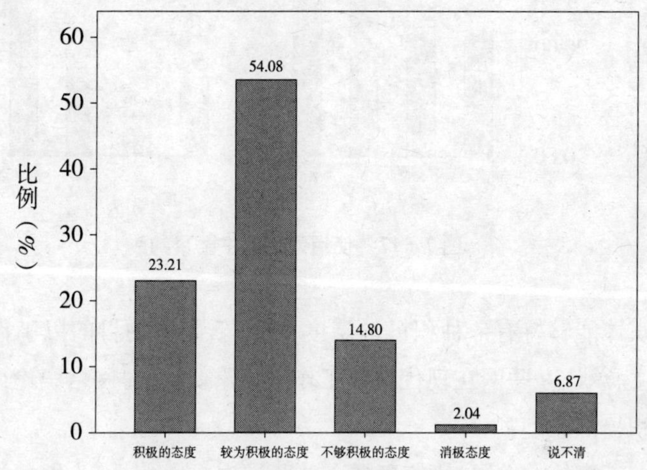

图 7－16　对网络舆论采取的态度

对于“使用网络的主要目的”的调查显示（见图 7－17），该调查题目是一个多项选择题，被选率排名前三位的分别是浏览新闻、文件上传或下载和收发邮件，占比分别为 67.60%、58.20% 和 55.90%，这实际上也从一个侧面反映出了公务员的日常工作内容，他们使用互联网浏览新闻，进行文件的上传和下载，收发邮件，以领会上级的指导思想或者向下级传达执政理念和执政思想。

以上三组调查结果说明，陕西省公务员对以互联网为代表的

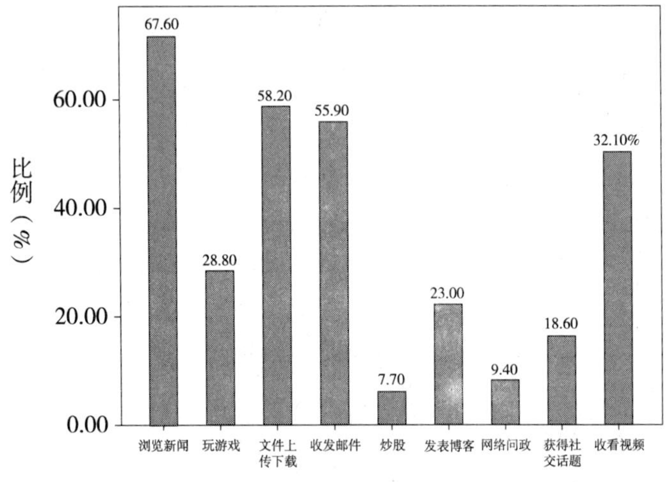

图 7－17 使用网络的主要目的

新媒体能够持有一种积极的态度，使用新媒体的目的以工作需要为主，承认互联网在现代执政工作中的重要性，对网络舆论采取较为积极的态度。

新媒体的发展，使信息在全球范围内自由传播，为舆情的表达提供了一个理想的表达渠道，但以网络为主的新媒体在信息的传播中缺少了"把关人"，使得信息中有真实的、客观的，也有虚假的、夸大的。虚假信息导致的舆情一旦产生，发展迅猛，传播急速，其导向性直接影响到公众对问题的判断，真假言论并存，使舆情的研判增加了难度。缺少对公众舆论的了解、监督、评估，无法真实地了解民心、民意、民情，无法对公众的提问与质疑给予恰当的回应。① 因

① 李菲：《新媒体环境下西安市公务员传媒素养调查研究》，《新闻知识》2010 年第 8 期。

此,公务员要提高执政能力,必须提高自身应对及驾驭新媒体的能力。

五、传媒素养教育情况

1. 公务员能够认识到媒介信息的影响力

当前,大众传媒已经无孔不入地渗透到了我们的生活当中,人们在不知不觉中就会受到其中信息的影响,作为社会生活中较为特殊的一个群体,如今的大多数公务员,都能认识到媒介信息的巨大影响,已经意识到大众传媒这种潜移默化的巨大能力,承认媒介信息对他们的影响是比较大的。

从图 7－18 可以看出,56. 38% 的人认为媒介信息的“影响较大”,也就是说大多数人承认媒介信息在现代社会中无孔不入的能力。事实亦是如此,只不过媒介对他们的影响是在不知不觉中产生的,而且这种影响力是不可小视的。

2. 公务员普遍没有系统学习过相关新闻基础知识

传媒素养中的媒介,顾名思义,指的是新闻媒介,因此,传媒素养水平的高低必然与公务员自身掌握的新闻基础知识有关,只有具备扎实的基本新闻理论基础知识,才可能具有较高的传媒素养水平。

然而,在此次调查中,如图 7－19 显示,对于“有无学习或阅读过有关新闻基础知识的课程或书籍”这一调查题目,33. 67% 的人选择了“偶尔阅读过有关书籍”,30. 10% 的人选择了“学习过一些新闻知识”,只有 16. 07% 的人选择了“系统学习过”,这就说明,有些陕西省的公务员作为非新闻专业人员,因为自身原因或者客观原因,普遍没有经历过系统的新闻基础知识的学习。

3. 公务员严重缺乏学习传媒素养教育的经历

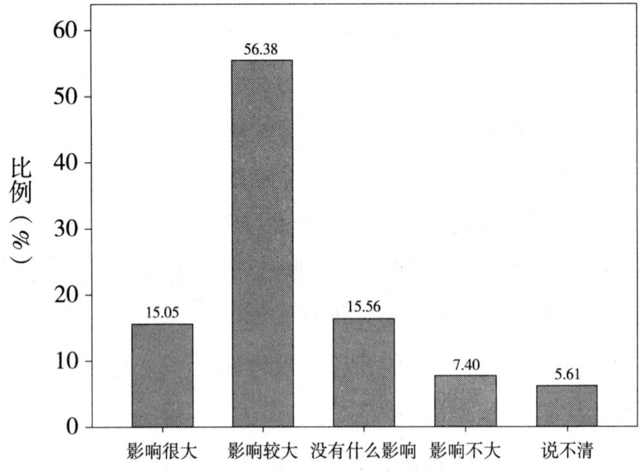

图 7－18 对媒介信息影响的认识

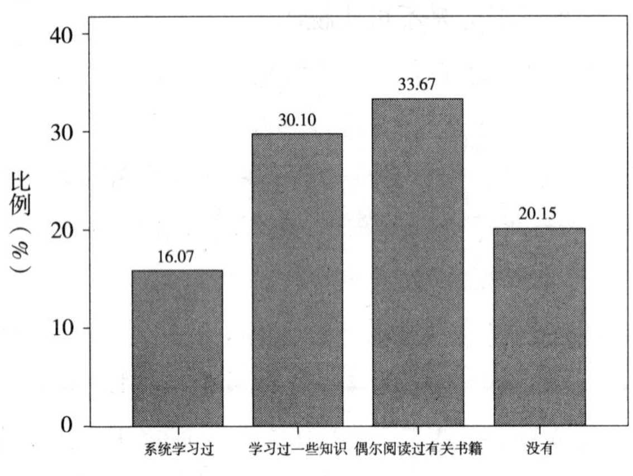

图 7－19 有无学习或阅读过有关新闻基础知识的课程或书籍

对于“是否学习或参加过有关传媒素养教育的知识或培训”的调查，结果如图 7－20 显示，55.87% 的人选择了“没有经过任何传媒素养知识的学习和培训”，这说明陕西省公务员传媒素养教育严重滞后。

开展和推进公务员传媒素养教育是提高广大公务员传媒素养水平的一个重要手段，而就陕西省目前的传媒素养教育现状来看，这样一种水平是比较低的，远远达不到促进公务员提高传媒素养水平的作用。而开展传媒素养教育，提高传媒素养水平又是加强公务员及政府执政能力的重要问题。因此，在今后开展工作时，陕西省一定要注重开展公务员的传媒素养教育工作。

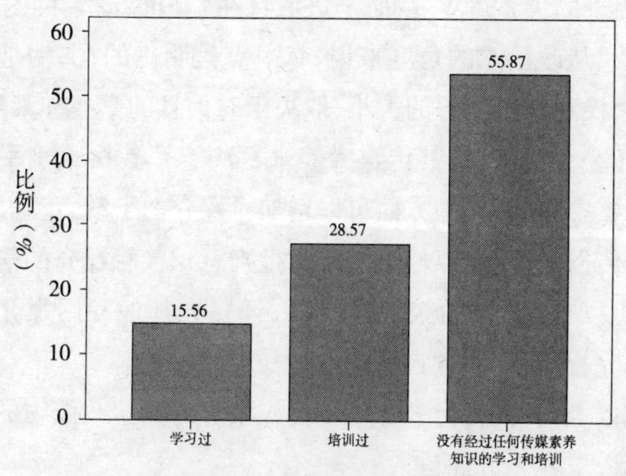

图 7－20　是否学习或参加过有关传媒素养教育的知识或培训

六、延伸扩展：传媒素养对执政能力的影响研究

公务员的传媒素养不仅仅包含对信息的接收与解读，更包含对信息的利用与创造。尤其在现代社会，公务员的执政能力离不开传媒体系的支撑和支持，公务员应对传媒的能力强，则必然增强其执政能力，反之，公务员应对传媒的能力弱，则必然削弱公务员的执政能力。因此，能否善于应对大众传媒，已构成了公务员执政

能力的重要组成部分,成为衡量公务员执政能力的重要标尺之一。公务员传媒素养与执政能力其实已演化成为密不可分的一个问题。公务员要在正确认识传媒的特性和政治、经济、文化功能的基础上,凭借着自身的传媒素养,充分发挥传媒的各项功能,帮助政府更好地完成执政目标、巩固执政地位。

以上分析充分证明:公务员传媒素养是影响执政过程的关键因素和重要体现。在信息社会,在较大范围进行引导和施加影响的领导行为须臾离不开大众传播媒介。二者之间呈现出相互影响,相互促进的关系。W. 兰斯·班尼特在《新闻:政治的幻象》一书中写道:"从政治家的角度来说,有一点是明确的,那就是,在民主社会中,权利和影响力的大小,取决于对信息的掌握和策略的运用"。对于公务员来讲,其传媒素养水平决定了其执政水平,因为具备了传媒素养的人,一方面可以增加对媒介的了解,正确地享用大众传媒传播的资源,以健康的媒介批判意识接触媒介的信息;另一方面,可以掌握与媒介交往的方式,懂得合理地利用媒介资源,运用媒介完善自我、服务自我和参与社会的发展。①

总结以上内容,得出公务员的传媒素养对其执政能力的影响,具体包括以下几个方面:

1. 公务员的传媒素养直接影响其与大众沟通能力

党和政府所有的科学的理论和正确的政策,只有被群众所了解和掌握,能够赢得群众的认同,才能变成巨大的物质力量,才能真正得到贯彻和落实。执政能力认同的实质,首要的和根本的是情感认同。要达到情感认同,必须"动之以情";要实现"动之以情",重要的渠道就是大众传媒的积极参与和丰富多彩的正面宣

---

① 邹华华、胡忠青:《论领导干部的传媒素养》,《新闻界》2006 年第 2 期。

传。只有通过电视电台、报纸杂志、信息网络等丰富多样形式，加强宣传，积极引导，深化教育，不断提高认识，使大多数的群众在内心深处产生认同，才能形成良好的舆论影响力。

从另一个角度讲，当信息被政治控制，或信息沟通不够，或者信息发布扭曲时，传媒信息既无法取得社会大众的情感认同，更容易造成社会的不稳定。因此，近年来，政务公开、阳光行政成了各级政府公务员工作的一个重要目标。诚然，要公开一些具有负面性质的事实信息并非易事，一些公务员由思维定式所决定，对敏感或有问题的事件不能正视，因为他们首先想到的往往是：信息不能公开。不能公开的理由则冠冕堂皇——维护社会稳定。这堂而皇之的理由的背后实质上就是所谓的政府形象、政绩、声誉等，而把人民权益放在一边，对人民群众尚缺乏充分的信任。实际上，对于维护社会稳定和人心稳定来说，良方妙法是实行信息公开；与其掩盖、隐蔽事实真相从而造成人心惶恐、谣言纷飞的被动局面，还不如主动及时公开事实真相，积极取得公众谅解和支持。因此，各级政府的公务员要利用传媒，及时、准确地向社会通报新近发生的涉及受众利益和国家利益的重大事项，满足受众的公共事务知情权，让广大受众深入了解党和政府的方针政策以及重要意义，了解各种法律法规和行政措施，充分理解和积极支持党和政府的施政方略，并有效地监督政府，营造良好的舆论环境，形成强大的舆论导向和影响力，从而发动群众、组织群众、赢得群众支持。① 如，许多地方政府均建立了新闻发言人制度、网络问责制、网络发言人制度等。

西安市政府已推出了“网络问政”，我们在此次调查内容中设

---

① 谢金文：《扩大传媒教育，提高传媒素养》，传播研究网，2004 年 5 月 27 日。

置了对这一举措的看法的问题,来了解陕西省公务员的态度。

图7－21显示,对西安市政府推出“网络问政”举措的看法,55.10%的人选择了“有一定的意义”,15.82%的人选择了“意义一般”,但是也有11.99%的人选择了“政府作秀”,虽然比例不大,但这说明,还是有一些公务员没有认识到网络问政的时代意义在于,它可以使政府工作人员和公众之间有一个良好的沟通平台,如果长期不能与公众进行良好的沟通,必然使公众不能准确完整地理解政府的一些决策与政策,从而使政府执政出现一些问题。

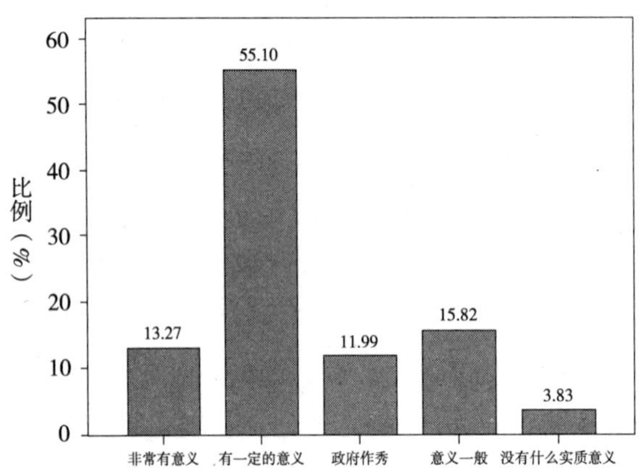

图7－21　对西安市政府推出“网络问政”举措的看法

2. 公务员的传媒素养直接影响其执政舆论影响能力

公务员执政舆论影响能力充分体现了传媒素养对其的影响。因为,要达到赢得社会大众的充分理解和积极支持,并形成强大影响力,公务员必须具备良好的传媒素养,传媒素养要求公务员必须遵循新闻媒体的传播规律,遵循真实、时效的原则,准确选择政务信息,采取适当的传播媒介,确定适宜的媒体,把那些广大群众应知而未知的政务信息客观、真实、公平、公正、及时、有效地传递给社会大众，譬如国家政治事务及其活动、国家机关及其工作人员的政治活动和政治主张等，充分满足广大群众的最基本的知情权、知晓权和了解权，从而达到政令畅通，社会稳定，干群关系融洽，树立公务员的良好形象的目的。①

图 7 - 22 显示，在此次调查中，57.65% 的人比较同意互联网对公务员形象和公众舆论有着巨大影响，同时又有 21.17% 的人选择了非常同意，这些数据说明公务员认识到了以网络为代表的新媒体在现代社会中的重要作用和巨大影响力，希望利用互联网来树立自身以及政府在公众中的形象，能够有这种认识，必然会注重利用媒介来进行舆论引导和舆论监督，那么，执政能力相应地也就会上升到一定水平。

哈佛大学肯尼迪政府学院约瑟夫 · 奈教授在其名著《软力量——世界政坛成功之道》中，把国家的综合实力分为“硬国力”和“软国力”。“硬国力”指的是一个国家的经济实力、军事实力和科技实力；而“软国力”主要是指一个国家的凝聚力、文化影响力和参与国际机构的程度。与“硬国力”不同，“软国力”主要靠“吸引”和“影响”。而这种“吸引”和“影响”却是一个政权实现长治久安的内在规律和决定因素。历史和现实都告诉我们：人心向背决定着执政党的命运，正所谓“得民心者得天下，失民心者失天下”。在现代的政党政治中，执政党执政能力的核心，就是对人民个体和集体意愿的把握能力，或者说是对人心的凝聚力。这要求公务员以良好的传媒素养，积极、灵活、有效地运用大众传媒，充分

---

① 丁柏铨：《论舆论引导与舆论监督之关系——从加强党的执政能力的角度进行考察》，《杭州师范学院学报（社科版）》2007 年第 5 期。

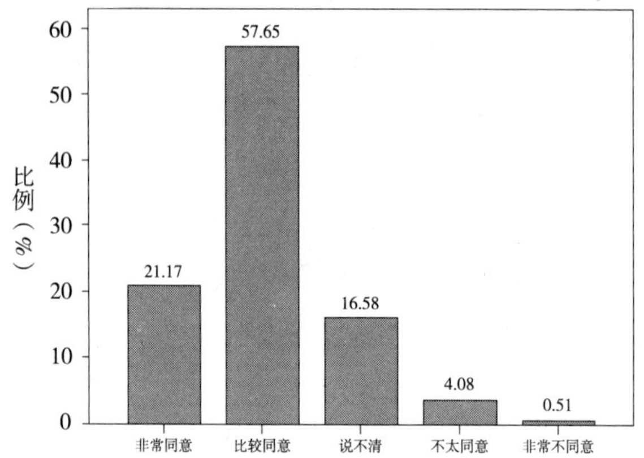

图 7－22 互联网对公务员形象和公众舆论的影响

发挥大众传媒的特殊效能，树立正确的舆论导向，引导广大人民群众，从思想认识上给予高度重视，最终以强大的舆论影响力凝聚人心，形成合力，推动构建社会主义和谐社会取得成效。

党的十六大以来，中央高度重视“舆论影响力”，多次提出要不断增强我们党“在全社会的影响力和凝聚力”。要营造舆论影响力，就要求公务员具备良好的传媒素养，善于使用各种传媒作为沟通交流的平台，调节舆论引导方向，扩大舆论传播范围，改进舆论营造方式，增强舆论渗透能力。不间断、多方式地宣传施政方略，同时根据舆情民意，持续改进工作作风，提高执政能力，从而稳定人心，增强凝聚力，取得人民群众的理解、情感认同和积极支持，形成构建社会主义和谐社会的强大影响力，不断增强我们建设中国特色社会主义的“软国力”。①

① 李昌祖:《加强政府舆论引导能力建设的探究》,《江南社会学院学报》2008 年第 4 期。

3. 公务员的传媒素养直接影响其应对突发事件的能力

近年来,各类突发事件频频出现,对人们正常的生产生活产生了极大的影响,对各级政府的应对能力也提出了严峻的考验。① 从这个角度看,公务员的传媒素养直接影响着其应对突发事件的能力。

应对突发事件,各级政府除了要建立健全应急预案体系,加强应急管理体制机制法制建设,全面推进应急管理体系建设之外,首先应该做的是及时有效地做出客观、冷静、理智的反应,并有效地控制、处理该事件,随时关注媒体报道,特别是网络媒体的后续影响,加强新闻宣传策划,尽力消除负面影响。这必然要求公务员具备较高的传媒素养,才能在遇到突发事件时能够有准确的判断和分析能力,迅速反应和紧急应急的能力,使应对突发事件的能力得到显著提升。

轰动一时的"周老虎事件",是舆论监督的经典案例,更是对政府品格的一次洗礼。古人云"人无信而不立",而一个不讲诚信的政府是更可怕的,它最终会失去公众的信任与支持。那么,对陕西省林业厅在这一事件中的做法,此次调查对象是如何看待的? 图 7 - 23 显示,38.01% 的人选择了"应对一般",25.26% 的人选择了"应对很差",16.84% 的人选择了"应对较差",12.76% 的人选择了"应对不得当",也就是说,超过 90% 的人对陕西省林业厅的做法是不认同的,他们把"周老虎事件"作为一次教训,在今后的工作中一定要注意提高自己的媒介素养,从而提高自己遇到公共危机事件时的决策能力。

---

① 刘霞、李国敬:《增强地方政府应对突发事件的能力》,《理论观察》2010 年第 2 期。

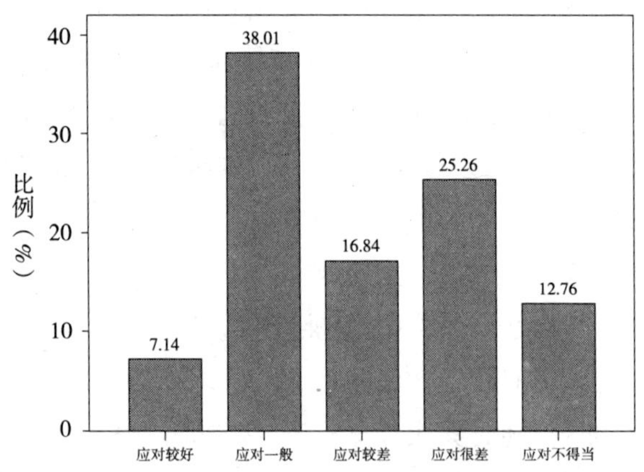

图 7－23　对“周老虎事件”中陕西省林业厅应对做法的看法

大众传媒在给人们带来丰富信息资源的同时，也把分析辨别信息的难题交给了受众。如何通过各种媒介的符号体系准确把握事物的状况，首先依赖于受众对媒介语言的了解，对其优势和局限的充分认识。决策者只有具备这样的传媒素养，才会更好地利用媒介所提供的信息，在遇到突发事件时，为做出正确的决策判断服务。

第五节　结论与建议

通过此次调查，我们了解到了陕西省公务员传媒素养的现状。公务员接触媒介的动机兼有“信息化”和“娱乐化”两个方面，动机非常明确，但是实际跟媒体打交道的经历却严重不足；公务员对于媒介在现代生活中的作用认识比较理性，对于自身与媒介的关系认识同样比较理性，同时，对媒介信息又具备批判意识；公务员能够意识到应对突发事件能力的重要性，亦能够准确地应对以互联网为代表的新媒体，但是对于媒体采访却抱有一种潜意识的抵触心理；公务员承认媒介信息的巨大影响力，但是，陕西省的公务员传媒素养教育水平却非常低或者说严重落后，非常不利于提高公务员的传媒素养水平，从而进一步影响到公务员执政能力的提高。因此，必须加强陕西省公务员的传媒素养教育，提高其传媒素养水平，从而提高其执政能力。

一、结论

①如何在新形势下处理好政府与媒体的关系，提高政府工作的效率，提高政府工作的被信任度，提高公务员的执政能力，公务员传媒素养的提高对解决这一问题有着重要的意义。面对日益丰富的传播信息和不断提高的公民素质，公务员必须要加强传媒素养的培养，努力提高政府的管理能力和政治智慧，主动进行媒体公关，塑造良好的政府和公务员的公共形象。

②针对陕西省公务员传媒素养现状和当前传媒素养教育存在的问题，我们认为本地区此项工作还未得到应有的重视，尚未真正开展起来，公务员的传媒素养有待提高。那么，如何全面提升公务员的传媒素养以提高其执政能力呢？我们可以借鉴国外传媒素养教育的经验，针对我们的实际国情，探讨公务员传媒素养教育的途径。

③全方位地开展综合性的传媒素养教育，应该考虑到哪些因素？结合我国与我省的实际情况，我们提出以下培养公务员传媒素养的思路：传媒素养教育作为一项系统而复杂的科学工程，应该针对不同部门、不同职级，采用不同的途径和方法，进行包括社会、政府部门、媒体以及公务员自身的多元化教育，使公务员系统了解

各种媒介的本质特性、信息传播的基本运作原理、程式以及效果等，培养其辨别和运用信息的能力，帮助他们在汲取鲜活生动的信息营养的同时，建立起相应的信息批判反应模式，以更好地提高自身的执政能力。

二、对策建议

鉴于以上结论，我们应该主要从政府部门、社会、媒体以及公务员自身等多个方面全方位加强公务员传媒素养教育，提高其传媒素养。

1. 各级政府部门综合开展多项工作提高公务员传媒素养水平

①建立健全信息传播制度。制度是规范政府行为的准绳，制度也是保障公民权利的依据。近年来，信息技术突飞猛进，整个社会在快速地被知识化、信息化。要提高政府官员的媒体素养，必须要加快信息传播制度的建设，用法律、法规的形式，指导政府官员按照规范、有序的程序去处理信息，避免在工作中滑入旁门左道。政府信息传播制度的建设至少包括信息发布、信息收集、信息处理和信息运用等内容。政府制定信息传播制度，首先应该尊重公众的知情权和表达权，这是人权的最基本内容。20 多年来，我国信息传播环境出现了很大变化，虽然《新闻法》还没有最后出台，但是相近的法律法规却相继出台。目前颁布的《政府信息公开条例》、《突发事件应对法》、《信访条例》等法律、法规，都在不同程度上尊重公众的知情权和表达权，规范了政府的信息传播行为，使各级官员在处理信息时有了文本的指导。新闻发布会制度是政府信息公开的具体体现。当前，政府掌握的公共信息越来越多，而公共信息又是社会生产的重要资源，因此，政府积极、有效、及时地发布

公共信息，对社会稳定和经济发展具有重要的政治意义。2003 年"非典"以后，政府意识到信息公开的重要性，迅速地建立了国务院新闻办、国务院各部门、省级政府三个层次的新闻发布制度。此后不仅各级政府主动地公开政务信息，而且像中共中央统战部、中联部、中组部等中央级的党委部门，也积极推进党务公开，增加工作的透明度，被外电评论是"中共主动揭开面纱"。2008 年，国内出现了一系列的突发事件，各级政府在解决突发性事件的时候，深感舆论传播的重要性。目前，政府已经在着手研究突发性事件的信息发布策略，力争建立一个长期、规范的制度对突发性事件中的信息发布进行有效管理。当然，好事不可能一天做完。政府的制度建设需要在实践中不断去摸索、总结，最后还要在尊重民意的基础上进行立法，这必然需要一个很长的过程。

②创建新型选官制度。李普曼认为，在专制社会中公众是一个被驯服的群体，他们被排斥在政治生活之外，统治者可以在"宫廷里"或"乡间宅第中"相互了解彼此的品行。在民主社会中公众是具有选举权的选民，选民没有机会、也没有时间与统治者直接交往，他们只能根据统治者所塑造的虚拟的公众形象，对统治者的品行进行评判。① 正是因为公众形象对政府官员具有重要意义，西方国家的一些民选官员，具有良好的媒介沟通能力，克林顿到大学演讲，很多女生都感觉好像是对自己在讲。当然，公众形象和生活形象并非一回事，一些官员在竞选时将自己包装得很好，而在生活中却有这样或那样的道德缺陷。如柏林、剑桥和巴黎都曾出现过同性恋市长，好在西方公众对他们的私德并非特别介意。西方的

---

① ［美］沃尔特·李斯曼：《公共舆论》，阎克文、江红译，上海人民出版社 2002 年版，第 208—209 页。

选举制度不适应中国国情，但是，中国官员同样需要面对日益复杂的媒体环境。我国原有的干部任用制度是一种内部择优制度，即通过组织考察和适当的民意调查，在公务员队伍中提拔、任用干部。由于上、下级官员之间内部联系紧密，相互之间知根知底，因此，能够将品质和能力强的人推上领导岗位。但是，上级组织任命下级官员，也容易形成任人唯亲的现象，造成官员只唯上不唯下，重视和上级领导搞好关系，而轻视了民间舆论。为了改革干部任用制度中的一些弊端，很多地方政府已经在官员选拔中积极探索新的做法，将媒介形象和媒介沟通能力作为选拔官员的一个重要参考因素。2004 年江苏省对省管干部进行公推公选，江苏卫视进行了直播报道。在第一场辩论赛中，“现场参与的干部群众参与打分，以演讲、答辩、民意测评分别占 30%、50%、20% 的权重得出综合评分，场外的 100 多个电话和 1000 多条短信也传递了公众的民意。”①电视辩论和直播，电话和短信的参与，使公众获得了政治参与的机会，减少了暗箱操作的可能，也使官员获得了与公众沟通的机会，使当选官员得到了公众所给的尊重和荣誉。2008 年 6—7 月间，重庆市举办了重庆官员电视辩论赛，来自重庆市各部门及所辖区、县的 16 支参赛队伍展开了激烈的角逐。重庆有关方面宣称，此次辩论赛有选拔新人的意愿。在公众参与决策的机会越来越多的情况下，政府官员必须要注重他们的知识素养、应变能力和公众形象。江苏省和重庆市政府通过电视辩论来选拔官员，是一种新兴选官制度的探索，它将政府的合法性资源和媒体的影响力资源有机地结合起来，以公众能够认可的方式，塑造了政府和官员的良好形象。当然，电视辩论不是选官的唯一手段和最佳手段，但

① 周鸿铎：《政治传播学概论》，中国纺织出版社 2005 年版，第 62 页。

是,今后在选官的过程中适当考虑官员的公众形象和应变能力,应该是未来选官制度发展的一个重要方向。

③聘请媒体传播顾问。在信息时代,国家可以借助信息传播放大行政领域,采取隐性的方式全面控制社会生活。但是,另一方面信息传播越来越没有边界,信息的控制和管理越来越难,公共舆论显示出巨大的社会影响力,社会舆论中潜伏着瓦解政治力量的风险。政府官员不可能什么都懂,想事事有为,结果反而是事事不为。面对日益复杂的舆论环境,政府官员仅凭个人知识和经验,难以驾驭或引导社会舆论,政府只有聘请专业的传播顾问,才能改善政府和媒体之间的关系。美国的政治家一贯重视媒体公关,他们信奉"要么驯服舆论,要么就服从舆论。"①1917 年美国总统威尔森(Wilson)成立联邦公共信息委员会,专门负责管理一战期间的公共舆论。民主党在 1928 年、共和党在 1932 年分别成立了永久性的公共关系办事处。自此以后,美国的每一位总统的核心战略委员会都要有一个或多个传播顾问。美国著名的专栏作家李普曼曾经做过 12 位总统的传播顾问,被美国人誉为"首屈一指的无冕之王"、"白宫的谋士"和"华尔街的智囊"。有了传播顾问的指导,美国的政客知道怎样讨好公众,怎样在选举日制造"多数人的认同",怎样让自己的政策获得民众的支持。尼克松的传播顾问曾经说过,重要的不是政治家是怎样的一个人,而是媒介把他描绘成什么人,大众是对媒介制造者的形象而不是对政治家本人做出反应。目前,公共管理正在从统治向治理过渡,政府越来越注重干群关系,越来越注重自身形象,但是,领导者本人,尤其是主要领导的

① [美]沃尔特·李斯曼:《公共舆论》,阎克文、江红译,上海人民出版社 2002 年版,第 203 页。

学习机会有限,他们必须要聘请传播顾问,为他们设计和管理公共形象。政府聘请的传播顾问要政治过关,业务过硬,但是,政府官员要尊重他们,善于接纳他们的不同意见。

④定期进行业务培训。为了赢得公共舆论的支持,政府官员必须加强信息传播知识的学习,懂得必要的传播业务知识和传播技巧。在计划经济年代,"'文山会海'成为传统体制下控制社会的最简便的方法。"①但是,今天"信息资源成为一种新的侵占的手段、一种新的'殖民'工具,信息秩序成为推行有利于己的经济、政治秩序的工具。"②2003 年"非典"过后,国务院新闻办举办的新闻发言人培训班,曾经对各级官员进行了及时的传播业务的培训,取得了良好的效果,推动了新闻发布会制度的发展。目前,一些突发事件的发展,使很多官员必须善于面对媒体和记者。政府官员媒体素养的不同,将直接影响政府官员对事件的处理结果。贵州瓮安"6·28 事件"发生后,当地政府对信息披露不及时,在短短的一个星期内,事件真相变得模糊不清。代之而起的是"女学生是被奸杀后投入河中,元凶是县委书记的亲侄子,女学生的叔叔在与公安人员的争执中被打死"等传闻。6 月 30 日,贵州省委书记石宗源到现场视察,他敢于正视问题,三次向百姓鞠躬道歉。7 月 3 日,贵州省委邀请媒体和群众代表共同商讨解决办法。石宗源曾经做过新闻出版署的署长,对媒体的业务管理比较熟悉,他在事件中敢于承担责任,及时处理问题,合理界定事件的性质,使贵州省委掌握了舆论的主动权,最终使事件向好的方向转化。因此,对各

---

① 叶皓:《政府新闻学》,江苏人民出版社 2006 年版,第 3 页。

② 沈远新:《中国转型期的政治治理若干问题与趋势》,中央编译出版社 2007 年版,第 172 页。

级官员来说，必须要加强对传播知识的补课，要能够在突发事件和危机事件中从容面对媒体，巧妙利用媒体化解危机，并在危机处理中提高自身形象。

⑤完善案例学习机制。过去，政府控制着媒体的所有权，直接任命媒体的领导，审查媒体的传播内容。在新媒体环境下，信息的区域边界被打破，媒体的所有权快速分散，一地的领导可以控制本地的报纸、广播、电视，却难以控制外地媒体，更无法控制国外媒体的报道。对于网络、手机、电话等新兴媒介，地方政府几乎处于失控状态。随着媒体环境的复杂化，公共舆论的多元化的出现，政府对媒体的控制能力呈现出递减的态势。现代政府应该是一个学习型的政府，政府应该不断研究新情况、新问题，调整自己的公共管理策略，才能跟上时代发展的步伐。对于舆论引导案例，各级政府应该深入研究，从中找出成功的经验和失败的教训，并用以指导政府以后的舆论引导工作。目前，我们的政府官员对新的舆论环境还不适应，他们只习惯于媒体的歌功颂德，而惧怕媒体的监督，回避媒体的监督，甚至粗暴地对待媒体的监督。叶皓认为“躲媒体是躲不掉的”，为此他还举了一个例子：2004 年中央清理领导干部在企业兼职问题，记者到芜湖采访时，发现芜湖的现象比较普遍，芜湖市委书记就兼任奇瑞的董事长。记者随后要求采访市委书记，但是该书记却拒绝了记者的采访要求。结果记者将事件报道出来后，使芜湖成了全国红顶商人的反面典型。后来安徽省委书记批评芜湖市委书记，认为他不应该躲媒体，而应该正面接受采访，把整个事情说清楚。① 遗憾的是，我们的少数官员缺乏媒体知识，又不注重学习，甚至对失败的教训也不反思，结果造成了相同

① 叶皓：《政府新闻学》，江苏人民出版社 2006 年版，第 20 页。

的案例反复出现。现代政府的工作千头万绪,工作中出现这样或那样的不足或瑕疵是很正常的。政府不怕失误,怕的是没有勇气改变自己的错误。各级领导要自觉地收集失败案例,进行纠错式学习、教训式学习,诊断出工作中的失误。学习理论告诉我们,在一定强度内,学习动机越强,学习效果越好。错误和教训往往是深刻的,它能够产生痛苦记忆,使学习的动力变强,带着改变被动局面的心理,往往可以达到比较满意的学习效果。如 2008 年春天,我们在年初雪灾、藏独暴乱、圣火传递等事件中,因为报道不及时,而在舆论上和工作中陷入了被动局面。此后在汶川大地震中,我们汲取了前面的教训,使我们在国际舆论中占有了优先的位置。

2. 通过媒体提高公务员的传媒素养水平

①与大众传媒合作,为公务员提供参与媒介实践活动的平台。将大众传媒作为公务员接触和参与媒介实践活动的阵地和平台,让公务员真正成为媒介活动实践的主体。充分利用各级政府部门的网络中心等媒介,鼓励上下级之间、同事之间相互启发,积极开展各种形式的媒介实践活动,如参与新闻采访报道,参加电视节目制作,开网页制作大赛、计算机知识竞赛,举办影视作品展播、影视评论征文等活动。此外各级政府部门可定期邀请名编辑、名记者、名主持人、新闻人物等走进政府部门,与公务员见面进行互动交流,让公务员们得到来自媒体的第一手信息资料,了解身边的媒体状况,增加对媒介的感性认识,消除大众传媒的神秘感。

②媒体自身要不断完善自己。其一,媒体制度应不断完善成熟,失实信息和错误信息的报道时有发生,新闻报道中的媚外媚俗倾向也很严重,需要不断完善,以创造一个良好的媒体环境,促进公务员传媒素养教育的有效实施;其二,传媒的内容要接受管理和监控,不断完善大众传媒的道德功能、舆论导向功能、教育功能、文

化品格，才能树立起正确的榜样观；其三，媒体要发挥其传播优势，报纸上开设专栏，在电台、电视台举办讲座或通过热线、短信等互动活动展开讨论，既可以扩大媒体自身的影响力，又推广普及了传媒素养知识，呼吁受众关注传媒素养，促成全社会的关注与参与，为公务员传媒素养教育提供一个良好的社会氛围；其四，媒体可以充分利用其专业特长，提供制作传媒产品的器材设备和技术指导，教授制作方法，建立传媒实践的课堂或教育基地，赞助或与各级政府部门合作创建记者站等，以先进的设备和丰富的实践经验来给公务员提供参与的机会；其五，媒体从业人员要提高自身传媒素养，必须具有社会责任感和使命感，以期为公务员提供更多更准确的媒介信息。

3. 公务员自身应该努力提高传媒素养水平

事物的发展是由内因和外因引起的，而内因又是影响事物发展的主要原因。因此，要提高公务员的传媒素养，公务员自身的努力学习是一个至关重要的方面。

①公务员要多阅读有关新闻基础知识的书籍。通过调查我们已经知道，大多数公务员都没有经历过系统的新闻知识的学习或培训，因此，他们的新闻基础知识是比较匮乏的，这必然会影响到他们自身的传媒素养水平。可能大多数的公务员都能认识到读书的重要性，但是由于种种原因，他们读的书并不多。所以公务员一定要多读新闻方面的书，并且要严把书籍的质量关，挑选真正有内容能够实实在在帮助到自己的书籍来阅读，充实自己最基本的新闻基础知识。

②公务员应该主动参加媒体实践活动。针对公务员对媒介认识比较理性但是实际跟媒体打交道的经历却比较少的问题，最好的解决办法就是，公务员应该广泛接触各种媒介，而不只是单纯的

借助于一种媒介来学习、沟通和工作。在使用某一种媒介时，也不应该只看到该媒介一个方面的用途，而应该全面的认识其多种用途。公务员在实际的工作中，可以为自己争取更多的机会来与媒体打交道，包括当媒体或记者要求采访自己时，一定要积极配合；利用新闻媒体来写作文字稿，拍摄或协助拍摄新闻节目；主动与记者谈论新闻工作等等，这些都非常有利于提高公务员的传媒素养。

另外，可以利用周末或假期时间去一些媒体单位参观学习，亲身感受一下不同媒介的氛围。

③合理利用网络，全面看待网络信息。考虑到当今社会新媒体越来越受欢迎的现状，公务员使用媒介时可能会越来越偏好于网络这种新媒体，所以加强互联网的管理是提高公务员传媒素养的一个不可忽视的方面。基于以上原因，公务员应该自觉限制自己的上网时间，明确自己上网的目的，自觉抵制不良信息，把网络作为一个学习与交流的好助手，作为自己与公众交流的一个很好的平台。

第八章　互联网背景下公务员传媒素养对舆论监督的影响研究——以陕西省为例

第一节　研究背景

据中国互联网络信息中心（CNNIC）发布的统计报告显示，截至2010年6月底，中国网民规模达到了4.2亿，突破了4亿大关，较2009年底增加3600万人，互联网普及率攀升至31.8%；手机网民规模为2.77亿，半年新增手机网民4334万。①

互联网为广大的网民提供了新的舆论平台，成为网民表达自己心声和民意的地方。而且，随着网民的不断壮大，我国政府也在不断地支持这种新的民意表达渠道。胡锦涛主席2008年在人民网这样说："网友们提出的一些建议、意见，我们是非常关注的。我们强调以人为本、执政为民，因此做事情、做决策，都需要广泛听取人民群众的意见，集中人民群众的智慧。通过互联网来了解民情、汇聚民智，也是一个重要的渠道。"2009年温家宝在新华网这样说："我一直认为群众有权力知道政府在想什么、做什么，并且对政府的政策提出批评意见，政府也需要问政于民、问计于民，推进政务公开和决策的民主化。想和网友交流是我期盼已久的，我

① http://zhidao.baidu.com/question/169258352.html? fr=ala0。

觉得这种交流能使我看到网友的意见和要求，网友也知道政府的政策。一个为民的政府应该是联系群众的政府，与群众联系的方式可以多种多样，但是利用现代网络与群众进行交流是一种很好的方式。还是这句话：我愿意把这样的在线交流继续进行下去！”

胡主席和温总理的讲话无疑表明了在互联网飞速发展的社会里，重视互联网的作用，运用互联网了解民情、汇聚民智，是其重要的执政能力的体现。尤其是互联网对公务员的舆论监督作用，对公务员形成了良好的他律机制之一。公务员作为政府政策的实施者和政府形象的维护者，必须学会并善于运用、利用、甚至创造、传播互联网信息为民服务，从而自律自身形象。所以在互联网背景下公务员传媒素养高低与舆论监督的关系，直接体现着政府的形象。新中国成立60多年来，中国的民主建设取得了积极的进展，各项民主制度也在不断地发展，各种民主思想也在不断地传播。但是，民主理念、舆论监督是否以及在多大程度上深入人心并内化为人们的行为，成为支配其行为模式的重要影响因素，依然是值得探讨的重大课题。公务员的传媒素养与舆论监督的关系到底有多大的相关性？这便是我们研究的课题。

第二节　研究方法

1. 调查对象

本次调查采用的是问卷调查的方法，样本总体为陕西省的公务员。

2. 抽样方法

为了了解陕西省互联网背景下公务员与舆论监督的关系，保证数据的客观性和真实性，样本的选择均衡性就是一个非常重要的前提条件。本次调查对象是陕西省的公务员，在抽取样本时选择陕西省的榆林市、延安市、铜川市、渭南市、宝鸡市、西安市、安康市、汉中市、咸阳市、商洛市等10个市区。本次调查所有的市区都有涉及，而且在各个部门都有不同的比例。每一个市区都发放100份，10个市区合计1000份。

3. 调查实施

本次问卷调查，主要采用的是面访式调查。2010年7月展开了这一课题的调查工作，2010年7月31日结束，经过1个月的时间，终于完成了整个调查工作。主要调查人员是由西安交通大学人文学院的研究生承担的。

4. 调查内容与数据处理

调查内容涉及公务员对新闻知识和业务知识的理解情况；对网络媒体的认知和使用情况；对危机事件的应对情况；对网络舆论监督的认识等等。

本次问卷共发放1000份，其中有效问卷是822份，有效问卷达到82.2%，并且采用SPSS16.0分析软件，对数据进行了录入、整理和分析。

第三节　调查结果与内容分析

调查对象的基本情况如下：

表8-1　性别

性别	人数	比例(%)
男	602	73.2
女	220	26.8

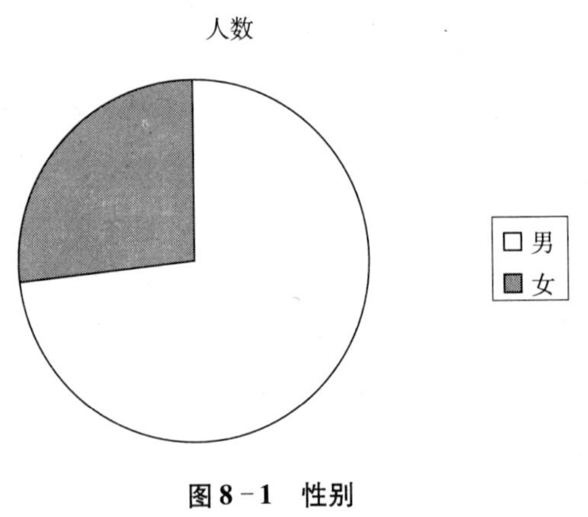

图 8－1　性别

在样本性别比例中，男性占 73.2%，女性占 26.8%，显示出在政府公务员中男性成员的比例要高于女性成员，这也符合实际情况。

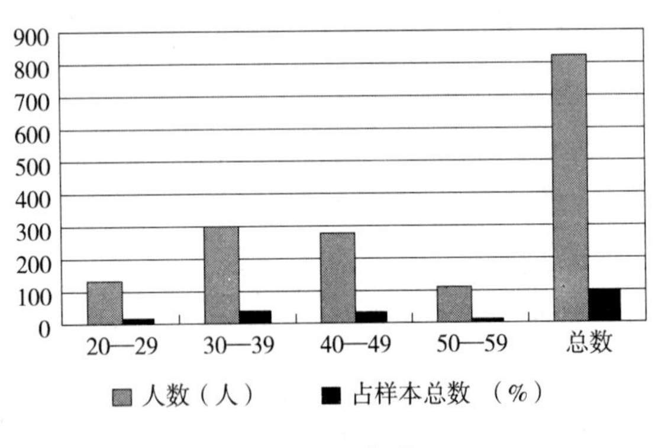

图 8－2　年龄

通过图 8－2 我们可以看出，本次调查的公务员主要年龄在

30 岁—49 岁之间，约占整个样本量的 70.1%，所以本次调查是以青壮年为主。

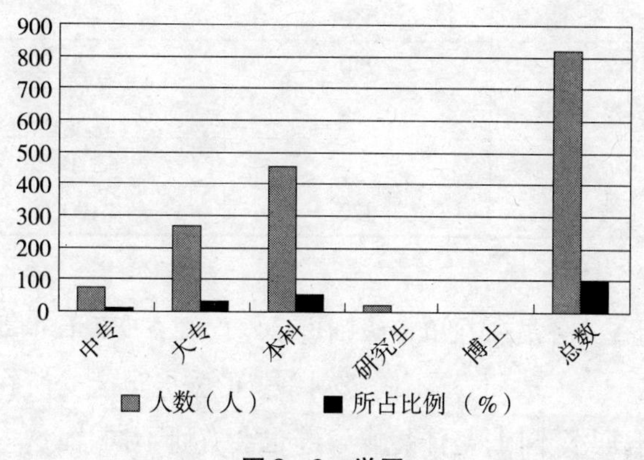

图 8－3　学历

特别说明：博士在这次调查中只有两人，所以在图表中显示不出来。

在当今网络社会，教育已经成为获取各种知识的主要途径。而传媒素养也日益成为一种专门性的知识，需要通过专业的训练才能获得。尽管传媒素养意识的形成并不等同于媒介知识的获取，但是它同样与受教育程度具有相当密切的联系。因此，受教育程度也是本次调查对象的主要指标之一。从图 8－3 来看，大专、本科的文化程度的公务员占据整个被调查公务员群体的绝大多数，比例高达 88.1%，再加上研究生的比例，受过高等教育的公务员在本次调查中占 90.8% 之多。虽然数字并不完全代表现实情况，但是它在一定程度上显示了目前公务员群体的文化程度。

表 8－2 职位

职级	人数(人)	比例(%)
普通公务员	570	69.3
科级	240	29.2
处级	8	1.0
厅级	4	0.5
总数	822	100.0

被调查公务员所在单位级别也是本次调查所设计的非常重要的指标之一。一般而言,不同级别单位的公务员会受所在单位环境的影响,职级不同,整体传媒素养也会有所不同,而这一假设在本次调查中也得到了印证。从单位级别分布来看,普通公务员、科级、处级公务员三者占据了被调查对象的绝大多数。普通公务员处于整个国家机关体系的末梢,是与民众联系最广泛也是承担职能最多的单位,他们的传媒素养往往影响着民众对整个国家机关的评价与印象。而科级与处级单位在公务员之中占据中枢位置,是国家机关顺利运转的关键,往往也承担着最为重要的职能,发挥着极其重要的作用。因此,这三级机关中的公务员大致反映出整个公务员群体的传媒素养。

本次调查设计了一份包括 20 道选择题的问卷,如何设计问题是调查是否科学的基本前提。20 道题目主要是根据如下三项指标来设计的:认识媒介、利用媒介、参与媒介。简而言之,传媒素养意识就是对媒介的观念与理解,而媒介又是一个非常的复杂体系,内容纷繁复杂。因为是对公务员而不是对专门的媒体工作者的测试,所以,测试内容不可能依照媒体的概念内涵等一一展开,是否具备舆论监督的观念就是测试的重点。对媒体的认识当然就是首要的理解对象。

列举这三项指标并不意味着测试公务员的媒介意识仅仅包括这些项目，任何的列举都是一种不完全列举，媒介意识的复杂程度决定了不可能有一个全面、封闭而又准确的指标体系，只能大致上反映公务员的传媒素养水平。所以，对这三项指标20道题目的设计，仅仅是传媒素养水平测试的必要条件而非充分条件。

所谓传媒素养，1992年美国传媒素养研究中心给出了如下定义：传媒素养就是指人们对于媒介信息的选择、理解、质疑、评估的能力，以及制作和生产媒介信息的能力。因而，传媒素养教育或媒体教育与培养媒体从业人员的教育是完全不同的，传媒素养教育的对象是全体公民，旨在培养人们对媒体本质、媒体常用的手段以及这些手段所产生的效应的认知力和判断力，使人们既了解媒体自身如何运作、媒体如何构架现实，也知道怎样制作传媒作品与媒介信息。① 如何测量这样一个非常具有主观性的概念，是一个非常困难的问题。在问卷设计上，我们主要侧重于对被调查者是如何认识媒介，如何参与媒介的。

(一)对媒体的认知状况

1. 新闻媒体是党和人民的喉舌。

①非常同意 ②基本同意 ③说不清 ④不太同意 ⑤非常不同意

表8－3 新闻媒体是党和人民的喉舌

观点	人数(人)	比例(%)
非常同意	186	22.6

① http://www.china.com.cn/xxsb/txt/2007-10/29/content_9142337.htm。

续表

观点	人数(人)	比例(%)
基本同意	282	34.3
说不清	128	15.6
不太同意	184	22.4
非常不同意	42	5.1
合计	822	100

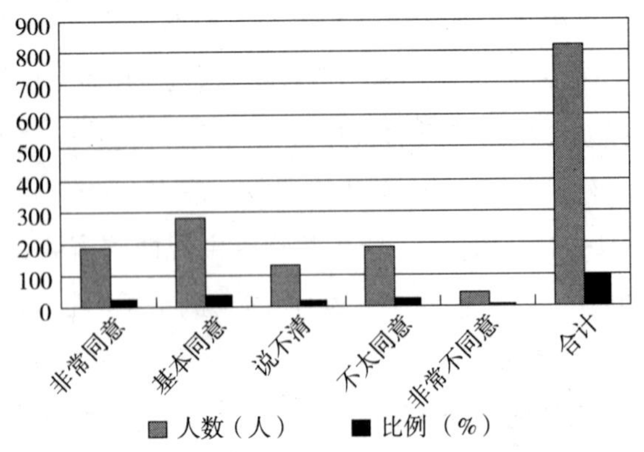

图 8-4 新闻媒体是党和人民的喉舌

新闻媒体是党和人民的喉舌,这是大多数媒体从业者的常识之一,但是非专业人士却未必这么认为。对媒体的认识首先应该了解媒体是为谁服务的。调查表明,同意的观点占到了 56.9%,而不太同意、非常不同意或者不太清楚的人占到了 43.1%。这表明,尽管新闻媒体是党和人民的喉舌,是由我国的国家性质决定的,但是有很多的公务员对此并不了解。对本题进行相关分析,并没有发现职级、学历或者年龄对这一问题有明显的影响规律。

2. 您认为公务员是否有权拒绝媒体或记者的采访?

①有　②没有　③不清楚

表 8-4　您认为公务员是否有权拒绝媒体或记者的采访

观点	人数(人)	比例(%)
有权	552	67.2
无权	56	6.8
不明确	214	26
合计	822	100

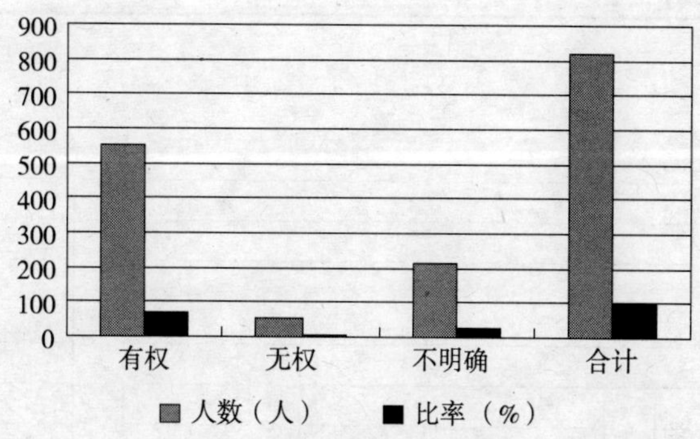

图 8-5　您认为公务员是否有权拒绝媒体或记者的采访

公务员作为政府政策的实施者和政府形象的维护者，相关部门的公务员对于媒体关心的问题理应接受媒体的采访，但67.2%的人认为公务员有权利拒绝媒体或者记者的采访，只有6.8%的被调查者认为公务员没有权利拒绝媒体或者记者的采访，这说明目前大多数公务员对媒体的认识不够全面，他们没有足够的应对媒体的能力和经验，所以面对媒体有一种本能的恐惧感，虽不敢说

"谈媒变色",但至少要和媒体保持一定距离是他们的基本心态。因此,公务员传媒素养还需要有一个很大的提升。

3. 您对于"应该和媒体合作"的说法态度是什么样的?

①支持 ②视情况而定 ③反对

表 8-5 您对于"应该和媒体合作"的说法态度是什么样的

观点	人数(人)	比例(%)
支持	296	36.0
视情况而定	190	23.1
反对	336	40.9
合计	822	100.0

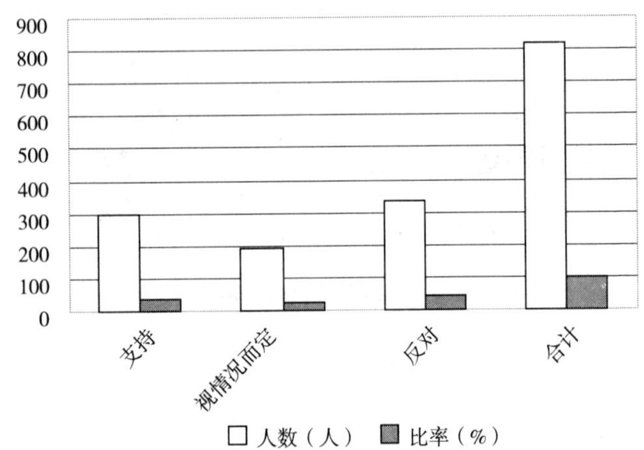

图 8-6 您对于"应该和媒体合作"的说法态度是什么样的

公务员作为政府政策的最终实施者,应该利用媒体发布自己的信息和政策,或者对公众关心的问题及时公开,这是公务员的权利,更是公务员的义务。谁第一时间占领了媒体的主要阵地,谁就得到了媒体主动权。但是在此次调查中,只有36.0%的调查者认为应该与媒体进行合作。23.1%的人认为应该视情况而定,有多达63.9%的公务员不赞同这样的观点。这说明广大的公务员对于媒体的认识还是很肤浅的,对于媒体传播所形成的影响认识不深,还不善于与媒体打交道。如果不进一步提高传媒素养,就无法适应这个社会。

4. 您觉得与报纸媒体相比,网络媒体有哪些优势?

①透明度高　②传播速度快　③报道更接近实际　④其他(请注明名称:)

表8-6　您觉得与报纸媒体相比,网络媒体有哪些优势?

观点	人数(人)	比例(%)
透明度高	242	29.4
传播速度快	184	22.4
报道更接近实际	154	18.7
其他	242	29.4
合计	822	100.0

网络媒体与传统媒体相比,具有很多的优势,但是公务员对此是如何看待的?我们在进行问卷修订、进行小范围的调查时,发现很多被调查人都对传统媒体的概念界定不清楚。于是在正式的问卷调查时,我们便把问卷改为报纸媒体了。结果有29.4%的人认为,网络媒体的透明度比传统媒体高。这与目前的现实情况基本相符,从最近关注的事件来看,都是网络媒体率先报道的。22.4%的人认为网络媒体的报道速度快,网络媒体凭借其先天的优势,甚至可以与事件的发生同步。18.7%的人认为网络媒体的报道更接

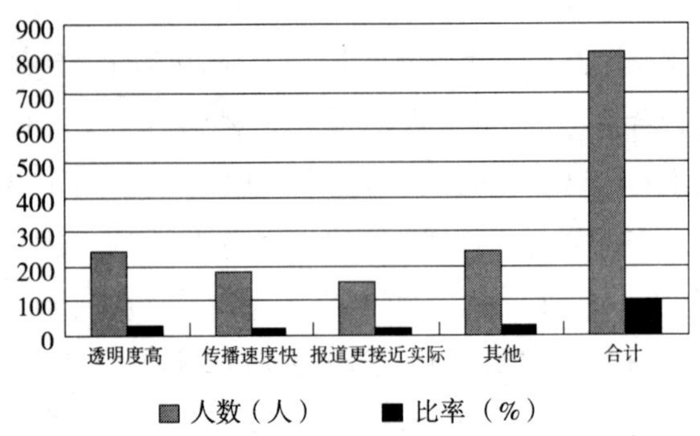

图8-7 您觉得与报纸媒体相比，网络媒体有哪些优势？

近实际。由于传统媒体存在的时间比较长，所以对于很多事件的报道都会有自己的观点，而且易于控制。但是网络媒体几乎每一个人都有发表自己见解的权利，所以很多人认为网络媒体报道更接近实际。其他的答案比较多，但是比较集中的是以下三种：①比较容易接触到网络媒体；②多维宣传；③实时性与持久性的统一。从问卷来看，大多数的公务员都认识到网络媒体的许多优势，对网络媒体也有一个比较全面的认识。

5. 您认为政府是否有必要建立和网民对话的网络媒体平台？

①必要　②没有必要　③不知道

表8-7 您认为政府是否有必要建立和网民对话的网络媒体平台？

观点	人数（人）	比例（%）
必要	586	71.3
没有必要	50	6.1
不知道	186	22.6
合计	822	100.0

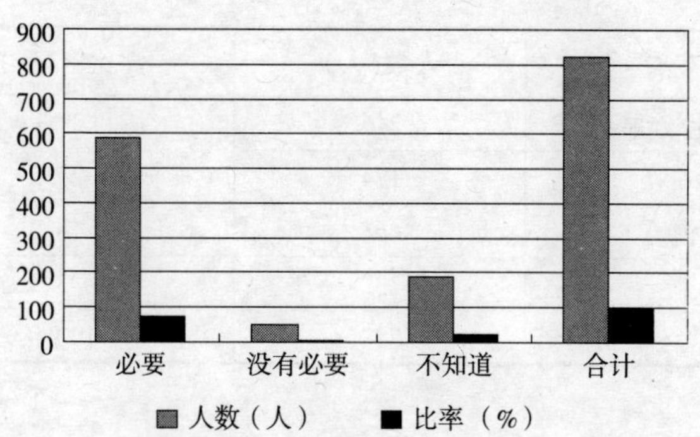

图 8－8　您认为政府是否必要建立和网民对话的网络媒体平台？

随着网络的不断普及和技术的不断发展，越来越多的人重视网络的作用，西安市政府已经推出的“网络问政”的举措，正是利用网络进行舆论监督的一种表现形式。在本次调查中，认为有必要建立政府和网民对话的网络媒体平台的人占到了 71.3%，大多数的被调查者都认为是必要的，体现了公务员对开展网络执政这一新的举措比较认同，这符合目前的发展趋势和执政要求。但是还有 28.7% 的被调查者对此不以为然，觉得这只是流于一种形式，深层次的问题无法解决。这一方面说明这一部分人群对“网络问政”这种新的执政形式不了解，认知度不高；从另一个方面看，也说明他们对“网络问政”的重要性认识不足，其传媒素养还需要不断提升。

6. 网络媒体对于重大公共事件回应的速度

①很快　②较快　③一般　④较慢　⑤慢

表 8－8　网络媒体对于重大公共事件回应的速度

观点	人数(人)	比例(%)
很快	302	36.7

续表

观点	人数(人)	比例(%)
比较快	246	29.9
一般	174	21.2
较慢	68	8.3
慢	32	3.9
合计	822	100.0

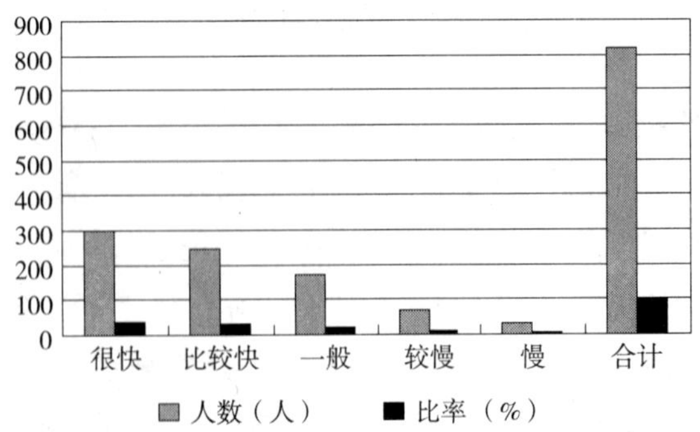

图 8-9 网络媒体对于重大公共事件回应的速度

执政者对于重大公共事件回应的速度,直接体现着执政者的传媒素养,也是广大民众最为关心的问题。网络媒体在这一方面有着得天独厚的优势。此次调查基本印证了这一观点。有36.7%的人认为网络媒体对于重大公共事件的回应速度很快,而以为慢的人仅仅占了3.9%。这说明,网络媒体对于重大公共事件回应的速度,受到了大多数人的认可。

通过上面的图表我们可以看出认为有权拒绝媒体或记者的采访的人中,认为网络对于公共事件回应的速度较慢的或者慢的人

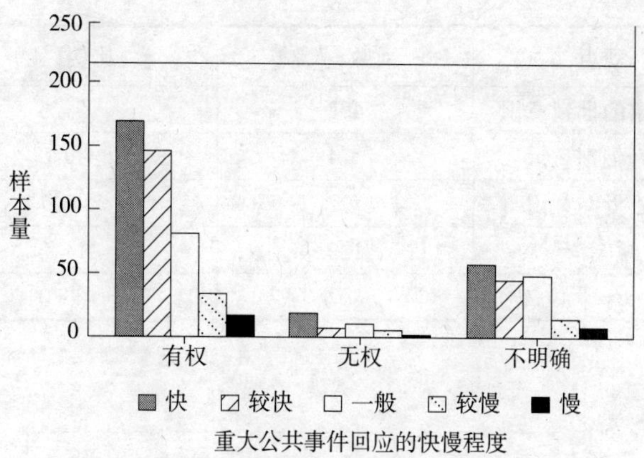

图 8-10 与第 2 题您认为公务员是否有权拒绝媒体或记者的采访进行相关分析

所占的比例要大于认为无权拒绝媒体或记者的比例。在认为无权拒绝媒体或记者的采访的人中，认为网络媒体对于重大公共事件回应的慢的人极少。这说明公务员对于网络新媒介的认同感高，推测这与其传媒素养高低有关。传媒素养高的人，认为网络媒体对于公共事件回应的速度就快，这基本与实际相符合。

7. 您对网络媒介信息持什么态度。

①具有批判意识　　②有一定的批判意识

③没有批判意识　　④缺乏批判意识

⑤说不清

表 8-9 您对网络媒介信息持什么态度

观点	人数（人）	比例（%）
具有批判意识	124	15.1

续表

观点	人数(人)	比例(%)
有一定的批判意识	482	58.6
没有批判意识	74	9.0
缺乏批判意识	22	2.7
说不清	120	14.6
合计	822	100.0

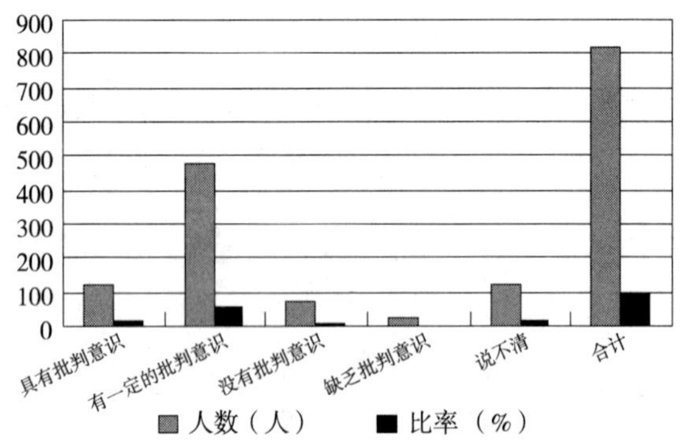

图 8－11 您对网络媒介信息持什么态度

网络媒体的优点在上面的问题中，我们已经涉及，但是大多数被调查者对网络媒介信息持什么样的态度？在解读时有没有批判意识？这也是涉及传媒素养的重要方面。在调查中，73.7%的人是具有批判意识或者有一定的批判意识，这说明绝大部分公务员在信息解读上具有良好的媒体素质，大多人具备质疑、评估信息的能力。

8. 您是如何看待网络舆论的。

①网络舆论反映人民的呼声，应该重视和引导

②网络舆论信息不太可靠,只能作为参考

③网络舆论的副作用非常明显,必须加以控制

④说不清

表 8－10　您是如何看待网络舆论的

观点	人数(人)	比例(%)
①	242	29.4
②	184	22.4
③	154	18.7
④	242	29.4
合计	822	100.0

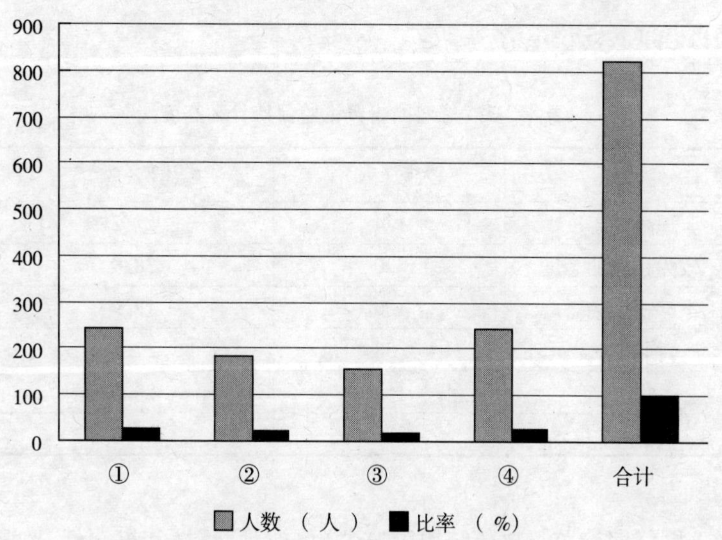

图 8－12　您是如何看待网络舆论的

舆论监督是社会发展的要求、新闻工作的职责、人民群众的愿望、党和政府改进工作的手段。网络舆论监督目前作为舆论监督的重要组成部分,对党和政府的监督具有非常重要的作用。但是,从政府立场出发,是否也会一致承认舆论的积极意义呢?调查结果显示,认为舆论反映出人民的呼声,应该重视和引导的只有29.4%,而认为舆论信息不太可靠,只能作为参考的是22.4%,舆论的副作用非常明显,必须加以控制的是18.7%,而说不清的占到29.4%。这说明70%以上的公务员对于网络舆论是认识不清的,看不到网络舆论所带来的积极作用。这充分说明公务员对新媒介的认识还有很大的误区,传媒素养有待提高。

9. 您对网络舆论监督持什么态度。

①积极的态度 ②较为积极的态度 ③不够积极的态度 ④消极态度 ⑤说不清

表8-11 您对网络舆论监督持什么态度

观点	人数(人)	比例(%)
积极的态度	174	21.2
较为积极的态度	320	38.9
不够积极的态度	106	12.9
消极态度	58	7.1
说不清	164	20.0
合计	822	100.0

网络舆论监督比传统舆论监督更具有广泛性和纵深性,监督力度更大。网络所形成的监督狂潮可以掀起巨大的风浪,致使网络舆论监督成为对政府公务员有效监督的重要方式之一。所以公

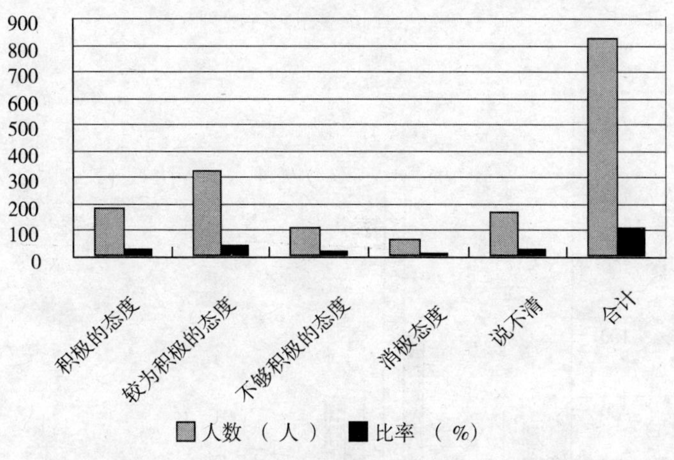

图 8-13　您对网络舆论监督持什么态度

务员对网络舆论监督的态度，直接决定了网络舆论监督发挥作用的大小。但是从调查中我们也看到还有近 40% 的公务员对此不以为然。以为与己利益相去较远，事不关己高高挂起。这反映了现代信息社会下的公务员执政素养能力还有所欠缺。

德国女社会学家诺伊曼认为，大众传播通过营造“意见环境”来影响和制约舆论。舆论的形成是大众传播、人际传播和人们对“意见环境”的认知心理三者相互作用的结果。在促进民主政治的发展方面，网络舆论监督主要起到营造开放的舆论传播环境的作用。网络媒体通过“公共空间”的传播活动来影响和制约舆论，对公共政策实施全程监督，实现对民主政治进程的影响。

所谓“网络舆论监督”，就是人民群众通过互联网了解国家事务，广泛、充分地交流和发表意见、建议，对国家政治、经济、法律、文化、教育、行政等各项活动进行褒贬与评价的行为过程。人民群众通过互联网了解国家事务，广泛、充分地交流和发表意见、建议，

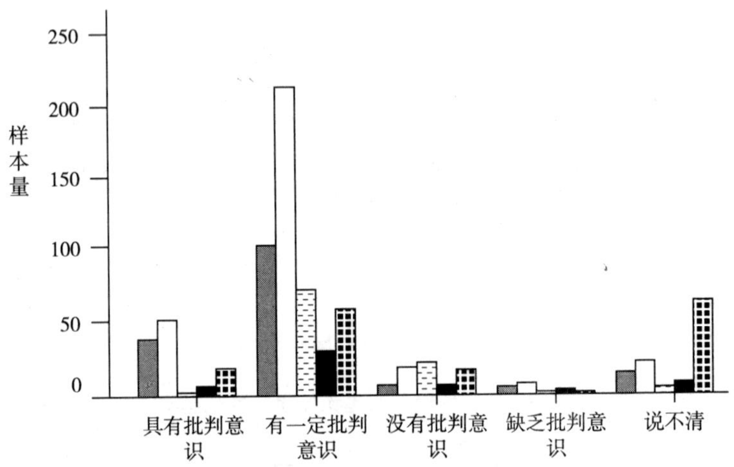

图 8－14　与第 7 题您对网络媒介监督信息持什么态度进行相关分析

对国家政治、经济、法律、文化、教育、行政等活动进行褒贬与评价，是现代社会民主化发展进程的必然，是宪法赋予我国公民的基本权利。那作为政府政策的实施者，国家公务员的传媒素养的高低对舆论监督的影响是怎样的？

从图 8－14 中我们可以看到：选择具有批判意识的人对网络舆论监督更容易采取积极和较为积极的态度。与此相反，选择缺乏批判意识和没有批判意识的人则对网络舆论监督更容易采取不够积极态度或者消极态度。而具有批判意识是判断媒介素养高低的重要标准之一，所以具有较高媒介素养的人更倾向于对舆论监督采取积极的态度，而媒介素养较低的人则更倾向于对舆论监督采取消极的态度。

10. 对于网络上人民的呼声，您认为政府应采取怎样的态度？

①听之任之　②不管不问　③重视，并采纳合理的建议

表 8-12　对于网络上人民的呼声，您认为政府应采取怎样的态度

观点	人数(人)	比例(%)
听之任之	28	3.4
不管不问	66	8.0
重视，并采纳合理的建议	728	88.6
合计	811	100.0

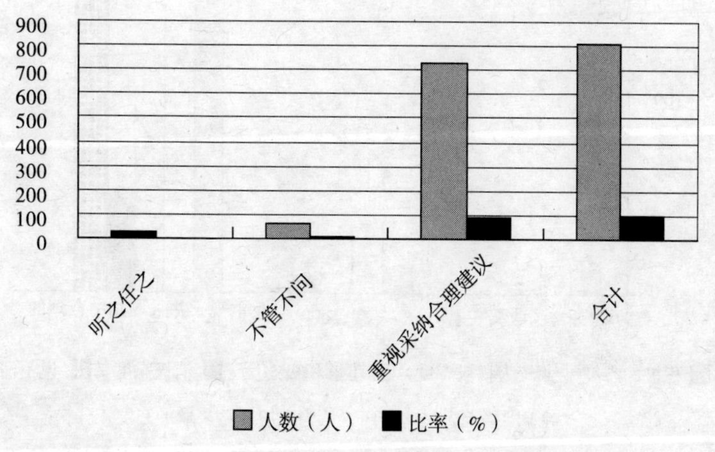

图 8-15　对于网络上人民的呼声，您认为政府应采取怎样的态度

网络舆论监督是一项很复杂而且长远的工程，不仅需要新闻工作者、广大网友的支持，也需要政府的引导和支持。统计结果显示：接近九成的人认为政府必须主动引导，并采纳合理的建议。这说明，公务员对网络监督的巨大作用已经形成共识，另一方面网络

舆论监督鱼龙混杂、良莠不齐的现状，也引起了广大公务员的关注。

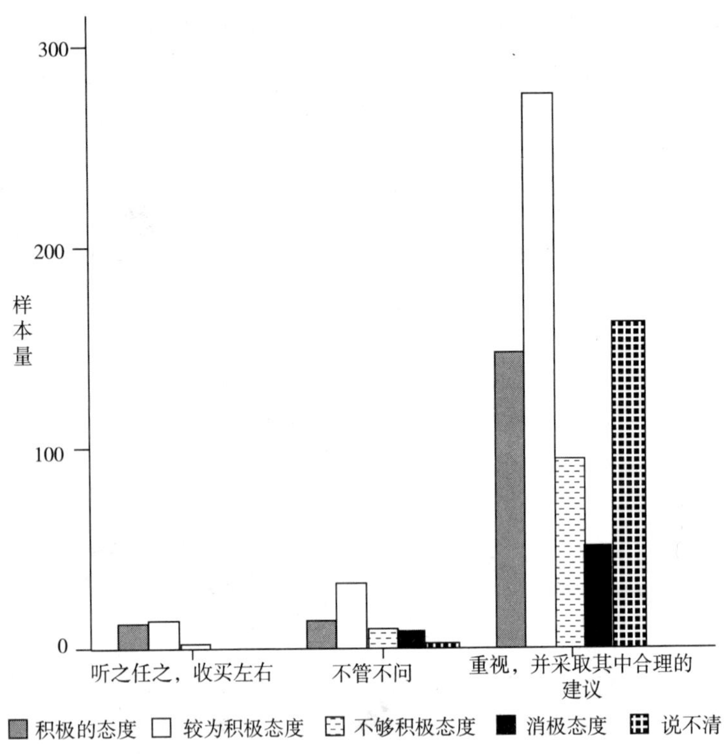

图 8－16

通过上面的图表我们可以看出，与第八题相比，对网络舆论监督持积极态度或者是较为积极态度的网民占到了 60%，比传统舆论监督的 29.4%，高出了 30.6%。从这里不难看出绝大多数公务员对网络舆论监督是不敢小觑的。他们倾向于重视人民的呼声，采纳网民合理的建议，这体现出一种批判意识，而批判意识又是媒介素养的重要衡量指标之一，这说明媒介素养较高的人，对网络舆论更倾向于积极的态度和较为积极的态度。

11. 你认为网络舆论监督有助于事情的公正判断吗？

①有，而且帮助很大　②有，但是帮助不大　③不一定，看事件的类型　④没有　⑤没有，而且还有负面影响

表 8-13　你认为网络舆论监督有助于事情的公正判断吗？

观点	人数（人）	比例（%）
①	240	29.2
②	254	30.9
③	248	30.2
④	58	7.1
⑤	22	2.7
合计	822	100.0

网络监督的一个很重要的作用就是希望可以有助于事情的公正判断，更好地维护社会、公众的利益。统计结果显示，有 60.1% 认为网络舆论监督是有助于事情的公正判断的，其中认为帮助很大的和帮助不大的差不多各占一半。这说明网络监督有助于事情的解决还是在一定程度上得到了公务员的认可。

从图 8-18 中我们可以得出：选择具有批判意识的人更倾向于认为网络舆论监督有助于事情的解决，而且帮助很大；而选择缺乏批判意识的人更倾向于选择没有，而且还具有负面的作用。这说明，越具有批判意识的人越能接受舆论监督，而具有批判意识是媒介素养的一个重要衡量指标，所以可以认为，媒介素养高的人，

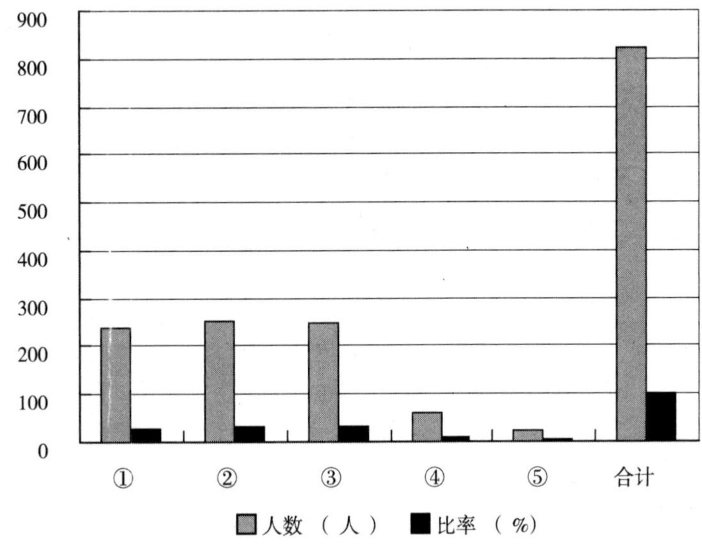

图8-17 你认为网络舆论监督有助于事情的公正判断吗?

越倾向于接受舆论监督。

(二)媒体的利用

新闻执政(Governing with the news)这一概念,最早的提出者是美国白宫新闻发言人,主要是针对传统政治传播中的“宣传统治”提出的一种进步的应对媒体的理念。如果将其置于中国现实语境中,则指的是党和政府通过科学的掌握、管理和运用媒体,从而提高公共政策部门的执政形象、执政公信力和执政的合法性,其本质在于对舆论的引导和控制能力。那么作为政府的实施者,是如何利用新闻媒体的?

12. 您或者您所在的部门有无通过网络媒体对工作做过宣传?

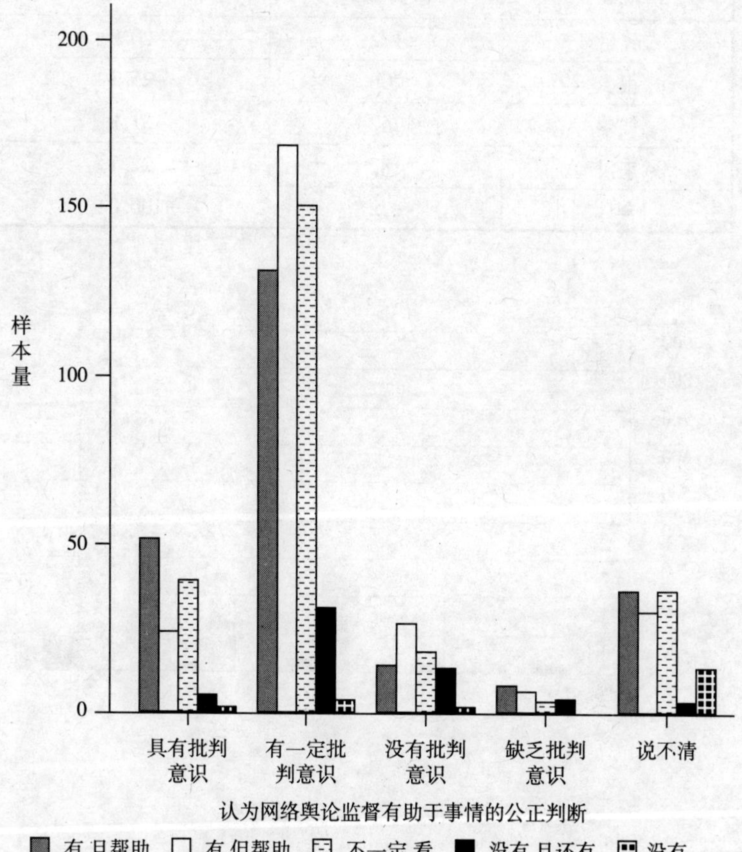

图 8-18 与第 7 题您对网络媒介信息持什么态度进行相关分析

①经常 ②很少 ③偶尔 ④从来没有

表 8-14 您或者您所在的部门有无通过网络媒体对工作做过宣传

观点	人数(人)	比例(%)
经常	172	20.9
很少	206	25.1
偶尔	262	31.9
从来没有	182	22.1
合计	822	100.0

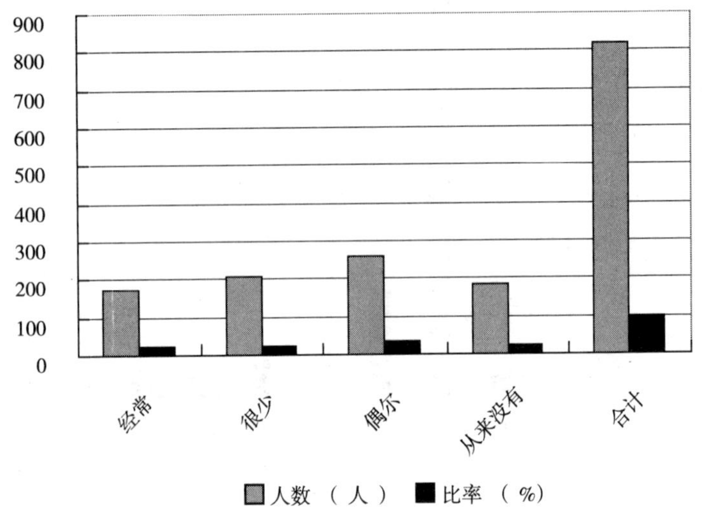

图 8-19 您或者您所在的部门有无通过网络媒体对工作做过宣传

统计结果显示,20.9%的被调查者承认自己或者自己所在的部门经常利用网络媒体进行宣传。而25.1%的被调查者承认自己或者自己所在的部门很少利用网络媒体进行宣传,偶尔使用网络媒体的有31.9%,从来没有使用的占22.1%。这说明当前政府部门利用网络媒体的程度并不高。首先,由于网络媒体出现的比较晚,政府部门习惯了与传统媒体打交道。其次,政府部门"官本位"思想严重,缺乏为民服务、与民沟通的思想。最后,政府公务员的传媒素养还比较低,有待于进一步的提升。

13. 你在工作中利用网络媒体发布过自己的想法吗?

①有　②没有

表 8－15　你在工作中利用网络媒体发布过自己的想法吗?

观点	人数(人)	比例(%)
有	206	25.1
没有	616	74.9
合计	822	100.0

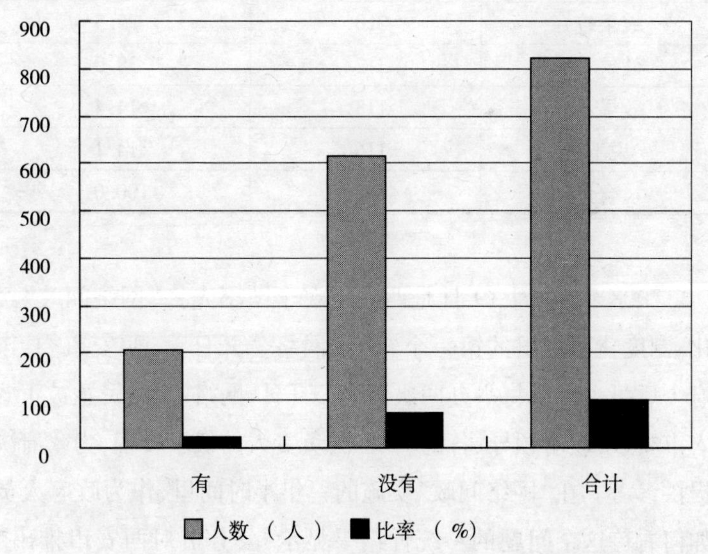

图 8－20　你在工作中利用网络媒体发布过自己的想法吗?

上一题问是公务员所在的部门是否通过网络媒体进行宣传,而这一题目是对公务员个人利用媒体现状的调查。统计结果显示,只有四分之一的人在工作中利用网络媒体发布过自己的想法,四分之三的人都没有做过。可能是因为自己的职位没有足够的话语权,另一方面可能是"官本位"思想,不想与媒体有太多的联系。

14. 您对西安市政府推出的"网络问政"的举措有什么看法?

①效果很好　②效果较好　③效果一般　④没什么效果　⑤说不清

表 8－16　您对西安市政府推出的"网络问政"的举措有什么看法

观点	人数(人)	比例(%)
效果很好	66	8.0
效果较好	210	25.5
效果一般	312	38.0
效果不好	118	14.4
说不清	116	14.1
合计	822	100.0

2008 年 12 月 19 日是西安市在全国率先将"网络问政"经常化、制度化所推出的第一个"西安网络公开日"。西安市委、市政府今后每个月都将举办两次网络公开日,网络、网络民意被正式纳入市委、市政府领导、各部门、区县负责人的议事日程,为政府决策提供参考。在"网络问政"实施的一年半时间里,作为政府人员是如何看待这个问题的?统计结果显示,公务员对西安市推出"网络问政"举措的五种看法比例分别为:8%;25.5%;38%;14.4%;

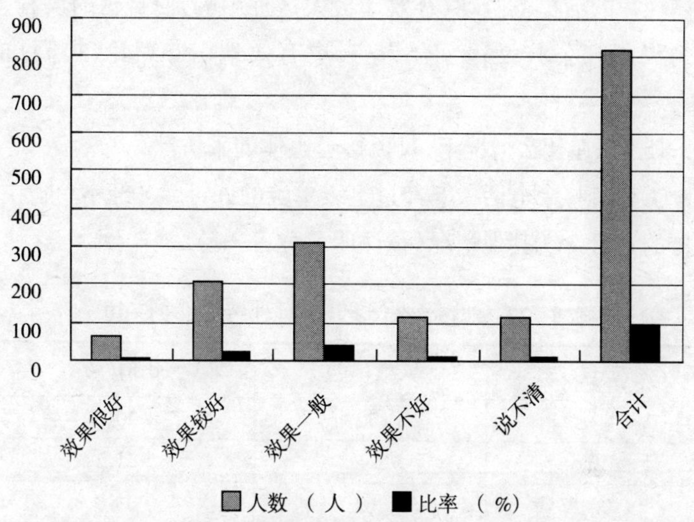

图8－21 您对西安市政府推出的“网络问政”的举措有什么看法

14.1%。其中，持“一般”中立态度的公务员占到了大多数。这说明，“网络问政”虽然在很大程度上得到了政府人员的认可，但是收到的效果却不是很理想。

（三）媒体的参与

在现代网络社会，领导干部不但要利用媒介，而且要学习主动参与大众媒介，利用媒介为己服务和为社会服务。这是公务员传媒素养更高一个层面上的要求，它体现了公务员在多元化的信息社会的一种必然要求。根据美国著名传播学家麦克姆斯、唐纳德·肖最早提出的观点：媒介对某个问题的强调程度与公众对其关注程度成正比，媒介对各种问题报道的优先顺序与公众对其重要性的认识成正比。而领导干部作为媒介信息来源的重要组成部分，对媒介的议程设置具有非常重要的影响，领导干部也应在尊重传播规律的前提下主动、有效地扩大这种影响,使自己的议程、媒介的议程和公共议程三合为一,更有效地引导舆论,提高执政能力。

15. 您在什么情况下,可以接受媒体的采访?

①记者打来电话 ②经过上级单位的许可 ③经本单位主管宣传的许可 ④其他情况(请注明名称:)

表 8-17 您在什么情况下,可以接受媒体的采访

观点	人数(人)	比例(%)
①	172	20.9
②	206	25.1
③	262	31.9
④	182	22.1
合计	822	100.0

在这个问题的选择中,占最大比例的为“经本单位主管宣传的许可”,可以看出,57%的公务员接受媒体采访都需要经过上级部门的同意。依据一般原理,公务员对于上级命令有服从的义务,工作中遇到无法自主决定的事项请示上级也符合行政管理规律。但是,如果媒体采访的问题与政策明显冲突,或者政策明显是部门政府、地方政策等土政策,而上级又命令执行政策而不报道真正的事实时,公务员只好依政策和命令做事了。

16. (1)您与网络媒体打过交道吗?

①有(如果选择①,请继续作答(2)) ②没有(选择②,请转到 17 题) ③记不清了(选择③,请转到 17 题)

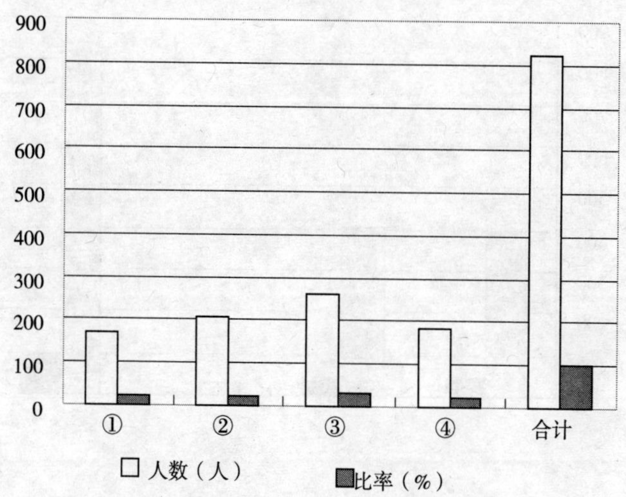

图8-22　您在什么情况下，可以接受媒体的采访

表8-18　您与网络媒体打过交道吗

观点	人数(人)	比例(%)
有	394	47.9
没有	401	48.8
记不清了	27	3.3
合计	822	100

在这里，与媒体打过交道是一个很宽泛的概念，参与过任何有关网络媒体的活动都可看做与网络媒体打过交道。统计结果表明：参与过和没有参与过的基本各占一半的比例。所以要真正做到“问政于民”，充分发挥出舆论的作用，还需要政策的进一步推进，需要公务员媒介素质的进一步提升。

（2）您与网络媒体打交道的具体方式是：

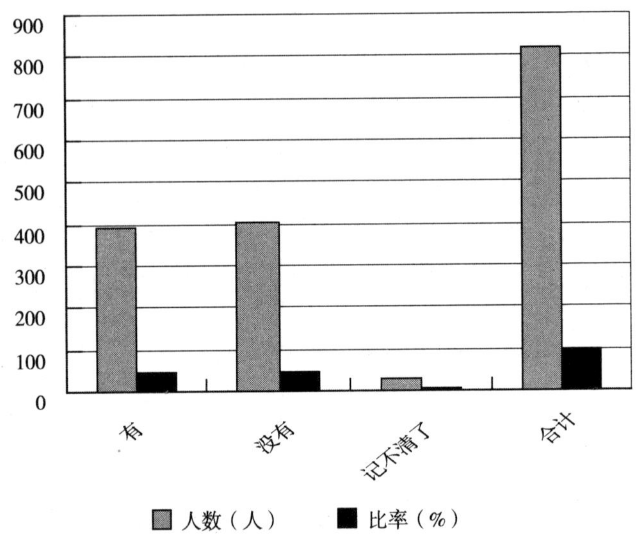

图 8－23　您与网络媒体打过交道吗

①接受过网络媒体的采访　②通过网络新闻策划做正面宣传
③参加过或举办过网络新闻发布会　④其他（请写出名称：）

表 8－19　您与网络媒体打交道的具体方式是

观点	人数（人）	比例（%）
①	210	53.3
②	146	37.1
③	32	8
④	6	1.6
合计	394	100.0

在 16 题的（1）小题中，共有 394 人和媒体打过交道，具体的形

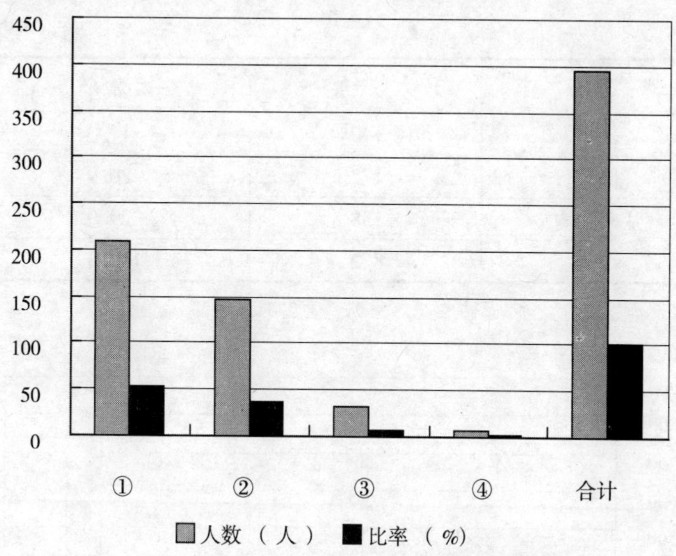

图 8－24　您与网络媒体打交道的具体方式是

式是怎么样的？统计结果显示：有超过一半的人接受过媒体的采访，而三成以上的人是通过网络新闻策划做正面宣传，8%的人是参加过或举办过网络新闻发布会，其他还有以下几种情况：①接受过传统媒体的采访，被网络媒体转载；②被网络媒体所关注；③在网上解答过别人的问题。从与网络媒体打交道的方式来看，大多数是公务员自己被动接受媒体采访的，这说明公务员对网络媒体不够重视。

17. 在网络上，您是否有过公共危机事件处置经历？

①经常　②较少　③偶尔　④从来没有

表 8－20　在网络上，您是否有过公共危机事件处置经历

观点	人数(人)	比例(%)
经常	272	33.1

续表

观点	人数(人)	比例(%)
较少	140	17.0
偶尔	172	20.9
从来没有	238	29.0
合计	822	100.0

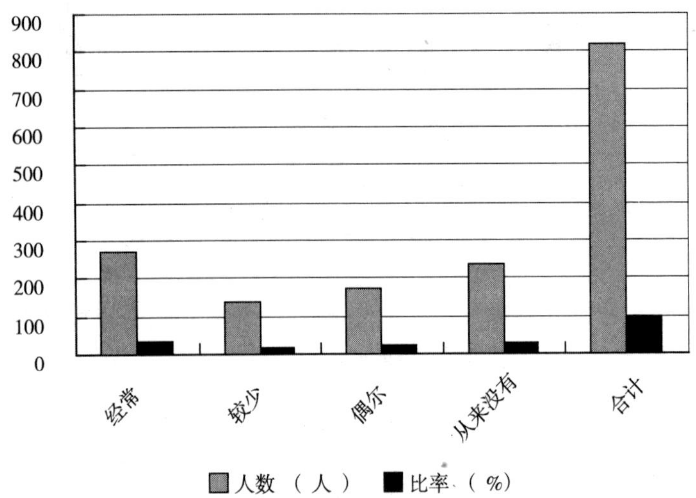

图 8－25　在网络上，您是否有过公共危机事件处置经历

SARS 事件以后，政府认识到：有效应对各类突发公共事件，维护社会稳定与和谐，是各级政府一项重要的社会管理职能。公共危机事件的处理直接关系到政府的形象和人民的利益，是舆论监督的重要方面。最近几年，特别是网络上出现了很多公共危机事件，作为政府公务员是如何应对群众的舆论监督的？统计结果显示：有三分之一的人有经常处理公共危机事件的经验，但是也有接近三分之一的人从来没有过公共危机事件的处理经验。这一方面是由于各个部门的职能不同，另一方面也说明有一部分人传媒素养比较低，不知道如何利用媒体快速发布事实的真相，从而使舆论监督没有办法发挥其应有的作用。

18. 您觉得对网络媒体“三俗（低俗、庸俗、媚俗）”应该采取怎样的处理手段

①网络实名制　②新的网络立法　③其他（请注明名称：）

表8-21　您觉得对网络媒体“三俗（低俗、庸俗、媚俗）”应该采取怎样的处理手段

观点	人数（人）	比例（%）
①	378	46.0
②	314	38.2
③	130	15.8
合计	822	100.0

网络媒体由于自身的一些特性，如匿名登录等，比传统媒体更加难以管制，所以网络媒体的“三俗（低俗、庸俗、媚俗）”越来越受到人们的关注。调查结果显示：46%的人支持网络实名制，38.2%的人支持新的网络立法，15.8%的人选择其他，如：①提高网民的传媒素养；②网络把关人要提高责任意识；③加强精神文明建设。这说明对网络媒体加强管理是公务员的共识，但是该如何加强目前还没有一个定论。

19. 您是否参加过关于传媒素养的学习或者培训?

①参加过　②没有参加过

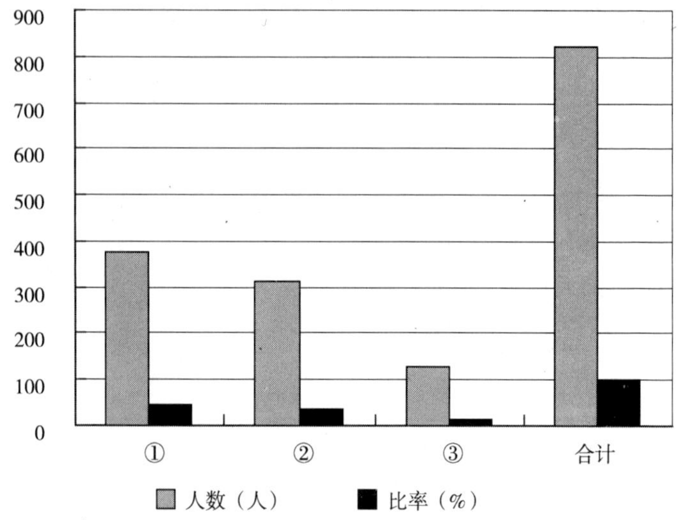

图 8－26 您觉得对网络媒体"三俗（低俗、庸俗、媚俗）"应该采取怎样的处理手段

表 8－22 您是否参加过关于传媒素养的学习或者培训

观点	人数（人）	比例（%）
参加过	348	42.3
没有参加过	474	57.7
合计	822	100.0

目前我国尚未建立统一的公务员传媒素养学习或者培训机制，传媒素养培训主要分散在各种形式的公务员培训之中。调查结果表明，参加过传媒素养培训的公务员只占 42.3%，57.7%的人则没有参加过传媒素养培训。这说明，目前我国对于公务员的传媒素养重视不够，传媒素养的提高还需要有一个

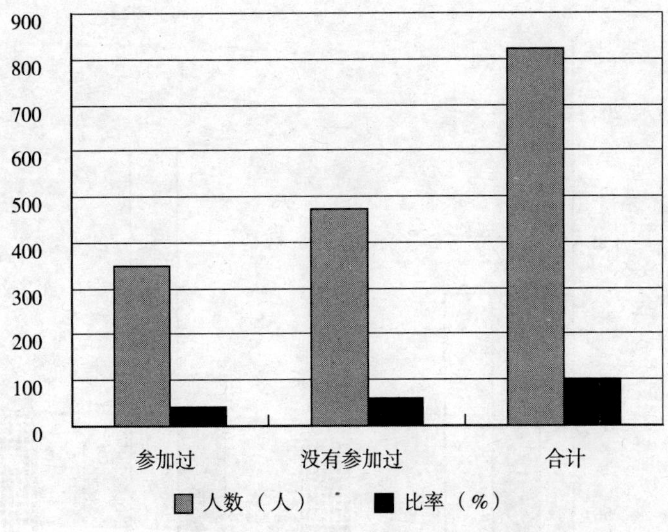

图 8－27　您是否参加过关于传媒素养的学习或者培训

长期的过程。

从图 8－28 我们可以看出，学习过有关媒介素养教育知识或受过相应培训的人对网络舆论更倾向于积极态度或较为积极的态度，而没有学习过媒介素养教育知识或受过相应培训的人更倾向于选择不够积极态度和消极态度。这说明，媒介素养的高低直接影响了公务员对网络舆论的态度。

20. 你能否在网上与网民进行平等的交流？

①可以　②不交流　③很少

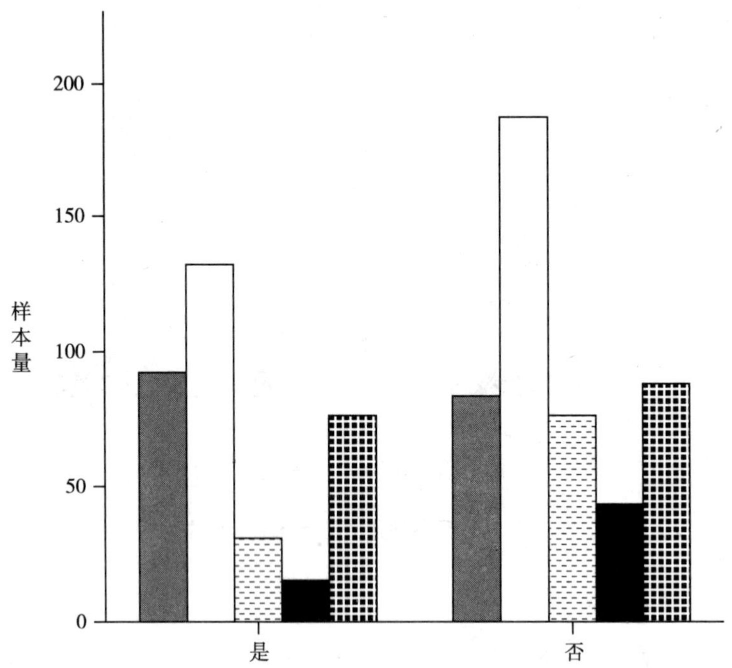

图 8－28　与第 9 题您对网络舆论持什么态度进行相关分析

表 8－23　你能否在网上与网民进行平等的交流

观点	人数(人)	比例(%)
可以	296	36.0
不交流	190	23.1
很少	336	40.9
合计	822	100.0

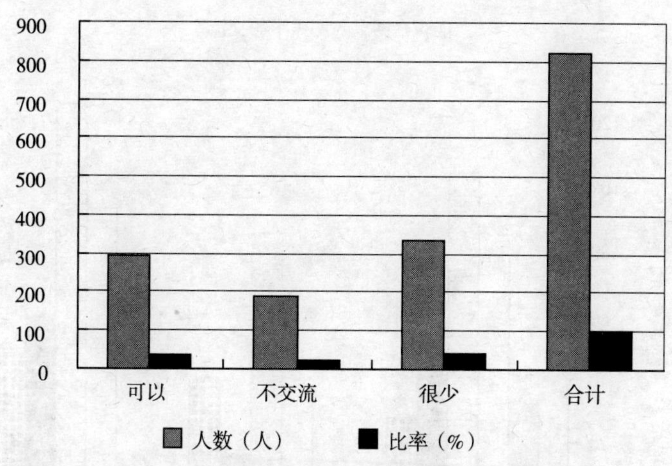

图 8-29　你能否在网上与网民进行平等的交流吗

只有与网民进行充分的交流，才能充分发挥网民的舆论监督作用，那么被监督的对象，是否愿意与网民进行交流呢？调查结果显示：可以交流的人占到了36.0%，不交流的人也占到了23.1%，这两类人占到了60%，说明在公务员中对舆论监督的态度也是截然不同的。有许多人愿意倾听网友的声音，接受网友的舆论监督，具有良好的传媒素养。但是一部分人受许多因素的影响，不愿意接受网友的舆论监督。这说明目前的公务员传媒素养良莠不齐，迫切需要不断的提升。

通过图8-30我们可以得到：可以在网上与网民平等交流的人更倾向于认为西安市政府推出的"网络问政"的应用效果很好或者效果较好。而选择不交流的人更倾向于选择效果一般或者没有什么效果。这说明可以在网上与网民平等交流的人更易于接受"网络问政"的存在。而在网上与网民平等的交流是参与媒体活动的一个具体表现，是媒介素养的体现方式之一，所以说媒介素养

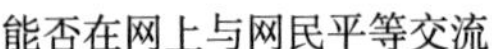

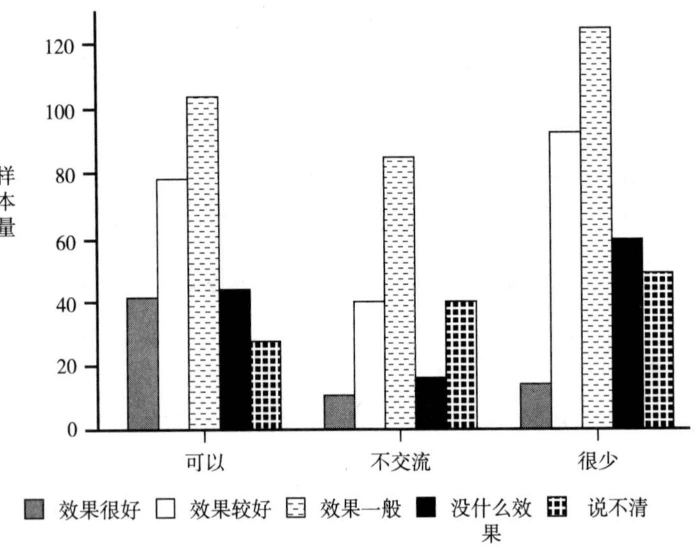

图8－30　与第14题您对西安市政府推出的“网络问政”的举措有什么看法的相关分析

高的人，更倾向于接受和认同舆论监督。

第四节　结论和建议

一、结论

通过上述分析我们发现：公务员的传媒素养与网络舆论监督二者之间存在着密切的联系，相关性分析表明公务员传媒素养与网络舆论监督成正比关系。传媒素养水平高低决定着应对网络舆论的意识、态度、行为方式等有所不同。所以，公务员要更好地应对网络舆论监督,首要问题就是要提高自身的传媒素养,这是提高执政能力的先决条件。据我们调查,陕西省公务员传媒素养存在以下问题:

(1)公务员对于网络媒体现状的认识不足。大多数的被调查者都认可网络媒体带来的重要变化和作用,但是对于网络媒体的实际应用还有一个不断提高认识的过程,所以政府要不断普及网络媒体的基本知识,加大对网络的财政支出,不只是在网络硬件上,也要在网络软环境上进行大力的扶持。

(2)公务员对于网络舆论监督的看法和态度都比较消极。调查结果显示,认为舆论反映出人民的呼声,应该重视的只有29.4%,而认为舆论信息不太可靠,只能作为参考的是22.4%,认为舆论的副作用非常明显,必须加以控制的是18.7%,说不清的则占到29.4%。

(3)公务员对于媒体的利用还不尽人意。调查结果显示:20.9%的被调查者承认自己或者自己所在的部门经常利用网络媒体进行宣传。而25.1%的被调查者承认自己或者自己所在的部门很少利用网络媒体进行宣传,偶尔使用网络媒体的有31.9%,从来没有使用的占22.1%。

(4)公务员参与网络媒体活动的热情不高,缺乏足够的积极性。调查结果显示:愿意与网民在网上平等交流的人只占到了36.1%,不交流的人占到了23.1%,而很少交流的人占到了40.8%,这说明公务员平等参与网络媒体活动的积极性不高。

(5)公务员应对网络舆论监督的能力还有待于进一步加强。对于传媒的认知度,公务员的反应比较积极,普遍持有正确的认识;然而在具体操作层面上,政府公务员对网络舆论监督的认知却倾向于概念化、理论化,尚不能在实践中进行合理的应用。调查结果显示，绝大部分公务员缺乏应对网络监督的能力，表现为恐惧网络舆论监督，或是消极对待网络舆论监督，也不善于引导和处理网络舆论监督。

二、建议

1. 开展各种形式的公务员传媒素养教育培训。要积极构建公务员传媒素养培养与教育的机制和模式，将传媒知识和理论学习有机地结合起来，并将此培训列入各级公务员党校培训与理论业务学习之中，进行学习考核。即立足现有条件，多方开展培训。我国的媒介素养教育起步较晚，公务员媒介素养教育更是近几年才刚刚展开，这就使得公务员媒介素养的提高不能只靠个人主观能动性，各相关组织和部门也应立足现有条件，千方百计地创造条件开展培训。同时，公务员要跟上新网络时代的发展要求，重视自身的信息能力和素质的培养与提高，丰富新闻传播知识，提高应对新网络传媒的能力。若公务员对新网络技术不了解，对新网络传播手段不熟悉，对网众传播心理不了解，工作就会被动。这就要求公务员要加强新网络传媒基础知识获取，强化网络技术培训，增强信息传播意识，以提升信息应用能力。

2. 站在执政高度，理论联系实际，提高公务员传媒素养。公务员要认识传播媒介，对传媒的性质、特点、功能、手段、作用、现状和发展趋势等有一个基本的了解和把握；要善识媒体信息，具有对媒体信息的认知、解读、研判能力，能够去粗取精，去伪存真；要精通本职业务，熟悉党和国家的大政方针，以及与本职工作相关联的新闻事件、社情民意、舆情动态；要善于设置议程。公务员要善于通过新闻议程的设置和新闻预案的策划，形成大量有效信息，主动提供给媒体以影响媒体与公众，同时要加强舆情分析，主动设置议题，善于因势利导。面对突发事件、网络舆论监督等，公务员要掌握媒体应对技巧，明了突发事件新闻、网络舆论监督处置的程序，熟悉突发事件新闻、网络舆论监督处置的原则，掌握突发事件新闻、网络舆论监督处置的方法与技巧。通过成功的媒体应对，积极引导舆论，化险为夷，化危为机，将负面影响减到最小，以优化党和政府的“公众形象”，提高党的凝聚力、战斗力。

参考文献

1. 陈力丹:《舆论学——舆论导向研究》,中国广播电视出版社 1999 年版。

2. 鲍宗豪主编:《网络与当代社会文化》,上海三联书店 2001 年版。

3. 李良荣:《新闻学概论》,复旦大学出版社 2001 年版。

4. 刘建明:《舆论传播》,清华大学出版社 2001 年版。

5. 匡文波:《网络传播学概论》,高等教育出版社 2001 年版。

6. 董广安:《晚报舆论导向理论与实务》,大象出版社 2002 年版。

7. 展江:《中国社会转型的守望者——新世纪新闻舆论监督的语境与实践》,中国海关出版社 2002 年版。

8. 李希光、赵心树:《媒体的力量》,南方日报出版社 2002 年版。

9. 张国良:《20 世纪传播学经典文本》,复旦大学出版社 2003 年版。

10. 李良荣:《当代西方新闻媒体》,复旦大学出版社 2003 年版。

11. 廖永亮:《舆论调控学》,新华出版社 2003 年版。

12. 赵振宇:《新闻传播策划导论》,华中科技大学出版社 2003 年版。

13. 陈先元:《传媒素养:一个重要的社会问题》,《解放日报》2004 年 4 月 6 日。

14. 杜骏飞等:《中国网络新闻事业管理》,中国人民大学出版社 2004 年版。

15. 陈卫星:《传播的观念》,人民出版社 2004 年版。

16. 刘恒:《政府信息公开制度》,中国社会科学出版社 2004 年版。

17. 史安斌:《危机传播与新闻发布》,南方日报出版社 2004 年版。

18. 钟瑛:《网络传播伦理》,清华大学出版社 2005 年版。

19. 明安香:《海外传媒在中国》,中国文联出版社 2005 年版。

20. [美] W. 兰斯·班尼特:《新闻:政治的幻象》,当代中国出版社 2005 年版。

21. 汪凯:《转型中国:媒体、民意与公共政策》,复旦大学出版社 2005 年版。

22. 张广钦编著:《信息管理教程》,北京大学出版社 2005 年版。

23. 胡百精:《危机传播管理》,中国传媒大学出版社 2005 年版。

24. 彭兰:《中国网络媒体的第一个十年》,清华大学出版社 2005 年版。

25. 刘小燕:《中国政府形象传播》,山西人民出版社 2005 年版。

26. 汪兴明、李希光:《政府发言人巧讲》,清华大学出版社 2006 年版。

27. 周甲禄:《舆论监督权论》,山东人民出版社 2006 年版。

28. 蒋宏、徐剑主编:《新媒体导论》,上海交通大学出版社2006年版。

29. 井敏:《构建服务型政府:理论与实践》,北京大学出版社2006年版。

30. 刘飞宇:《转型中国的行政信息公开》,中国人民大学出版社2006年版。

31. 胡媛:《网上舆论为何不理智——访中国社科院网络与数字传媒研究室主任闵大洪教授》,《法律与生活》2006年第13期。

32. 游昌乔:《危机公关:中国危机公关典型案例回放及点评》,北京大学出版社2006年版。

33. 毕耕:《网络传播学新论》,武汉大学出版社2007年版。

34. [美]哈特(Hart,H.):《打造成功的新闻发言人》,卫五名译,北京大学出版社2007年版。

35. 李伦:《网络传播伦理》,湖南师范大学出版社2007年版。

36. [印]古普塔、库马、布哈特塔卡亚:《政府在线:机遇和挑战》,李红兰、张相林、林峰译,北京大学出版社2007年版。

37. 唐·米德博格:《成功的公共关系》,机械工业出版社2007年版。

38. 匡文波:《网络传播理论与技术》,中国人民大学出版社2007年版。

39. 段鹏:《国家形象建构中的传播策略》,中国传媒大学出版社2007年版。

40. 白海滨:《网络舆论及其调控研究》,《西南大学学报》2008年第4期。

41. 颜海:《政府信息公开理论与实践》,武汉大学出版社2008年版。

42. 陆小华:《新媒体观——信息化生存时代的思维方式》,清华大学出版社 2008 年版。

43. 洪评:《网络监督不是“民意免检标志”》,《网络舆情》2009 年第 2 期。

44. 朱力等:《我国重大突发事件解析》,南京大学出版社 2009 年版。

45. 祝华新:《政府的底气来自人民》,《网络舆情》2009 年第 17 期。

后　　记

知识经济时代同时也是传媒时代，传媒是社会信息传递的中介与枢纽，传媒信息对社会的影响无孔不入、无所不在，其影响之深、影响之广早已不可同日而语。因此，认识媒体、善用媒体，学习传媒素养，已经成为置身于传媒时代的每一个公民现阶段发展和终身学习的必要基础技能。特别是由于政府与媒体关系的复杂性以及公务员自身身份的特殊性，公务员媒介素养的高低具有重要的现实意义，它关系到政府的执政形象、执政能力及公共行政目标的实现。

明代大哲学家王阳明有云："夫道，天下之公道也；学，天下之公学也，非朱子可得而私也，非孔子可得而私也……"这是一代宗师对"学术乃天下之公器"的诠释。也正是有感于这个论题的现实意义，我才着手进行了这次研究，并在一系列的困难面前始终没有却步。

经过两年多的努力和辛勤的工作，该书终于完稿了。当我画上最后一个句号时，我不由得长长出一口气。回首往事，感觉整个写作的过程既让人感到很艰辛，同时也很享受。在书稿完成之际，我首先要感谢白雪老师对我这部书稿在写作上给予的大力支持和帮助；感谢徐春英老师和闫晓萍老师在整个书稿中所做的文字上的润色工作；也感谢我的两个学生张美和李瑞娟，实证研究部分她们做出了巨大的贡献。

本书在撰稿过程中参考了许多专家、学者的著作和文献资料，从中汲取了不少有价值的研究成果，未能在参考文献中一一注明，在此谨表深深地谢意和歉意！

“文章千古事，得失寸心知”。最后想说的是，由于本人的水平有限，本文定会有纰漏之处，恳请得到诸位专家、读者的批评指正，本人将不胜感激。

作者　2010 年岁末于西安'